研究開発マネジメントの"強化書"

経営戦略と研究開発活動をつなぐミドルマネジメント機能の強化

(学)産業能率大学総合研究所
研究開発マネジメント革新プロジェクト 編著

は じ め に

　「技術で勝って事業で負ける」
　日本企業は優れた技術力を持ちながら、近年それを十分に活かすことができていないといわれる。技術経営（MOT：Management of Technology）の重要性が強く叫ばれ、経営者の問題意識も高まっている。しかし、研究開発の現場に目を転じると、そうした経営レベルの問題意識との間にまだまだ温度差を感じる。
　本書が目指すのは、経営の意図を実現するために、研究開発部門の現場レベルにまで、技術や活動を収益に結びつける意識や考え方を浸透させることである。経営の意図が組織の末端にまで浸透し、現場で戦略を実現するための活動が効果的に進まなくては、いかに優れた戦略があろうとも、それが実現することはない。ともすると、「経営」と「現場」との間には乖離が生じやすいが、その乖離を埋めることができなければ、厳しさを増す競争環境の中を勝ち抜いていくことはできない。
　研究開発マネジメントの目的は、戦略を実現するための技術活動を効果的・効率的に行うことである。研究開発部門のミドルマネジメントが経営の意図を咀嚼し、自社の事業を真に理解することによって、経営と研究開発の現場が一体となる。加えて、研究開発領域固有のマネジメントの「ツボ」を押さえることにより、経営と現場が一体となった「技術経営」が展開される。
　こうした我々の問題意識に基づき、本書では、戦略そのものではなく、戦略を実現するための活動に焦点を当て、研究開発部門のミドルマネジメントが経営と現場をつなぐ機能を果たすための基本的な考え方や方法論について解説している。本書が、読者の方々が自分自身のマネジメント活動を振り返り、さらなる向上に向けた取り組みを進めるためのきっかけとなることが我々の願いである。
　なお、本書は企業の研究開発の現場でマネジメントを担う部・課長クラスの方々を主たる対象として想定しているが、今後マネジメントの役割を担うであろう方々の事前準備としても活用していただけると考えている。
　執筆にあたっては、執筆者3名が事前に考え方のすり合わせを十分に行った上

でそれぞれの担当部分を執筆し、さらにそれらを集約、議論し、内容の調整や修正を行った。なお、本書の基本的な内容は約2年にわたって展開された（学）産業能率大学総合研究所「研究開発部門のマネジメント革新プロジェクト」の活動によっている。メンバーとして活動をともにした高橋聡、酒井祥二、梅澤幸宏、新井幸子、戸上多佳各氏の力なくして本書は存在しない。執筆者の3名はプロジェクトを代表して執筆にあたったものである。ただし、ありうべき誤謬はすべて執筆者3名の至らなさによる。読者の皆様の忌憚ないご意見、ご批判をいただければ幸いである。

　本書の刊行にあたっては、（学）産業能率大学総合研究所運営協議会のメンバー各位に多大なご支援をいただいた。また、（株）産業能率大学出版部の裁原敏郎氏、福岡達士氏には、ともすると遅れがちになる執筆活動を叱咤激励いただいた。記して感謝申し上げる。

　また、本書は我々がコンサルティグや教育研修、研究会や各種調査などの場面を通じて接した多くの企業の実務家の方々との交流が基盤となっている。最後に貴重なご縁をいただいた皆様にあらためて感謝を申し上げたい。

2009年10月

自由が丘キャンパスにて
執筆者一同

もくじ

はじめに

序章 求められるミドルマネジメント機能の強化 ——1

1. 組織に不可欠なミドルマネジメント　*2*
2. 戦略実行の鍵を握るミドルマネジメントの機能　*3*
3. マネジメント力を高め、難しさを乗り越える　*3*

第1章 研究開発部門のミドルマネジメントに求められる機能 ——5

■第1章の構成　*6*

① 研究開発部門が直面する状況 …………………………… *7*

1-1. 激しさを増す競争環境　*7*
1-2. プロセスイノベーションから製品イノベーションへ　*7*
1-3. インテグラル型からモジュラー型へ　*9*
1-4. 進むコモディティ化　*10*
1-5. 収益獲得を難しくする環境の変化　*11*

② これからの研究開発部門の課題 …………………………… *13*

2-1. 単純でわかりやすい技術開発競争の限界　*13*
2-2. 収益獲得を目指す研究開発マネジメント　*14*

③ 経営に貢献するための研究開発部門の
ミドルマネジメントのあり方 ……………………………………… 15
 3-1. 個別最適に陥りがちな研究開発活動 15
 3-2. 戦略の論理を読み解く 17
 3-3. 戦略の論理と現場の活動をつなぐ 18
 3-4. 全体最適で目的的に動く 19

④ 研究開発部門のミドルマネジメントに求められる
4つの機能 …………………………………………………………… 20

■第1章のまとめ 22

第2章 経営の意図の咀嚼と翻訳 ——————————— 23

■ケース【湘南化学】 24
■ケースの解説【湘南化学に学ぶ】 28
■第2章の構成 31

① 経営の意図の咀嚼と翻訳 ……………………………………………… 33
 1-1. 経営の意図の咀嚼と翻訳とは 33
 1-2. 経営的視点を獲得する 34
 1-3. 経営的視点を獲得するための要件①
   全体最適の思考・行動 34
 1-4. 経営的視点を獲得するための要件②
   事業の原点を顧客に置いた思考・行動 36
 1-5. 経営的視点を獲得するための要件③
   比較優位の思考・行動 37
 1-6. 経営的視点を獲得するための要件④
   現実に立脚した思考・行動 38

1-7. 経営的視点を獲得するための要件⑤
　　　　 目的"的"、そして目的"適"な思考・行動　*39*
　　1-8. 「理」と「情」を持つ　*40*

② 自社のビジネスの全体像を押さえる ……………………… *42*
　　2-1. 相乗効果と戦略的フィット　*42*
　　2-2. 自社のビジネスを理解する　*43*

③ 各事業の収益論理を理解する ……………………………… *50*
　　3-1. 収益論理とは　*50*
　　3-2. 収益論理からマネジメントの指針を得る　*54*
　　3-3. 収益論理を理解する　*55*

④ 戦略の方向性を読み解く ……………………………………… *64*
　　4-1. 外に向けた打ち手としての戦略　*64*
　　4-2. 「経営の意図」としての戦略　*65*
　　4-3. 戦略とは　*66*

⑤ 戦略を読み解く道具（類型化とフレームワーク） ……… *71*
　　5-1. 競争戦略論の類型　*71*
　　5-2. 戦略を見るフレームワーク　*74*

⑥ 経営の視点から自部門の活動を再設計する ……………… *87*
　　6-1. 研究開発部門として果たすべき機能を検証する　*87*
　　6-2. 「顧客効用・競争優位の向上」の観点から貢献対象・
　　　　 貢献内容を洗い出す　*88*
　　6-3. 自部門の活動を再設計する　*90*

■第2章のまとめ　*92*

第3章 研究開発活動を方向づける ―― 93

■ケース【湘南化学】　*94*
■ケースの解説【湘南化学に学ぶ】　*97*
■第3章の構成　*99*

① 技術戦略と研究開発戦略の位置づけ ……………………………… *100*
　1-1. 技術戦略とは　*100*
　1-2. 技術戦略の2つの視点　*100*
　1-3. 戦略と技術　*101*
　1-4. 技術戦略の型　*103*
　1-5. 研究開発戦略とは　*105*

② 研究開発テーマ設定におけるミドルマネジメントの役割 …… *107*
　2-1. 研究開発マネジメントの要諦は研究開発テーマのマネジメント　*107*
　2-2. 研究開発テーマ設定の難しさ　*108*
　2-3. コントロールが難しい研究開発プロセス　*108*
　2-4. テーマ設定におけるミドルマネジメントの機能　*110*

③ 研究開発テーマの創出 ……………………………………………… *113*
　3-1. 着想の源泉　*114*
　3-2. 着想を生み出す人　*116*
　3-3. 創造の論理　*117*
　3-4. 着想（アイデア）を研究開発テーマに育て上げる　*121*
　3-5. 創造空間を耕す　*124*

④ 研究開発テーマの決定 ……………………………………………… *136*
　4-1. 研究開発テーマ評価の目的と視点　*136*
　4-2. 研究開発テーマ評価のタイミング　*138*

- 4-3. 研究開発テーマの評価方法　*139*
- 4-4. 研究開発テーマ構成の評価　*141*
- 4-5. 研究開発テーマ評価の留意点　*142*

⑤ 研究開発テーマの設定プロセスを俯瞰する……………………… *145*

■第3章のまとめ　*149*

第4章 研究開発テーマの事業化を推進する ── *151*

- ■ケース【湘南化学】　*152*
- ■ケースの解説【湘南化学に学ぶ】　*156*
- ■第4章の構成　*158*

① 事業推進者としてのミドルマネジメント………………………… *159*

- 1-1. ミドルマネジメントに求められるプロデューサー機能　*159*
- 1-2. 事業化の見通しをつける　*160*

② 事業化推進シナリオを策定する…………………………………… *161*

- 2-1. シナリオとは　*161*
- 2-2. 事業化推進シナリオとは　*162*
- 2-3. 事業化推進シナリオ作成の手順　*163*
- 2-4. 逆転発想による影響要因の洗い出し　*165*
- 2-5. 事業化推進シナリオの作成と修正　*167*

③ 難しさの管理…………………………………………………………… *168*

- 3-1. 事業化計画とは　*168*
- 3-2. 事業化の文脈とシナリオの共有　*169*
- 3-3. 衆知を結集して難しさを洗い出し、対策を立案する　*169*

④ 事業化計画の修正 ……………………………… 172
- 4-1. 行動結果のフィードバックに基づく計画の修正　172
- 4-2. 不確実性を織り込んだ判断の重要性　173
- 4-3. テーマ中止の決断　177

⑤ 研究開発プロセスのマネジメント ……………………… 179
- 5-1. 製品開発プロセスの捉え方　179
- 5-2. 研究と開発　182
- 5-3. 研究のマネジメント　184
- 5-4. 開発のマネジメント　185
- 5-5. 研究開発プロセスにおけるモニタリング　186

⑥ 組織の境界に捉われない集団形成 ……………………… 188
- 6-1. 組織の陥りがちな問題点　188
- 6-2. 全体最適を阻む力学　189
- 6-3. 全体最適のマネジメントに必要なこと　190
- 6-4. BAU（Business Activity／Actuality Unit）の形成　194
- 6-5. 影響力を発揮するために　199
- 6-6. コンフリクトを乗り越える　202

■第4章のまとめ　208

第5章　研究開発の組織能力を構築する ── 209

■ケース【湘南化学】　210
■ケースの解説【湘南化学に学ぶ】　214
■第5章の構成　216

① 研究開発の組織能力 ……………………………… 217
- 1-1. 求められる短期的成果と中長期的成果の同時追求　217

1-2. 競争力と組織能力　　*217*
1-3. 研究開発の組織能力　　*219*
1-4. 組織能力強化の２つのアプローチ　　*222*

② 意図的に組織能力を構築する　　*223*
2-1. 研究開発プロセスにおける成功要因を見極める　　*223*
2-2. 組織能力を強化するための手の打ちどころを見極める　　*225*

③ 組織の学習力を高める　　*227*
3-1. 組織が学ぶとは　　*227*
3-2. 個人の学習力を高める　　*229*
3-3. 個人知を組織知にする　　*239*

■第５章のまとめ　　*249*

終章　マネジメントの技を磨き自社の「明日を創る」　　*251*

1. マネジメントの目的が見失われていないか　　*252*
2. 組織の目的を実現するために戦略の論理と現場の活動をつなぐ　　*253*
3. 今一度マネジメント活動を振り返る　　*254*

■ケース【湘南化学】－エピローグ－　　*256*

参考文献　　*259*

索引　　*267*

 章

求められる ミドルマネジメント 機能の強化

１　組織に不可欠なミドルマネジメント

　厳しい競争環境の中で、各企業の研究開発に対する期待は大きい。期待されているのは、「独自性のある製品」を、「できるだけ速いスピード」で上市することであり、背反する性格の強い２つの要求を同時に達成することが求められている。研究開発の現場に対するプレッシャーは強まりこそすれ弱まることはない。そうした状況の中に、トップからの期待に応えようと懸命に努力しているミドルマネジメントの姿がある。

　研究開発は不確実性が高い領域であり、努力した結果が必ずしもうまく成果に結びつくとは限らない。プレッシャーに追われる中で強いストレスを感じることも多い。「昔はもう少し余裕があった」「もっと腰を据えて自分たちのやりたいことに取り組みたい」そんな気持ちを抱く人も少なくないはずである。経営と現場の間に立つ立場の難しさを感じることも多いだろう。

　一方、経営の側に目を向けると、昨今、研究開発現場のマネジメントが十分機能していないという問題意識を抱く企業が増えている。ヒット商品の不在や開発スピードの遅さ、職場の活力低下など、様々な問題状況を耳にすることが増えた。曰く、「事業的なセンスが足りない」「経営や事業に対する貢献意識が希薄だ」「自分たちのやりたいことばかりやろうとする」「研究や開発の成果が事業に結びついていない」といった具合である。いずれも現在のミドルマネジメントを取り巻く状況のある側面を表している。

　確実なことは研究開発が成果を創出し、経営に貢献していくためには、現場のマネジメントの巧拙が鍵であるということだ。トップが旗を振るだけでうまくいく訳ではない。取り巻く状況は厳しいが、研究開発部門のミドルマネジメントには、様々な困難を乗り越え、メンバーの努力を組織の成果につなげていく役割が期待されている。研究開発部門のミドルマネジメントがその役割を果たしてこそ、研究開発は自社の「明日を創る」という重責を果たすことができる。

　「マネジメントを発明した男」と呼ばれるP.F.ドラッカーの言葉を借りれば、マネジメントがなければ組織はない。マネジメントは組織にとって不可欠な機能であり、研究開発部門の現場のマネジメントの巧拙で、研究開発の成果は大きく左右される。

② 戦略実行の鍵を握るミドルマネジメントの機能

　昨今、MOTの重要性が叫ばれ、技術と経営を一体化した技術経営を推進していく機運が高まっている。そうした戦略レベルのマネジメントの重要性はいうまでもない。進むべき方向性を見誤ってしまっては、現場がいかに努力しようともそれが成果につながることはないからである。

　その一方で、どんなにすばらしい絵を描いても、それを食べられる餅にできなければ意味がない。すなわち、どんなにすばらしい戦略も、それを実行できなければ何の価値もないのである。そして、戦略の実行の鍵を握るのがミドルマネジメントだ。トップダウンだけで物事を進めることが難しい研究開発部門においては、他の領域にも増して、ミドルマネジメントの役割が重要性を増す。研究開発が経営に貢献していくためには、ミドルマネジメントがその機能を果たすことが不可欠なのである。

③ マネジメント力を高め、難しさを乗り越える

　とはいうものの、研究開発のマネジメントは難しい。メンバーやタスクの特性などにおいて、他の職能領域とは異なる難しさがある。また、不確実性が高く、努力した結果が必ずしも成果につながるとは限らない。

　「どのようにすれば組織の収益につながるような筋のよいテーマを生み出せるのか」「どのようにすれば研究開発テーマをうまく事業につなげていくことができるのか」「どのようにすれば研究開発の力を継続的に高めていくことができるのか」等々、研究開発の現場を預かるミドルマネジメントの悩みは尽きないだろう。

　しかも、必ずしも自ら望んでマネジャーになった人ばかりではない。研究開発に従事する人は、自分自身の専門領域を極めていくことに強く動機づけられており、マネジャーになりたがらない傾向がある。また、昨今は、人間関係面のわずらわしさや責任の重さなどを敬遠する傾向も強まっている。

　また、マネジメントの仕事はプレイヤー（技術者）の仕事とは質的に異なるにも関わらず、マネジメントについて十分に理解を深めるような機会もないまま

に、その任を担うに至っている人も少なくない。そのため、マネジャー一人ひとりがそれぞれの経験の中で格闘し、試行錯誤しているのが実情である。

難しさを乗り越え、研究開発の現場をマネジメントしていくためには、マネジメントの重要性を再認識し、研究開発固有の領域に対応したマネジメントの考え方やスキルを身につけていく必要がある。もちろん、こうすれば絶対に成果が出るという「魔法の杖」がある訳ではない。しかし、研究開発の現場のマネジメントに求められる機能とそれを果たすためのポイントを押さえておくことによって、複雑な現実に対処していく力を高めることは可能である。

以降では、研究開発部門の現場を預かり、成果創出の鍵を握る研究開発のミドルマネジメントが、その機能を果たすために求められる基本的な視点と考え方・方法論について論じていく。

まず第1章では、研究開発部門が直面する状況や課題を確認した上で、研究開発部門のミドルマネジメントに求められる4つの機能を示す。そして、第2章から第5章の各章において、それら4つの機能について順次解説する。最後の終章では、本書のまとめとして研究開発部門のミドルマネジメントに対する期待を述べる。第2章から第5章には、各章の背景にある問題状況をつかんでもらうことを企図して、冒頭にケースとその解説を組み込んである。

なお、本書では、企業において研究から開発まで様々な部署で技術に関わる人々を総称して「技術人材」と呼ぶことにする。また、本書は研究開発活動における「開発」段階を中心に論じているが、「研究」についても随所で言及しているので、「研究」段階を担うミドルマネジメントの方々にも十分参考にしていただけるものと考えている。それぞれの状況や立場に応じて、自らの経験と照らし合わせつつ、読み進めていただきたい。

第1章

研究開発部門の
ミドルマネジメントに
求められる機能

第1章の構成

　第1章では、研究開発部門のミドルマネジメントに求められる機能とその重要性について考えていく。本章における基本的な主張は、競争環境が変化し、企業が収益を獲得することの難しさが増す中で、研究開発部門が経営に貢献していくためには、戦略の実行を担うミドルマネジメントのあり方が重要であるということだ。いかに優れた戦略であろうとも、実行が伴わなければ絵に描いた餅に過ぎない。戦略は実行が伴ってこそ、はじめてその真価を発揮することができる。そして、その鍵を握るのがミドルマネジメントである。戦略を現場に落とし込み、その具現化を図るのはミドルマネジメントに他ならない。

　第1章の構成は図表1-1のとおりである。まず、現在の研究開発が直面する状況をあらためて確認する。次に研究開発のマネジメントを捉える視点について検討する。最後に経営に貢献するための研究開発部門のミドルマネジメントのあり方と求められる4つの機能について述べる。

図表1-1　第1章の構成

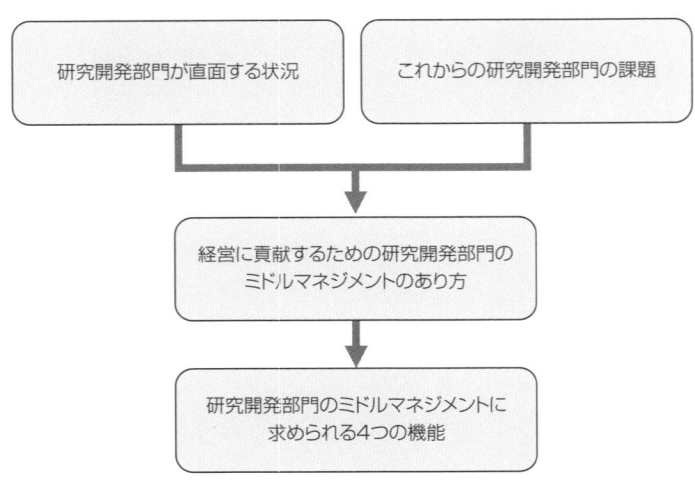

 # 研究開発部門が直面する状況

1-1　激しさを増す競争環境

　1980年代までわが世の春を謳歌していたかに見えた日本の製造業も、その後のバブル崩壊と「失われた10年」を経て、現在、厳しい生存競争の最中にある。今日の勝者でさえも明日の勝利が保障されている訳ではない。一歩間違えばあっという間に敗者に転じてしまう。生き残りをかけた厳しい国際競争の時代である。

　製品やサービスの差別化が難しさを増す中で、市場の不確実性も高まっている。思いもかけないものが売れる一方、鳴り物入りの新型製品が期待に応えられないことも珍しいことではない。顧客のニーズは移ろいやすく、新製品のライフサイクルは短期化し、新たな製品を投入しても急速に陳腐化が進む。商品寿命の短命化が進み、ヒット商品は激しく移り変わっていく。

　優れた技術を持っていても、それが事業としての成功を保障する訳ではない。グローバルな競争が激しさを増す中で、日本企業は「技術で勝って事業で負ける」というケースが増えている。今日の日本の製造業が問われているのは、「収益を獲得するためにいかに技術を活用するか」という問題である。そうした状況を背景に、日本企業の研究開発のあり方に対する問題意識が高まる中、研究開発効率の低下も指摘されている。

　ここでは研究開発部門が直面する状況について、研究開発と直接的な関連が最も強いイノベーション課題の変化を中心に確認しておこう。

1-2　プロセスイノベーションから製品イノベーションへ

　第1にあげられる変化は、今日の企業に求められるイノベーションが、日本企業が得意としてきたプロセスイノベーションから、製品イノベーションへと移行

してきたことである。

　プロセスイノベーションとは、どのように製品を作るかについてのイノベーションであり、生産工程や製造技術に関するものをいう。一方、製品イノベーションとは、生産する製品そのものについてのイノベーションである。アバナシーとアッターバックによれば、イノベーションの多くは「流動期」「移行期」「固定期」という段階に沿って進行するという。[1]

　「流動期」では、まだ製品自体の設計や仕様が確立しておらず、様々な新製品が市場に投入される。優れた製品を開発する企業が優位に立つ時期であり、製品イノベーションが中心となる。

　「移行期」になると、次第に「ドミナント・デザイン（dominant design）」と呼ばれる標準的な仕様と構造が主要メーカーで採用されるようになり、次第に競争の中心が製品開発から生産技術に移行し始める。優れた製造プロセスを確立した企業が優位に立つ時期であり、プロセスイノベーションが中心となる。

　「固定期」では、設計の標準化がさらに進み、生産効率が競われ、コスト競争

図表 1-2　イノベーションのダイナミクス

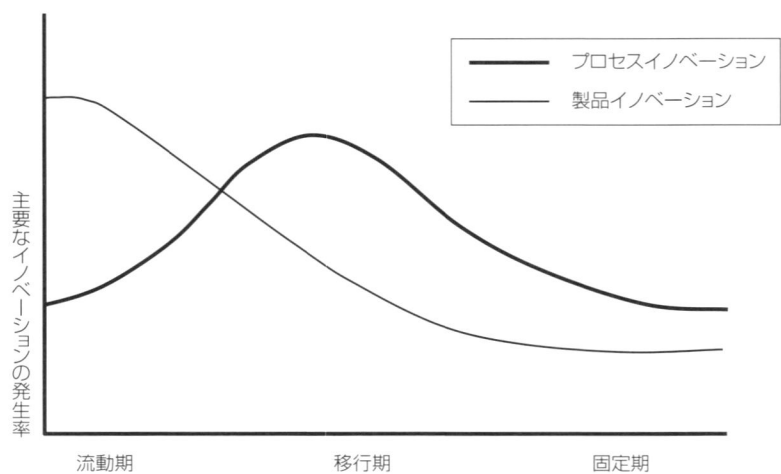

J. M. Utterback (1994) "MASTERING THE DYNAMICS OF INNOVATION"（大津正和・小川進監訳『イノベーション・ダイナミクス―事例から学ぶ技術戦略』有斐閣，1998）邦訳 P.7 を一部修正

が激しさを増す。アウトソーシングなども進展し、生き残りをかけた戦いが始まる時期である。ここでも中心はプロセスイノベーションだが、外部資源の活用や戦略的提携、大型投資のための資金調達や戦略的な意思決定などの重要性が高まる。

例えば、いよいよ市場導入が始まった電気自動車は現在流動期とみることができる。電池の仕様や充電方式をはじめとして未だ標準的な仕様は確立しておらず、各社が製品開発にしのぎを削る状態である。シリコン・バレーに本社を構えるテスラ・モーター社など、新規参入の動きも目立ってきている。これまで固定期にあった自動車は、環境問題をきっかけに新たな時代に直面しつつあるのである。

かつての日本企業は海外で生まれた製品や技術を日本に導入し、高品質・低コストで量産することでその存在価値を高めてきた。言い換えれば、キャッチアップが可能な時代に、移行期を中心にプロセスイノベーションの巧みさによって勝ち抜いてきたといえるだろう。しかし、今日では自ら新たな製品を生み出し、市場を作り上げていくことも求められている。プロセスイノベーションだけではなく、製品イノベーションの重要性が増しており、日本の企業が直面するイノベーション課題が質的に変化しているのである。

1-3　インテグラル型からモジュラー型へ

第2にあげられるのは、製品イノベーションの内容自体の変化である。近年の製品イノベーションにおいては、製品アーキテクチャの変化を伴うイノベーションが増加しつつある。

製品アーキテクチャとは、「システムとしての製品をどのようにサブシステムに分解して、いかにそれらのサブシステム間の関係（インタフェイス）を定義づけるかに関しての設計思想」[2]であり、モジュラー型とインテグラル型の2つに分けることができる。モジュラー型は事前に部品を組み合わせるためのルールを決めておき、そのルールに従って作られた部品を組み上げて製品を製造する。部品を集めて組み合わせれば製品を作り上げることができるという設計思想であり、パソコンがその典型だ。秋葉原に行って部品を買い集めれば素人でも作り上げる

ことができる。それはすべての部品がモジュール化されており、モジュール間の組み合わせ方のルールが決められているからである。

一方、インテグラル型は擦り合わせ型とも呼ばれ、設計や製造段階で部品間の細かい調整を行いながら、製品というシステム全体の最適を追求していくやり方をとる。例えば、自動車では、数万点にも及ぶ部品を組み合わせ、調整することによって、目指す走りや乗り心地を追求する。

近年では、デジタル化の進行に伴って、モジュラー型の製品が増加している。当初市場に導入された際はインテグラル型であっても、次第にモジュラー型に移行していく製品も少なくない。

一般に日本企業の多くはインテグラル型の製品に強いといわれるが、今日の製品イノベーションは、日本企業が強みを発揮しやすいインテグラル型から強みを発揮しにくいモジュラー型へとシフトしてきているのである。

1-4 進むコモディティ化

モジュラー型の製品の増加に伴い、様々な製品でコモディティ化が進んでいる。コモディティ（commodity）とは、「一般品、日用品」という意味を持つ言葉であり、コモディティ化（commoditization）とは、「参入企業が増加し、商品の差別化が困難になり、価格競争の結果、企業が利益を上げられないほどに価格低下すること」[3]をいう。端的にいえば、当初高価だった製品が日用品のように安く手に入れられるようになっていく現象がコモディティ化である。

コモディティ化は、激しい価格競争を引き起こす。企業はコスト削減に必死の努力を重ねるが、コスト削減は物理的な限界に突き当たることが予定されている競争である。最終的には「コモディティ・ヘル」[4]といわれる、商品が売れても利益が出ない状態に突き当たることになる。例えば、デジタル式腕時計はかつて高級品だったが、今や安いものだと数百円で売られている。コモディティ化が進んだ結果である。

近年では、先端技術を用いた製品であってもコモディティ化が生じているケースが多い。典型はデジタル家電である。例えば、1999年12月にパイオニアから発売された世界初のDVDレコーダーの価格は当初25万円だったが、わずか3年

後には10万円を切った。すでに薄型TVやブルーレイディスクでも同様の現象が生じつつあり、収益を獲得できる期間がますます短くなっている。

1-5 収益獲得を難しくする環境の変化

　キャッチアップが可能であったプロセスイノベーション中心の時代から自ら新たな製品を生み出す製品イノベーションが求められる時代へと移り変わる中で、製品アーキテクチャはインテグラル型からモジュラー型への移行が進んだ。モジュラー型のアーキテクチャでは、一定レベルの製品なら、さほど技術力のない企業でも容易に開発・製造することが可能である。また、いかに優れた製品を投入しても、顧客がそれに価値を感じてくれなければ意味がない。顧客の認知的な限界を超えてしまえば、それ以上製品の価値を認められることはなく、コモディティ化が進んでいく。

　一方、コスト面では、中国や韓国などの新興国が台頭し、グローバルな競争が常態化する中で日本企業は恒常的に劣位に立たされている。例えば、約11万ルピー（約22万円）で売り出されたインドのタタ自動車「ナノ」に象徴されるように、新興国市場では従来の常識を超えるような価格競争が繰り広げられている。国内市場の成長性が乏しい日本企業にとって、BRICsに代表される新興国市場の攻略は重要な課題だが、厳しい戦いが続いている。

　日本の製造業の研究開発の効率低下が問われる背景には、徐々に進行してきたこうした事業環境の変化がある。

イノベーションとは

　「イノベーション」とは何だろうか。「イノベーション」という言葉は、一般に日本では「技術革新」と訳されることが多い。しかし、シュンペーターによれば、生産とはものや力を結合することであり、イノベーションとはこれらの結合の仕方を変えること、すなわち、ものや力をこれまでとは異なる形で結合することであり、これを「新結合」と呼ぶ。シュンペーターは新結合の形態として、以下の5つをあげている。

①消費者に知られていない商品、または新しい品質の商品の開発

②新しい生産方法の導入（科学的に新しい発見に基づく必要はない。商品の取り扱いに対する新しい方法も含む）

③従来参加していなかった新しい販路や市場の開拓（販路や市場が既存のものかどうかは問わない）

④原料や半製品の新しい供給源の獲得（供給源が既存のものであるかどうか問わない）

⑤新しい組織の実現（独占的地位の形成や独占の打破）

出所：J. A. Schumpeter, "THEORIE DER WIRTSCHAFTLCHEN ENTWICKLUNG" 1926（塩野谷祐一・東畑精一・中山伊知郎 訳『経済発展の理論――企業者利潤・資本・信用・利子および景気の回転に関する一研究〈上〉』岩波文庫）邦訳 PP.182-183 をもとに作成

　シュンペーターの定義に基づけば、イノベーションとは、これまでにないような形での結合を見出し、実現することであり、そこでは、必ずしも技術的な新規性が必須の要件ではない。イノベーションを「技術革新」と捉えてしまうと、新たな技術を開発すること自体が目的になり、手段の目的化を招く。これからの研究開発部門は、技術革新がイノベーションの1つの手段に過ぎないことを意識しておく必要がある。

② これからの研究開発部門の課題

2-1　単純でわかりやすい技術開発競争の限界

　企業活動においては、どんなに新しい技術を開発したとしても、それが収益に結びつかなければ意味をなさない。企業が最終的に求めているのは「技術革新」ではなく、収益を獲得することである。そして、どんなにすばらしい発明であっても顧客が価値を感じてくれなければ、収益を獲得することはできない。先に触れたように、イノベーションの課題に変化が生じている中でコモディティ化を回避するためには、新たな価値を創造し、それを通じて顧客の価値を獲得していかなければならない。近年の日本企業は、優れた製品を開発しながらも、十分に価値を獲得できない例が増えているといわれる。なぜ日本企業はうまく価値を獲得できないのだろうか。

　製品の特定の機能を向上させていくような単純でわかりやすい技術開発競争は、いずれ技術的な限界に突き当たるのが必定である。また、その機能が提供する価値が顧客の認知限界に到達してしまえば、コモディティ化に陥る。特定機能の技術開発競争が激しさを増すほど、早い段階で顧客の認知限界に到達してしまう可能性が高まる。

　薄型TVを考えてみよう。近年は各社が薄さや画面の大きさ、画像の美しさなどを競う戦いを繰り広げてきた。それらには技術的な限界があるだけでなく、顧客がどこまで価値を感じるのかも定かではない。例えば、薄さであれば10cmより5cmに価値を感じ、相応の対価を支払うかもしれないが、1cmより5mmに価値を感じて対価を支払う保障はない。いたずらに薄型競争にまい進しても、それが必ずしも顧客価値の獲得につながるとは限らない。薄型TVを製造する企業がコモディティ化を回避しようとするならば、「薄さ」や「画面の大きさ」「画像の美しさ」以外の価値を創造し、顧客にその価値を感じてもらう必要がある。

　そうした場合は一般に「薄さ」や「画面の大きさ」「画像の美しさ」という価

値以外の他の機能が付加される方向に進む。新たな機能を付加することで他製品との差別化を図ろうとするからである。しかし、そうして多元化した価値も、いずれ技術の物理的な限界や顧客の認知限界に至ることには変わりはない。

日本企業は特定の機能についての単純な技術開発競争については強みを発揮するものの、ともするとそれにまい進し過ぎるがために過当競争に陥ってしまうことが多い。今日、技術的な水準が平準化し、製品のモジュラー化が進む中では、単純な技術開発競争だけでは、必然的にコモディティ化を招き、十分な収益を獲得することができない。優れた技術だけでは価値を獲得できない時代なのだ。

2-2　収益獲得を目指す研究開発マネジメント

コモディティ化に陥った市場で生き残ることができる企業は、ごく少数に限られる。コスト面における圧倒的な優位性を築くか、それができなければ他社がマネできないような価値を作り込まなければならない。

それは技術だけの問題ではなく、製品コンセプトやデザイン、あるいは事業そのものの仕組みや体制の問題だ。つまり、主として事業の経営に関わる問題であり、全社的な問題である。しかし、それゆえか、研究開発部門は価値の獲得を自分たちが直接的に操作できない問題として捉えがちである。研究開発部門の役割はいかに優れた製品や技術を生み出すかであり、価値を獲得できるかどうかは経営や他部門の問題という意識がどこかにある。だからこそ、優れた技術や機能を持った製品を創造することだけにまい進しがちになのである。

しかし、製造業におけるイノベーションの推進過程の中核を担うのは研究開発部門である。研究開発活動のあり方によって、イノベーションの実現は大きな影響を受ける。効果的な研究開発を推進するためには、新たな技術や製品をいかに自社事業の価値に結びつけるかという視点が不可欠だ。研究開発の成果を収益に結びつけられなければ、次の研究開発投資が先細り、新たな技術の獲得ができなくなるという悪循環に陥ってしまう。

我々が考えなければならないのは、こうした状況を前提とした研究開発部門のミドルマネジメントのあり方であり、技術を収益に結びつけていくために、どのように研究開発部門をマネジメントしていくかを考えていくことに他ならない。

3 経営に貢献するための研究開発部門のミドルマネジメントのあり方

　自社の技術を収益に結びつけていくことの難しさが増す中で経営に貢献していくためには、自社の経営の意図を十分に理解し、全体最適の視点でマネジメントを行っていかなければならない。

　本節では、そのためのミドルマネジメントのあり方について考えていく。

　はじめに、研究開発という仕事の中に個別最適に陥ってしまう要因が潜んでいることを確認しておこう。

3-1　個別最適に陥りがちな研究開発活動

　個別最適に陥りがちな第1の要因は、技術人材に共通する仕事への態度（心理的傾向）である。これは、一言でいってしまうと"よいものを作れば売れる"という強い前提を持ってしまっているということだ。もちろん、よいものにこだわること自体は、技術人材の基本であり、次の世代に継承していくべき重要な精神性である。

　しかし、よいものにこだわるあまり、技術偏重になり、ともすると技術開発の目的を忘れてしまうと問題が生ずる。技術偏重になると、本来、お客様を喜ばせるための手段であったはずの技術開発が目的化し、真の目的を見失ってしまう。技術人材がいう"よいもの"が、本当に売れるものか疑問を感じるのはそうしたケースが多い。

　自社の現状を少し振り返るだけで、よくても売れないものがいかに多く存在するかということに気づかされないだろうか。なぜ、売れなかったのかをあらためて考えてみると、「販売時期が少し早かった」「ここまでの機能は求められなかった」など、何かしら顧客が利用してくれなかった理由がある。技術は、技術そのものに価値があるのではなく、利用されることによってはじめて価値が生まれる。技術の良さの判断は、常に顧客側からの評価によってなされなければならな

いのだが、それが非常に難しいのである。

　第2の要因は、研究開発活動特有の仕事の進め方である。

　今日の企業における研究開発活動は、非常に高度化するとともにスピードが求められており、研究開発体制を分業、専門化せざるを得ない。したがって実際の活動は、高い専門性を前提とした部門、あるいはグループや個人単位で分担することになる。この分担をうまくやるために最も一般的な方法が、年度ごとに行われる研究開発目標の設定である。

　研究開発目標の設定とは、一般に研究開発の目的を要素技術方向に分解して、各担当者に個別の研究開発目標として担当させるやり方である。ともすると何に適用する技術であるのかさえわからないくらいに細分化されることも珍しくない。その結果、技術の持つ経路依存性（path dependence）が影響を与え、技術偏重方向に振れてしまう。経路依存性とは、「今の技術は過去における技術の獲得や開発のおかげであり、それらに大きな影響を受けている」という意味である。すなわち現在の技術の状態と過去の開発行為から、ある程度先まで技術開発の方向性が読めるということを意味する。

　つまり、研究開発においては、顧客や技術の利用者を思い浮かべなくとも、技術開発の経路の中から、次の開発目標を設定できてしまうのだ。これが技術者を技術偏重にさせてしまう最大の原因である。言い換えれば、技術人材は、自然に技術偏重になってしまう環境におかれているといってもよい。だからこそ、研究開発部門のマネジメントが重要なのである。

　花王元会長で、現在は大学で技術経営（MOT）の指導にも取り組んでいる常盤文克氏は、以下のように語っている。

　「作り手は、多様な個性や才能が集まって協力し、技術に『夢』や『志』『使命感』といった思いを込め、価値のある『物』として使い手に届けなければならない。このための仕組みづくりとマネジメントがコトづくりなのである。」[5]

　常盤氏は、モノとコトという表現を用いて、モノづくりにはコトづくりが不可欠であるということを示している。"顧客にとってよいもの"を作り出すモノづくりのためには、それをガイドする仕組みとマネジメント、すなわちコトづくり

が重要であり、このコトづくりをモノづくりとともに重視しなければならないと述べているのである。

　研究開発活動では、「顧客の立場からの価値の開発」が重要であるにも関わらず研究開発という仕事自体に個別最適化を促進してしまう要因が内包されているために、明確な意図を持った仕組みや働きかけが不可欠になる。研究開発部門のミドルマネジメントには、この個別最適化を防ぐことが期待されているのである。

3-2　戦略の論理を読み解く

　研究開発活動が個別最適に陥るのを防ぐためには、研究開発活動のマネジメントを担うミドルマネジメントが自社の経営が何を意図しているのかを十分に理解しておくことが不可欠となる。

　ところが、ミドルマネジメントからは「うちには戦略がない」という言葉が聞かれることが少なくない。酒席の話題としては考えれば、盛り上がるテーマだ。しかし、本当に「戦略がない」のだろうか。我々の経験からいえば、「戦略がない」のではなく、「戦略が見えていない」あるいは「戦略を見ようとしていない（理解しようとしていない）」というケースが大半である。

　戦略が見えていないと、自部門や自職場を中心とした視野でしか物事を見ることができず、個別最適に陥りがちになる。皮肉なことに、自らの役割に忠実で責任感の強いミドルマネジメントほど、そうした傾向が強い。なぜなら自部門の視点で考えて最適と思えることに懸命に取り組み、その実現を図ろうとするからだ。ところが、現実には、自部門の視点から見れば最適な行動であっても、時に全体最適の視点から見ればかえってマイナスの作用をもたらすことも少なくない。良かれと思い、懸命に取り組んだ活動が、結果として戦略の実行を阻害し、組織全体の成果の障害となってしまうのだ。そうした事態に陥らないためには、自社の戦略を咀嚼し、自分自身の胆(はら)に落ちるまで理解しておかなければならない。

　自社の戦略を咀嚼するとは、単に中期ビジョンや経営計画の字面を表面的に理解することではない。どのような背景で、どういう意図や文脈をもとに、何を目

指しているのかを真に理解することを意味する。自社の経営を考え抜き、自社の戦略を本当の意味で読み解くことができてこそ、はじめて経営者の視座から、自部門を見ることが可能になるのである。

3-3　戦略の論理と現場の活動をつなぐ

　戦略の実行を担うミドルマネジメントがなすべきことは、戦略を咀嚼することだけではない。求められるのは、自社の戦略を咀嚼した上で、それを自部門の活動に落とし込むことである。言い換えれば、戦略と自部門の活動の「つながりの論理」を作り、それを実行に移す行為であるといってもよい。

　研究開発部門は、ともすると経営者や他部門から、自部門の論理だけで動いているように見られやすい。そうした見方を払拭し、研究開発部門として経営に貢献していくためには、自社の戦略と自らの活動をつなげた活動を展開するとともに、内外に対してそれを説明していかなければならない。

　自社の戦略の方向性や事業の特性を踏まえ、どこに重点を置いて、どのような研究開発活動を行っていくのか、活動の結果として、どのように経営や収益への貢献を目指すのか、研究開発部門としての使命を定義し、自部門の活動を設計していくことが求められるのである。

　そして、大切なことは、それがきちんと経営の方向性と論理的に整合していることである。そのためには、上位方針である戦略の論理とのつながりをしっかり押さえておく必要がある。

　一見、当たり前のようなことに思えるが、こうしたつながりがなく、自社の戦略と現場の活動とが乖離してしまっている企業が少なくない。抽象度が高い戦略を具体化し、現場へとブレイクダウンしていくプロセスにおいて、いわば戦略が減衰され、いつしか、お題目に過ぎないような状況になってしまうのである。その大きな理由の1つは、ミドルマネジメントが戦略を咀嚼することなく、単に上からいわれたことをそのまま下に伝えるだけの役割しか果たさないからである。

　あたかも、基地局から送信された電波が障害物や距離によって弱まっていくように、組織の末端に至るまでの間に、戦略のエネルギーは失われていく。戦略はすべてが文書化される訳ではないし、文書だけではすべては伝わらない。ミドル

マネジメントが戦略を翻訳・増幅できるかどうかが、戦略実行の大きな鍵を握る。

3-4 全体最適で目的的に動く

　ミドルマネジメントが個別最適に陥るのは特定の領域を任せられた存在として、ある意味では必然的で不可避なことであるかもしれない。組織設計の原則に立てば、そうした個別最適を調整し、全体最適を担保するのはより上位の立場にあるトップマネジメントの役割である。しかし、今日のように環境の変化が激しい時代においては、上位者の調整に頼ってばかりはいられない。

　組織は目的のための手段に過ぎない。環境の変化が激しい今日においては、既存の組織の構造やプロセスに捉われ過ぎると、かえって弊害をもたらすことがある。それを避けるには、現場を預かるミドルマネジメントが今、この時、目的を果たすために、全体最適の視点でなすべきことは何かを常に考えて組織の構造や境界に捉われずに周囲を巻き込み動かしていく必要がある。

　研究開発のミドルマネジメントは、技術や製品を開発することだけではなく、「自社の技術や製品をいかに事業の収益獲得に結びつけていくか」を常に考え、技術を基点としたイノベーションを推進していくための、プロデューサー的な役割を果たしていかなければならないのである。

研究開発部門のミドルマネジメントに求められる4つの機能

　本書では、研究開発部門のミドルマネジメントが経営に貢献していくために果たすべき機能を図表1-3の4つで捉えている。第2章から、それぞれについて順次解説していくが、ここで概略を説明しておこう。

図表1-3　研究開発部門のミドルマネジメントに求められる4つの機能

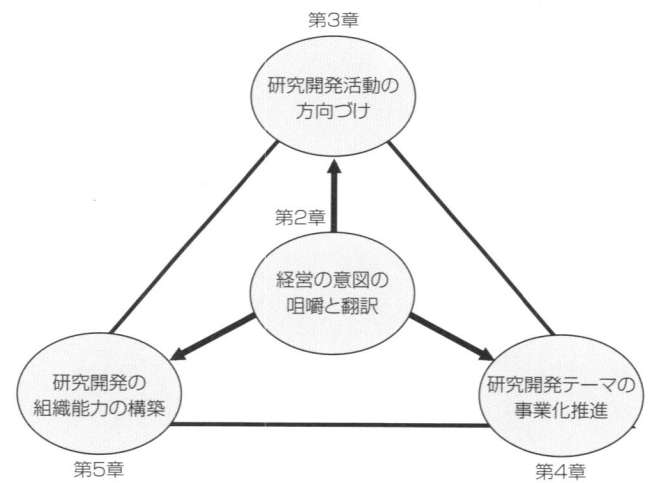

　第1の、そして、最も重要な機能は「経営の意図の咀嚼と翻訳」である。自社のトップマネジメントが現在の環境をどのように解釈し、将来に向けて、どのような方向性で何をなそうとしているのか、それを本当の意味で理解した上で、自分なりの言葉で周囲に対して発信していく働きを担わなければならない。この機能は、それ以外の3つの機能を果たす上での基盤になる。以下の3つの機能では、経営の意図を実現するために、何を、どのようになすべきかを考えることが求められるからである。その意味で、この第1の機能はマネジメントにおける目的を

きちんと見定め、それを浸透させる機能であるといってもよい。目的を間違ってしまっては、マネジメントの役割と責任を果たせるはずもない。その意味で、この機能は4つの機能のうちの最も根幹であり、かつ重要なものである。

　第2の機能は、「研究開発活動の方向づけ」である。研究開発活動を経営の意図の実現という目的に向けて、いかに方向づけるかを考え、明確にしていく働きである。研究開発はその性格上、何をなすかを決めることが最も難しいといわれる。企業戦略や事業戦略とともに策定される技術戦略や研究開発戦略に沿って研究開発テーマをマネジメントしていかなければならない。いかによい研究開発テーマを設定するかが重要になる。

　第3の機能は「研究開発テーマの事業化推進」である。研究開発の役割は技術や製品の開発のみではない。それをいかに事業化し、最終的な収益に結びつけていくのか、というところまで視野に入れて考えていかなければならない。研究開発のプロセスの効果性や効率性を高めていくことはもちろん、研究開発の成果である技術や製品の事業化をいかに成し遂げていくかを考え、実行していく必要がある。

　もちろん、事業化は研究開発部門だけで成し遂げることができるものではない。しかし、常に事業化という最終ゴールを見据え、様々な関係者を巻き込みながら、研究開発のプロセスを推進していかなければならないのである。

　最後の、そして第4の機能は「研究開発の組織能力の構築」である。自社の競争力を支えているのは組織能力であり、中でも研究開発の組織能力の重要性は著しく高い。研究開発部門のミドルマネジメントは、中長期的な視点から、自社の研究開発の組織能力をいかに構築・強化していくのかを考えておかなければならない。ともすると研究開発部門は個人の力量に頼りがちだが、個人の能力強化に留まらず、中長期的な観点から、組織の成長と発展に向けた研究開発の組織能力の強化に取り組んでいくことが求められる。

第1章のまとめ

　本章では、イノベーション課題の変化やコモディティ化の進行により、収益獲得の難しさが増す中で、「戦略の実行」を担うミドルマネジメントの役割の重要性が高まっていることを確認した。戦略はそれだけでは絵に描いた餅であり、その実現のための活動が効果的・効率的に展開されてこそ、はじめてその役割を果たすことができる。その実現のための活動を作り込むのが現場を預かるミドルマネジメントなのである。

　研究開発部門のミドルマネジメントは、「経営の意図の咀嚼と翻訳」「研究開発活動の方向づけ」「研究開発テーマの事業化推進」「研究開発の組織能力の構築」という4つの機能を果たすことによって、戦略を具現化していかなければならない。

　以降の章では、研究開発部門のミドルマネジメントに求められる4つの機能について順次解説していく。自社の現状やご自身の経験と照らし合わせて、今後のマネジメントのあり方を問い直してみていただきたい。現状で十分果たせている機能がある一方で、まだあまり果たせていない機能もあるだろう。いずれにしても、それぞれの機能について、現状を振り返り、課題を明らかにしていくことに意味がある。そうした取り組みが結果として研究開発部門のミドルマネジメント機能の向上につながることになるからである。

　まず、第2章では研究開発部門のミドルマネジメントが果たすべき最も重要な機能である「経営の意図の咀嚼と翻訳」について、より具体的に考えていくことにしよう。

〔脚注〕
1　産業の成熟化の過程を示したモデルであり、提唱者の頭文字を取ってAUモデルと呼ばれている。
2　延岡健太郎『MOT（技術経営）入門』日本経済新聞社，2006，P.70より引用
3　榊原清則・香山晋編著『イノベーションと競争優位－コモディティ化するデジタル機器』NTT出版，2006，P.24より引用
4　「コモディティ・ヘル」とはGEの会長であるジェフ・イメルトが用いた言葉であり、コモディティとは地獄のようなものであるという意味である。
5　「日経ものづくり」2008年2月号，日経BP社，P.210より引用

第2章

経営の意図の
咀嚼と翻訳

> ケース　【湘南化学】

●企業概要

　湘南化学は、湘南グループの中核会社の1つで、従業員約1800名の中堅化学メーカーである。創業50年を超える伝統があり、機能性樹脂領域を中心に研究開発・製造・販売を行っている。顧客は自動車、電器、アパレル、住宅建材などのメーカーで非常に幅広い。20年ほど前に2部上場を果たしているが、最近は、魅力的な製品を市場に出せず、競合メーカーに押され、業績が低迷していた。新社長が就任し、現在、改革に取り組んでいる最中である。

●西社長就任

　湘南化学の新社長に就任した西（48歳）は、経済学部卒業後に湘南化学に入社した生え抜きである。入社してすぐに生産計画部門に配属された後、営業部門に異動した。その後海外営業に転じ、長らく外国に駐在していた。営業実績は抜群で、前社長からそのマネジメントの手腕と行動力が高く評価され、湘南化学の抜本的な建て直しを期待されての抜擢人事であった。周囲からは将来の湘南グループ全体を背負って立つ人材とみられている。

　就任から2ヶ月、西社長は会社の実態を把握するために、全国の支店や工場、研究所などに足を運び、各部門の部課長と面談を行い、できるだけ多くの社員の声に耳を傾けた。それらの話を総合すると、製品の品質に関する顧客の評価が高い一方で、「製品化までのスピードが遅い」「研究開発投資に見合った革新的技術が開発できていない」「クライアントの真のニーズを吸い上げきれていない」「柱になるような新規事業が創出できていない」などの問題点が浮かび上がってきた。「与えられた課題についてはしっかり仕上げて合格点をとるが、クライアントの課題にスピーディーに対応する力や課題そのものを察知する力が弱い」というのが西社長の見立てであった。また、研究開発部門の部課長が面談の際に、自分の質問に対して的確に答えられない場面が少なくなかったことが気になっていた。

「営業部門の状況はある程度わかっているし、何とか自分で対応できそうだが、問題は研究開発部門だな……。」

西社長は、自分が不案内な研究開発領域への対応を任せられる人物を見つけ出すために多くの幹部と面談を重ねたが、社内に適任と思える人物を見出すことができなかった。そこで、関連会社の松山（43歳）に白羽の矢を立てた。松山は、もともと同じ湘南グループの湘南電子工業の研究者で、現在は資本提携しているシンガポールのアルファ・ダッシュ・ケミカル社（ADC社）に出向していた。西社長のシンガポール駐在時代に仕事上の取引があり、現地で何度も食事をともにした仲だった。

「彼なら誠実な人柄だし、研究開発領域にも精通している。適任だろう。」

●松山の招聘

西社長の就任から半年が経った頃、松山は湘南化学の経営企画室の副室長として東京の本社にいた。松山は西社長からの突然の誘いに驚いたが、尊敬する西社長から「うちの研究開発部門の建て直しに君の力を貸してほしい」という言葉までもらい、自分が役に立てるならとその場で了承した。しかし、正直なところ不安もあった。

「研究開発部門の経験があるといっても、湘南化学の研究開発領域は今までの自分の専門領域とは全く違う。果たして、自分にできるだろうか。」

西社長からは研究開発部門の現状についてのレポートを4週間で作成するように求められた。

「"何とか変革委員会"などのような表立った取り組みはしないので、まずはこの会社の現場で何が行われ、何が行われていないのか自分の目で確かめてほしい。着任早々で申し訳ないが、時間があまりないんだ。」

「君が動きやすいように、まずは私同席で顔合わせの場を持とう。明後日のランチの時間にミーティングを設定しておいた。そこには研究開発部門のキーパーソンを呼んでいるから、その後のヒアリングなども相談するといい。」

松山は、西社長の相変わらずの段取りの良さに舌を巻いたが、自分にもそれぐらいのスピードと手際の良さが求められているのだと襟を正す思いだった。

●顔合わせ

　ランチミーティングの日、松山が15分前に役員会議室に入ると、まだ誰も来ていなかった。10分前になるとちらほら参加者が現れ始めたものの、皆、軽い挨拶だけして、黙って座っていた。西社長は5分前に会場に入っていたため、開始時間ぎりぎりに集まった参加者は、ばつが悪そうな顔をしていた。

　「今日は研究開発部門のマネジャーの皆さんにお集まりいただきました。私も社長に就任して日が浅く、皆さんから色々と教えていただきたいことが多くあります。4ヶ月後には新しい中期経営計画を発表する予定です。今日はざっくばらんに意見交換をしたいと思いますので、よろしくお願いします。」
　西社長の挨拶の後、「新しく経営企画室に加わった松山さんです。」という西社長からの紹介を受け、松山が簡単に自己紹介して、ランチミーティングがスタートした。

　その日は、研究開発部門の課長クラスが7～8人ほど集まっていた。特に緊張しているようには見えなかったが、自分から社長に発言する人はほとんどいない。しかし、自部門の研究開発テーマや技術の話になると皆、丁寧に説明してくれた。中には、世界一の技術を生み出したいと、自らの想いを熱っぽく語る参加者もいた。
　一方で、現在の湘南化学の営業利益率や事業別・製品別の売上構成、経営戦略の内容やこの3年間で進めてきた中期経営計画の話になると口ごもる参加者が多く、満足に答えられる人はいなかった。彼らにはあまり関心がないように見えた。
　また、「業績が低迷している中で、事業として利益をあげていくためには研究開発部門としてどうすべきだと思うか？」という西社長の質問に対しては、ほとんど反応はなかった。

　ランチミーティングは45分で終了し、散会となった。松山は西社長に会合の御礼を言いに行った。
　「どう、だいたい彼らの雰囲気はわかったでしょう？　このままじゃ、いくらこ

ちらが旗を振っても、研究開発の現場がうまく動いてくれるかわからないな……。これまでも決して戦略がなかった訳じゃなく、結局は実行ができなかったんだから……何とかしないと。技術的に優れたものを作ろうとがんばっているのはよくわかるんだけどね……。やっぱり研究開発の現場、特にミドルマネジメント層にはもっと変わってもらわないと。」

　西社長は難しい顔でいった。何と答えてよいのかわからず松山が戸惑っていると、「あとは詳しい話を何人かに聞いてみて。私がいる前では聞けないような話もあると思うから。レポート、期待しているよ。」と早口で話した。

　そして、「あ、そうそう、何か困ったことがあったら、小早川相談役に聞いてみて。彼は頼りになるよ。もう松山くんのことは話してあるから。」と助言し、足早に去っていった。

> **ケースの解説**　【湘南化学に学ぶ】

　我々の経験では、湘南化学のケースに対するミドルマネジメントの典型的な反応は、以下の3つに類型化できる。

---

① 「ミドルマネジメントたるものこれでよいのか！」という強い問題意識を示す
② 「このくらいのものじゃないですか」とやや醒めた反応を示す
③ 「この状況の何が問題なんですか」と狐につままれたような反応を示す

　最も多いのは①であり、「ミドルマネジメントがこれでは困るよね」という反応を示す。しかし、「それでは、問題点は何でしょうか。具体的に示してください」と問うと、とたんに怪しくなる。何かしらの問題を感じてはいるが、どこに問題があるのか、何が問題なのかを明確に示せない人が多い。
　このケースでは、新社長との面接で「新社長の質問に的確に答えられない」ということや、ランチミーティングで、「技術的な解説や自部門の活動自体の説明はできるが、全社の状況や自部門の活動について、自社の戦略に関連づけた説明ができない」ということに問題状況が示されている。
　ミドルマネジメントであれば、仕事に対する心技の充実が求められる。まず、"心"の面からいえば、社長からの質問にあわてて取り繕うのではなく、待っていたとばかりに答えられるような"構え"があってしかるべきだろう。
　また、"技"の面からは、「自社は、市場においてどのような戦い方をしようとしているのかを理解し（戦略意識）、そのために自部門が貢献すべきことは何かを示し（戦術意識）、そして、戦略あるいは戦術を実現する上での組織活動上の問題点を把握し、全体最適の視点からの解決の方向性を打ち出すこと（当事者意識）」ができなければならない。
　これらはミドルマネジメントの立場にあれば、平素から考えていなければならないことであり、日々のマネジメント行動の背後にそうした論理がなければ、当を得たマネジメント活動になっているとはいえない。
　今日のミドルマネジメントは、戦略に沿った組織活動を実現する上で極めて重

要な機能を担っている。ミドルマネジメント機能の水準の低さは、企業活動のボトルネックになりかねない。ミドルマネジメント自身が危機感を持つことが大切である。

なお、③の反応を示す人はまだ救いがある。単にマネジメントの重要さや、マネジメントの定石を知らないだけの、いわば"マネジメント原始人"であり、今後の成長・進化が期待できるからだ。ただし、少し厄介なのは、研究開発部門は、このマネジメント原始人の比率が他部門に比べてやや高いことである。それは、決して望んでマネジメントの立場になったということではない方々が多いことに起因しているのだろう。しかし、その立場にある以上、真摯にマネジメントの定石を学んでほしいものである。

むしろ問題なのは②の反応を示す人である。現状に諦めを感じているのか、あるいは自身の力不足を嘆いているのかわからないが、このように心的なエネルギーや問題意識が低くては、どんなに知的レベルが高くても、到底ミドルマネジメントとしての機能を果たすことは期待できない。

マネジメントとは、将来を創り出す行為であり、希望や夢に向かって進んでいこうとするエネルギッシュな行為である。前向きな問題意識や想いが不可欠だ。もし、ケースを読んで②に近い感想を持った人は、今一度自分のマネジメント行動をチェックしてみてほしい。自分で考え、自らの意思で動くことができず、いわれたことだけをやる"下請けマネジャー"になってしまっている可能性があるからだ。厄介なのは、これは本人の問題ばかりとはいえないことである。このような態度は、エネルギーを持つ部下たちを腐らせてしまうだけでなく、このような悪しき態度に限ってなぜか伝染することが多いのである。

第2章では、第1章で示したミドルマネジメントの4つの機能のうち、その中心に位置する「経営の意図の咀嚼と翻訳」を取り上げる。「経営の意図の咀嚼と翻訳」とは、本書の基本的主張である"戦略実現のための研究開発現場の活動水準の向上"を実現するために、組織活動の設計図を描くことである。この章のポイントを理解してもらえれば、湘南化学のミドルマネジメントのようなことにはならないはずである。

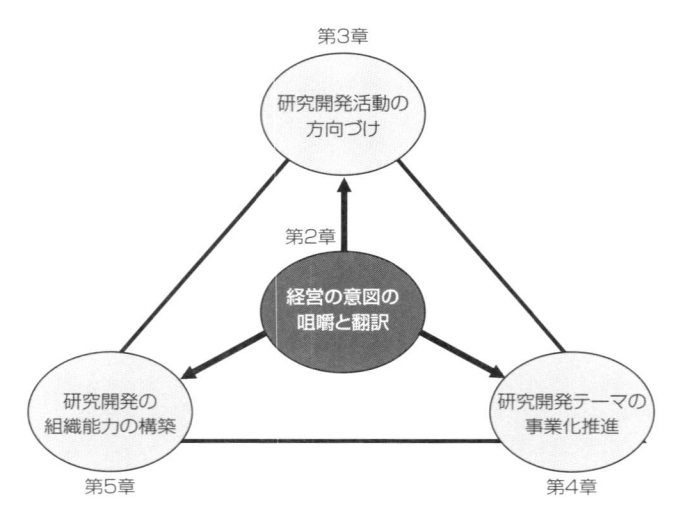

図表 2-1　第 1 の機能「経営の意図の咀嚼と翻訳」

第3章
研究開発活動の
方向づけ

第2章
経営の意図の
咀嚼と翻訳

第5章
研究開発の
組織能力の構築

第4章
研究開発テーマの
事業化推進

第2章の構成

　第2章では、まず、経営の視点とは何かを説明した上で、自社の事業の全体像を把握することの必要性とその方法論を解説する。ミドルマネジメントが、「経営の意図の咀嚼と翻訳」をするためには、あらためて自社の事業の全体像をつかむ努力が必要である。その上で、全社の活動がどのように関係づけられ、どのような考え方で組織としての強みを実現しようとしているのかという"戦略のグランドデザイン"（＝本書ではこれを「経営の意図」と呼ぶ）を理解しなければならない。

　次に、自社の事業と自分たちの活動を関連づけることの重要性と方法論について解説する。戦略に沿った活動を展開するためには、経営の意図を自組織の活動に落とし込む必要があるが、ここが非常に難しく、できていないケースが非常に多い。ここをつなぐための手段として「収益論理」という方法論を解説した上で、自社の戦略を読み解くための基本的な知識として戦略論の類型やフレームワークを紹介する。自分たちの戦略を客観的に理解し、きっちりと胆に落とすためには、戦略の"見方"を知っておくことも必要だからである。

　最後に、自社の事業の全体像や個々の事業の収益論理を踏まえた上で、研究開発部門としてどのように貢献していくべきかを経営的視点から検討する。

　事業の全体像をつかむなどといった表現から、あるいは難しい印象を持つかもしれない。しかし、ミドルマネジメントがその責任を果たしていくためには不可欠なことである。本章を通じてそのことを理解していただきたい。

図表 2-2　第 2 章の構成

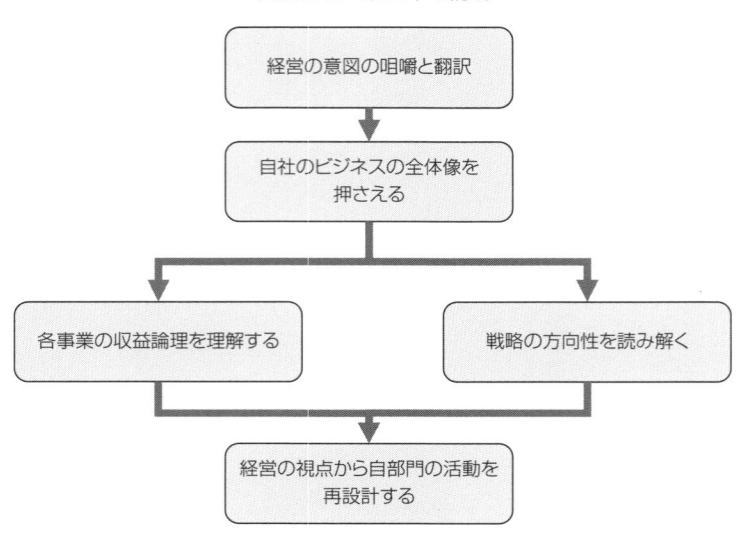

```
┌─────────────────────┐
│  経営の意図の咀嚼と翻訳  │
└─────────────────────┘
           ↓
┌─────────────────────┐
│  自社のビジネスの全体像を  │
│       押さえる        │
└─────────────────────┘
        ↓       ↓
┌──────────────┐  ┌──────────────┐
│各事業の収益論理を理解する│  │戦略の方向性を読み解く│
└──────────────┘  └──────────────┘
           ↓
┌─────────────────────┐
│ 経営の視点から自部門の活動を │
│       再設計する       │
└─────────────────────┘
```

1 経営の意図の咀嚼と翻訳

1-1 経営の意図の咀嚼と翻訳とは

　「経営の意図の咀嚼と翻訳」とは、"戦略実現のための研究開発現場の活動水準の向上"を実現するために、組織活動の設計図を描くことだといってよい。なお、「咀嚼」や「翻訳」という言葉は、マネジメントにおいてはあまり一般的な言葉ではないので、この言葉を用いる我々の想いについて少し説明を加えておこう。

　まず、「咀嚼」とは文字どおり噛み砕くということであり、自分自身の胆(はら)に落ちるまで噛み砕き理解することである。ミドルマネジメント自身が戦略を胆まで落とさない限り、自信を持って部下に説明することはできない。つまり、咀嚼とは、自分の、あるいは自組織の活動に確信が持てるまで、経営の意図を噛み砕いて理解することを意味する。

　次に、「翻訳」とは、戦略を現場の現実の活動につなげるために、現場の言葉に置き直すことである。戦略とは、企業活動の重点を示すものであり、目指す方向を指し示しはするが、業務活動のやり方を具体的に示すものではない。したがって戦略を諳(そら)んじたとしても、それによって戦略に沿った的確な行動がとれる訳ではない。現場を預かるミドルマネジメントは、部下たちが容易に戦略に沿った活動をイメージし、考えることができるよう、戦略を"現場の具体的な言葉"に置き直して投げかけていく必要がある。

　つまり、咀嚼や翻訳の背後には、ミドルマネジメントが、自分自身を現場における経営の代行者として見なす強い意思が必要となる。咀嚼や翻訳という言葉には、現場を預かるミドルマネジメントの責任と矜持という意味を込めている。そして、経営の意図を「咀嚼」「翻訳」していくためには、ミドルマネジメント自身が経営的立場で思考し、行動できなければならない。いわば、ミドルマネジメントが「経営的視点」を獲得する必要があるのである。

1-2 経営的視点を獲得する

では「経営的視点」とは何だろうか。言葉としてはやさしく、感覚的には誰もが理解できる。しかし、あらためて自分が経営的視点を持っているのかと問われると、実際には、少し答えに困ってしまうのではないだろうか。それは、そもそも経営的視点とは何かが明確になっていないためである。そこで、最初に経営的視点を獲得するために必要な要件について整理しておこう。

我々は経営的視点を図表2-3のように捉えている。次項からそれぞれについて説明する。

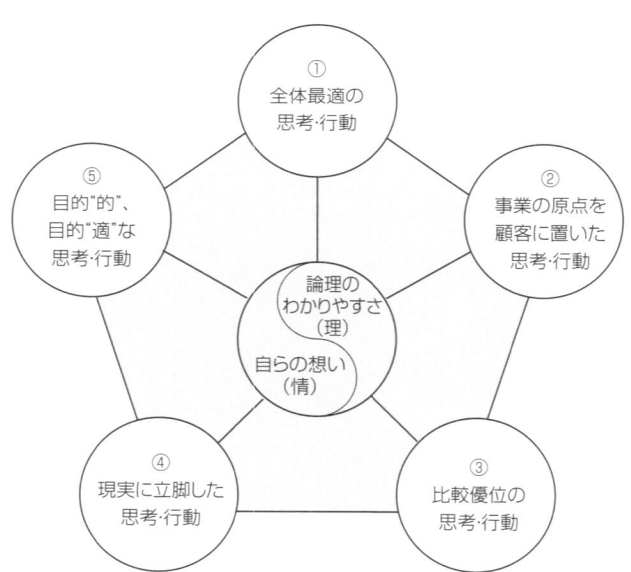

図表 2-3　経営の視点の要件

① 全体最適の思考・行動
② 事業の原点を顧客に置いた思考・行動
③ 比較優位の思考・行動
④ 現実に立脚した思考・行動
⑤ 目的"的"、目的"適"な思考・行動

論理のわかりやすさ（理）
自らの想い（情）

1-3 経営的視点を獲得するための要件①
全体最適の思考・行動

経営の視点を持つためにまず必要なのが、全体最適の思考・行動である。すで

に触れたが、皮肉なことに、まじめで達成意欲が旺盛なミドルマネジメントほど、「自部門の業績をあげること」を強く意識し過ぎるあまり、全体が見えなくなることが少なくない。自部門の業績責任を強く意識するあまりに、社内での様々な会議の中で、自部門の利益を最大化（＝部分最適）するための発言に終始するようなケースである。また、意思決定の際に、全社利益よりも自部門の利益を優先してしまうケースも見受けられることがある。

　例えば、部品の選定などにおいて、会社としての利益よりも自部門の見かけの利益を優先するような場合である。自社の内製原料や部品がありながら、社内振替価格よりも社外調達価格が安いときに、見かけ上の安さを優先して、外部から購入しているケースは決して少なくない。これなどは、自部門にとっての原価が意思決定の基準となってしまっており、会社としての利益という観点が抜け落ちている典型的なケースだろう。実際問題として企業によっては、かなり大きな逸失利益が発生していることがある。もちろん、社内振替価格と市場価格の差を放置していたり、部門業績に連動してややいびつな形でミドルマネジメントを評価していたりするといった問題も無視できないが、ミドルマネジメントという立場にある以上、自部門の利益ではなく、全社としての利益を優先して考えることができなければならないはずである。

　また、物事は全体で見たときにはじめて発見できる問題が少なくない。例えば、工場におけるラインバランス問題、つまり、工程におけるネックエンジニアリングの問題がその典型である。工場の中で各工程の製造係が担当部分の生産性を向上させる努力に励み、一律10％の生産能力向上に成功したとしても、ネックエンジニアリングとなっていた係の生産能力の向上分しか全体の成果には反映されないという現象である。

　生産性向上に対する取り組みを否定するつもりはないが、部下たちの努力が企業全体の成果につながるようにすることは、ミドルマネジメントの重要な役割である。部下に無駄な努力をさせてはならない。やや研究開発部門の事例から離れてしまったが、研究開発における人員や開発設計能力の関係などを考えると、まったく同じような光景が眼に浮かぶのではないだろうか。

図表2-4 部分と全体のパラドクス

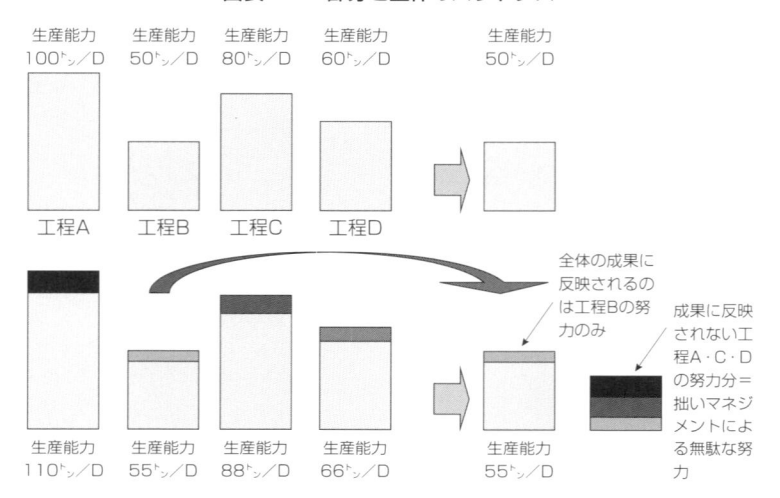

　部分をつなげて全体として見たときに、本当の問題の所在がわかるということが少なくない。ミドルマネジメントとして心しておかなければならないことは、全体の成果は、部分の総和ではないということである。「部分よりも先に全体がある」ということを心がけなければならない。特に、企業規模が大きく、各部門が専門化して部門間のつながりが複雑化している企業では、自部門の利益最大化という単純な思考でマネジメントしてはならないことをしっかりと理解しておくことが大切である。

1-4　経営的視点を獲得するための要件②
　　　事業の原点を顧客に置いた思考・行動

　第2の要件は、自分たちの事業が顧客の選択と消費によって支えられているということを本当の意味で理解し、行動できることである。

　企業活動の持続性は、顧客が頼りであるということに誰も異論はないだろう。また、顧客とどれだけ深い関係性を築いたとしても、顧客は、常に自分自身のために商品・サービスの選択を行う存在であることも誰もが認めるだろう。つまり、事業活動の持続性は、顧客の役に立ち、顧客に選択されることによってしか

保障されないのである。この原点を本当に理解し、発想や行動に反映できているかどうかが重要なのである。

この点については、ごく当たり前のこととして、多くの企業が顧客第一主義や顧客満足の最大化を社是や社訓などに掲げている。問題はそれを実践に結びつけることができているかどうかである。

皮肉なことに、自社・自事業のことを一所懸命考えれば考えるほど、自らの都合で物事を考え、それを顧客に押し付けがちである。あまつさえ「よいものだから顧客は買って当然」という錯覚に陥ってしまうことすらある。我々はこのような傾向に陥った戦略を"自己中心的戦略"あるいは"ひとりよがり戦略"と呼んでいる。いくら社是や社訓で顧客第一主義や顧客満足の最大化を謳っても、肝心要の戦略や現場の行動レベルで顧客の満足や価値の最大化を具現化できていなければ、顧客の役に立つことなどできるはずがない。

事業の原点が「顧客に役立つこと」であることを真に理解できているということは、現実の自社の戦略や事業システム、それに伴う戦術や仕組みなどが、顧客の満足や価値を高めるためのものになっているということであり、そのためには、「戦略は、顧客満足を向上させるために考えるものである」という意識を持っていなければならない。

1-5　経営的視点を獲得するためのの要件③　比較優位の思考・行動

第3の要件は、「比較優位」である。比較優位とは、自社の都合のみで考えるのではなく、常に競合の存在や状況の変化を念頭に置いて考える姿勢である。比較優位の発想や行動をとるためには、まず、企業活動が動的・相対的な環境に置かれているということを理解しておかなければならない。

動的な環境とは、自社が常に変化に晒され、流動的な環境の中に存在しているということだ。その動的環境を前提に発想したり、意思決定したりしなければならない。より具体的にいえば、当事者でありながらも冷静に自分や自社を第三者的に見ることができ、その上で、不確実性の程度によって、柔軟に意思決定や行動を変えることができなければならない。

また、相対的な環境とは、製品であれ、サービスであれ、常に他社と比較の上で選択されているということである。ミドルマネジメントは常に相対的環境を踏まえた発想・行動をとらなければならない。

　実際に企業の方々と戦略検討を行っていると、競合の存在や市場環境を軽視した意思決定を平気で行うことに驚きを感ずることが少なくない。例えば、価格の決定である。価格は、需要と供給のバランス（つまり相対関係）によって決定することは誰もが知っている。類似品が市場に存在する場合、自分たちの市場参入によって一層の価格下落が発生することは自明のことであるはずだ。ところが、なぜか、そのような客観的な判断ができないことが少なくない。あたかも子煩悩な親のように自分たちの提供するものは特別なものという思い込みに基づいた意思決定が現実に横行しているのである。もちろん、漠然と差別化を唱えることなら誰にでもできる。比較優位の発想が身についているということは、比較されるポイントについて、具体的な差別化を指摘できるということだ。

　現実を理解し、顧客の視点で製品・サービスを冷静に見つめることができなければならない。

1-6　経営的視点を獲得するための要件④　現実に立脚した思考・行動

　第4の要件は、現実に立脚した思考・行動ができることである。経営活動の特徴を少し極端に表現すると、「アウトプットとインプットの差を最大化すること」ということができる。インプットは、いわゆる人・物・金といった投入資源である。アウトプットとの差を最大化するためには、アウトプットを大きくすることも重要だが、インプットを最小限に抑えることもまた重要である。したがって、経営においては、資源が不足気味の状況が当たり前になる。ふんだんに資源を使える経営など、経営の目的を考えればあってはならない。

　大切なのは、これらの制約条件下で、"何とかする＝manage to do"ための発想や行動をとれることである。我々の経験上、厳しい局面で脳に汗をかき、何かしらの突破口を見つけられる人が少なからず存在する。彼らの共通点は、与えられたもので目的達成を行うのではなく、目的達成に使えるものは何でも使うとい

う貪欲な姿勢である。彼らは、資源を自ら獲得し、資源を増やしながら目的達成に向かっていくという姿勢を持っている。

　また、達成すべき目的を明確にし、資源を獲得するための制度や仕組みを考え、現実の制度や仕組みが合わなければ、それを変えることも厭わない。既存の制度や仕組みに捉われない発想や行動がとれるのである。ミドルマネジメントに求められるのは、無いものねだりをして、できない理由を並べ立てることではなく、現実に立脚して何とかすることができる強さと柔軟性である。

1-7　経営的視点を獲得するための要件⑤
目的"的"、そして目的"適"な思考・行動

　第5の、そして最後の要件は、目的"的"、そして目的"適"な思考・行動がとれることである。

　戦略を実行するためには戦術が必要である。戦術は、具体的な仕組みと計画に落とし込まれた状態でなければならない。経営本来の目的を考えたとき、事業推進の仕組みとは、顧客の満足度や顧客にとっての価値を向上させるための仕組みであり、競合との間の比較優位を実現できるものでなければならない。

　しかし、めまぐるしく環境の変わる現代の経営では、顧客や競合の変化が激しく、仕組みや計画自体を固定化することのリスクが高い。柔軟に見直していくことが求められる。

　そこで重要になるのが、目的の理解・共有である。目的が理解・共有できている組織は、外部環境が多少変化しても自律的に調整行動が行われ、常に自らのシステムを最善のものとして維持することができる。ミドルマネジメントは、自らが目的"的"であることはもちろん、メンバーを目的"的"にし、さらに、組織を目的"適"な状況にしていかなければならない。

　なお、注意が必要なのは、単なる目的志向は、ともするとマキャベリズム的、すなわち、「結果さえよければよい」「目的のために手段を選ばず」になってしまう傾向があることだ。ここでいう目的"適"とは、手段の適合性をしっかりと踏まえたものでなければならないことを付け加えておきたい。

1-8 「理」と「情」を持つ

　以上が、経営の視点を持つために必要な5つの要件だが、ミドルマネジメントがその機能を発揮していくためには、加えて「理」と「情」、すなわち「わかりやすさ」と「自らの想い」が重要になる。

　「わかりやすさ」とは、単に優しい言葉を使うということではなく、「論理としてのわかりやすさ」を指している。「論理としてのわかりやすさ」とは、自分たちが達成しようとしている目的と、それをどのような考え方・仕組み・手段で実現しようとしているのかが明快であることだ。論理がわかりやすければ理解が容易になり、メンバーが様々な状況の中で自律的に解釈や判断をしても全体としての統合が崩れることがない。

　次に「自らの想い」とは、目的の実現に向けた強い想いを持つということである。トップマネジメントであろうとミドルマネジメントであろうと、マネジメントは"人を通じて事を成す"行為である。特に研究開発部門の仕事は、他部門に比べて相対的にメンバー一人ひとりの自律性を尊重し、自由度の高い状況におく必要があり、ともすると放任になりかねない。そこで大切なことは、目指すべき方向性を共有し、一人ひとりが自律的に動きながらも、全体として統合されていることである。そのためには、先に述べた「論理としてのわかりやすさ」が大切だが、論理だけで人が動くとは限らない。人には、感情や願望といった情緒的側面が大きな影響を与える。ミドルマネジメントは、このような情緒的側面にも対処していかなければならない。そこで重要になるのが「自らの想い」である。

　経営者に事業成功の秘訣を伺うと、「優れたミドルマネジメントの存在」をあげることが多い。重ねて「優れたミドルマネジメントの要件」を尋ねると、「ミドルマネジメント自身の『実現への想いの強さ・執念』」であると返ってくる。人間に情緒的な側面があるからこそ、「想いへの共鳴のネットワーク」ともいえるような集団が生まれるのである。

　メンバーの協働の意欲を引き出すためには、論理だけでは足りないということを理解しておかなければならない。マネジメントという行為が「人を通じて事を成す」ものである以上、多くの人に理解してもらえるわかりやすい論理を構築することが不可欠だ。ただし、それだけでも十分とはいえない。その論理の背後に

ミドルマネジメントの想いが伴ってこそ、メンバーから真の意欲を引き出すことができる。それには口角泡を飛ばす議論や繰り返しの説得を通じた、想いに支えられたフルコンタクトコミュニケーション[1]が重要である。ミドルマネジメントの「想い」があってこそ、「経営的視点」に魂が込められる「論理としてのわかりやすさ」と「自らの想い」、すなわち「理」と「情」があってこそ、経営的視点を持つミドルマネジメントといえるのである。

 ここまで述べてきた「経営の視点」に求められる要件は、意識の高いミドルマネジメントにとっては、あるいは当たり前のことのように思えるかもしれない。しかし、残念なことに、私たちは、時として当たり前のことを忘れてしまうことが少なくない。特に、企業規模が大きく、経営が安定していればいるほど、経営の視点は失われやすいものである。つまり、「経営の視点」は、常に意識して維持していかなければならないのである。この機会に、ぜひ、自らを振り返ってみていただきたい。

② 自社のビジネスの全体像を押さえる

　本章の"経営の意図の咀嚼と翻訳"では、ミドルマネジメントの存在意義を戦略実現のエンジンと考えている。ミドルマネジメントは、職場の利害調整や個別機能の管理を行うために存在しているのではなく、全社の戦略に沿った組織活動の実現のために、現場における経営の代行者として存在しており、組織全体の資源を関連づけて、相互に有効活用することが非常に重要になる。そのためには、自社の事業や技術に関する豊富な情報を持ち、それらが戦略上有効に働くよう、相互に関連づけ、つなぐ論理を作り出さなくてはならない。

　ここでは、自社の資源を最大限に活用し、自社なりの強さを出すための考え方について解説しよう。

2-1　相乗効果と戦略的フィット

　前述したとおり、自社のビジネスの全体像を押さえるのは、企業全体の資源を有効に用いて顧客にとっての価値を最大化し、競争力を強化することが不可欠だからである。昨今の企業の競争は熾烈を極め、使える資源は何でも使い、少しでも他社に対して優位な状況を作り出さなければ勝ち抜いていくことはできない。つまり、自社の資源を効果的に組み合わせることが、自社の強さを引き出す上での基本となる。

　例えば、半導体業界を見てみよう。半導体業界は、参加する企業が非常に多く、業界最大手のインテルでさえワールドワイドのシェアが約12％[2]にしか過ぎない厳しい市場である。さらに、半導体産業は、典型的な装置産業であり、トップグループでは、年間数千億円規模の巨大投資が不可欠となっている。この投資に耐え得る規模を維持している企業は、業界のトップグループだけである。そのため、規模に1桁あるいは2桁の違いがある2番手、3番手グループの企業では、特定分野に特化する戦略をとり、自社の他の事業と組み合わせることに

よって、競合他社と異なる強さを打ち出そうとしている企業が少なくない。つまり、2番手、3番手グループの企業は、半導体事業を自社の事業全体の中に位置づけ、他事業と組み合わせることによって強さを実現しようとしているのである。

我々は、"相乗効果（シナジー）"とか、"横串"という言葉を使って、自社の持つ資源や能力を連結し、もっと組織としての力を高めようとするが、実際には意図的に相乗効果を生み出すことはなかなか難しく、結局、掛け声だけに終わってしまっていることが少なくない。

相乗効果（シナジー）に近い考え方を説明するものとして、マイケル・E・ポーターの「戦略的フィット」という主張がある。これは、「組織を構成するすべての仕組みや活動・業務などが、同じベクトルにのり、相互補完的に、全体最適な事業システムとして動くことで相乗効果が生まれ、競争力が高まる」[3]という主張である。

ポーターのこの考え方の背後には、"戦略は活動が実現するもの"という考え方が存在する。つまり、"活動は戦略に従う必要がある"と考えているわけだ。そのために戦略的フィットという考え方を重視し、相互補完的で全体最適な事業システムを実現することの重要性を主張しているのである。戦略的フィットの具体的なポイントは以下の3つである。

> 1. 各活動（機能）同士、そして全体戦略との間の一貫性の確保
> 2. 活動がお互いを強め合う設計（相互補完）
> 3. 取り組みの最適化設計

自社のビジネスの全体像を押さえる目的は、自社の持つ事業を積極的に全社戦略にフィットさせ、戦略を実現する組織活動を作り出すことにある。次項では、そのための具体的方法について考えていく。

2-2　自社のビジネスを理解する

戦略的フィットを実現し、相乗効果を発揮するには、まず組み合わせるべき要素を知らなければならない。ミドルマネジメントの立場であれば、3つの点を押

さえておくことが不可欠である。「自社の事業の全体構造」「各事業のドメイン」「事業同士の関連性」の3つである。

2-2-1　自社の事業の全体構造を理解する

自社の各事業の状況を理解するためには、現状の事業状況を可視化した事業ポートフォリオを活用するのが効果的である。

事業ポートフォリオは、縦軸に事業の売上の成長率、横軸に利益率などの指標を置き、自社事業を可視化する方法である。売上高成長率や利益率の場合、自社の平均値で交差させることが多いが、業界平均値や資本コスト（WACC）、目標売上高利益率（目標ROS）など、判断基準に用いる指標を自由に設定してかまわない。

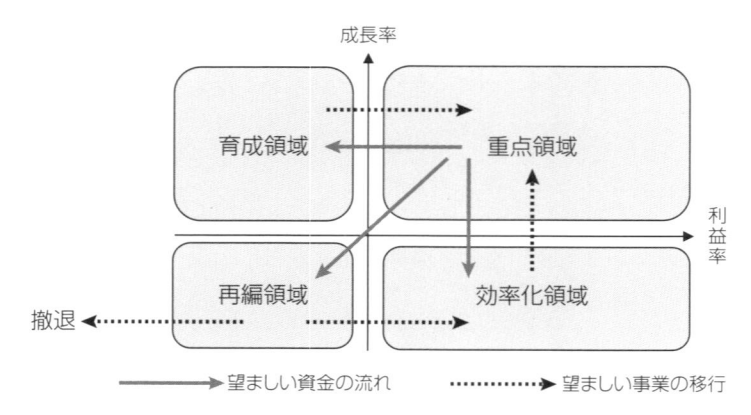

図表2-5　事業ポートフォリオ

この方法を用いると、売上の成長率と利益率の関係から、各事業の相対的な位置づけ、すなわち重点領域・育成領域・再編領域・効率化領域のいずれに属しているのかを認識でき、自社の事業の全体構造を比較的簡便に把握できる。さらに、何年間かにわたる売上高成長率、利益率の推移をプロットすることで、自社の事業構造の変化を把握することもできる。

また、一般論としてではあるが、資金の流れや領域の望ましい移行の方向を考

えることで、それまで漠然としていた事柄を整理したり、意味づけしたりすることも可能である。

2-2-2　各事業のドメインを確認する

　経営では、主たる事業領域をドメインと呼ぶ。ドメインとは、「組織体の活動範囲ないしは領域のこと」[4]である。一部の企業では、慣習的に全社のことをカンパニーと呼び、事業部のことをドメインと呼ぶことがあるが、ここでは、前述の定義に従って用いる。

　ドメインは、その事業が対象とする「対象市場（顧客）・顧客ニーズ・自社の技術（能力）」の3つを用いて示す。この3つを使って当該事業の活動領域を示すことによって、その事業が何を目指しているのかを明確にできる。事業ドメインを理解してもらうために、ここでは簡単な事例を用いて説明しよう。

> 　2つの対照的な学習塾の話である。
> 　1校は、有名中学への抜群の進学率を誇り、全国的にも知名度のある山田塾である。もう1校は、勉強だけではなく、教室での遊びや生活も大切にし、のびのびと子供を育てるという方針で、主に地元の鍵っ子を預かる村田塾である。この村田塾は、当然全国的に知られているような存在ではない。しかし、この2校は、両方とも"学習塾"ということでは同じ事業に分類される。この2つの塾について、ドメインを構成する要素を見てみよう。
> 　進学を目指す山田塾の顧客層は、教育熱心で有名中学に進学させることを希望する両親である。通ってくる子供たちも電車で通える範囲までの広がりがある。そのため、教室はターミナル駅を中心に教育熱心な地域を選んでいる。また、講師は皆中学受験の経験を持ち、優秀な大学に通っている学生が中心である。
> 　一方、村田塾の顧客層は、進学よりも、子供たちを安心して預けることができることを重視する共働きの家庭が中心である。徒歩で通える範囲に家があり、遅い時間には子供を送り届けるサービスも行っている。勉強の指導は、進学に必要な科目に留まらず、子供たちが希望する科目すべてに対応している。講師は、将来教師になりたいという希望を持ち、活動的でリーダーシップがあり、子供たちから慕われる雰囲気を持つお兄さん、お姉さんといった感じの大学生が中心である。

一見"学習塾"という同じ事業を営んでいるように見えるが、「対象市場（顧客）・顧客ニーズ・自社の技術（能力）」によって整理すると、図表2-6のように事業ドメインを定義できる。

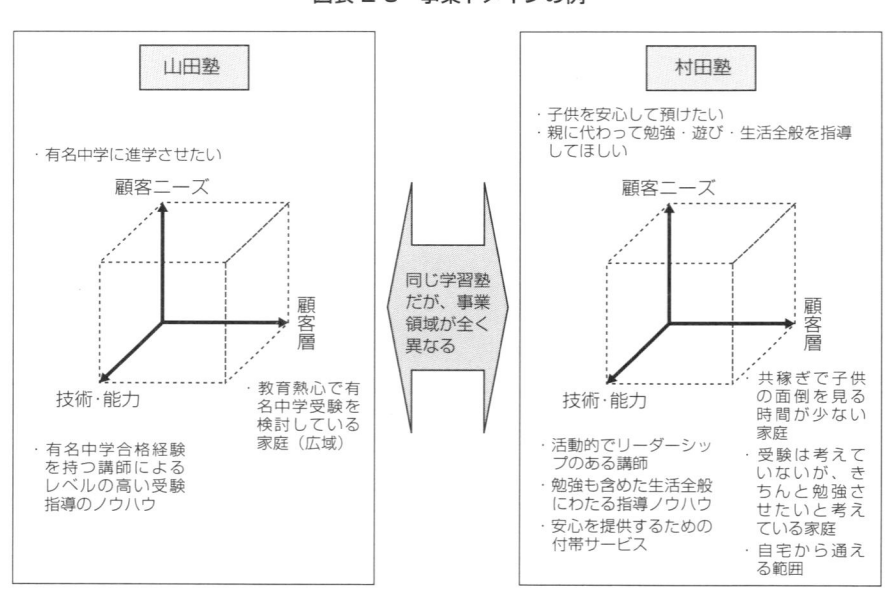

図表 2-6　事業ドメインの例

山田塾
- 有名中学に進学させたい

顧客ニーズ／顧客層／技術・能力

- 有名中学合格経験を持つ講師によるレベルの高い受験指導のノウハウ
- 教育熱心で有名中学受験を検討している家庭（広域）

同じ学習塾だが、事業領域が全く異なる

村田塾
- 子供を安心して預けたい
- 親に代わって勉強・遊び・生活全般を指導してほしい

顧客ニーズ／顧客層／技術・能力

- 活動的でリーダーシップのある講師
- 勉強も含めた生活全般にわたる指導ノウハウ
- 安心を提供するための付帯サービス
- 共稼ぎで子供の面倒を見る時間が少ない家庭
- 受験は考えていないが、きちんと勉強させたいと考えている家庭
- 自宅から通える範囲

　これを見れば、同じ学習塾という事業を営んでいるように見えても、実際にはまったく異なる事業領域であることがわかるだろう。「対象市場（顧客）・顧客ニーズ・自社の技術（能力）」の3つの点を明確にしておくことで、自社の戦略の前提となる各事業の活動領域をつかむことができるのである。

2-2-3　事業間のつながりである事業連関を確認する

　事業ポートフォリオとドメインは、平たくいえば、自社の事業を一覧化し、各事業をわしづかみにするような大雑把な理解を行うための方法である。しかし、これだけで自社の事業構造まで理解したとはいえない。全社戦略を咀嚼する上で

は、その構成要素である事業同士のつながりを理解しておく必要がある。個々の事業は独立して存在している訳でない。企業は、自社の競争力を高めるために、他社では実現し得ない事業の組み合わせによる相乗効果を何かしらの形で意図しているからだ。全社戦略の観点から、自社の事業の関連性を検討する際に有効なのが、「事業連関」という考え方である。

　事業連関とは、技術（製品）や顧客（市場）の共通性や相互の補完性、事業の組み合わせによる競争力の向上など、事業活動間のつながりを把握するためのものである。わかりやすくするために具体的な事例を用いて説明しよう。図表2-7は、公開情報をもとに作成したシャープの事業連関図である。

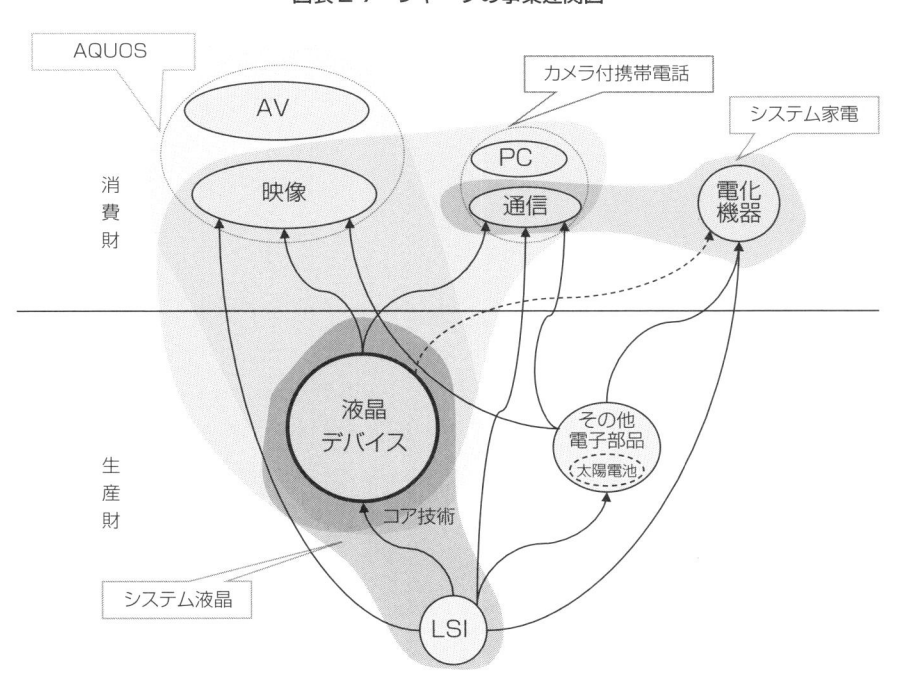

図表2-7　シャープの事業連関図

（図：消費財領域にAQUOS（AV、映像）、カメラ付携帯電話（PC、通信）、システム家電（電化機器）、生産財領域にシステム液晶、液晶デバイス、その他電子部品（太陽電池）、LSI（コア技術）が配置され、矢印で関連が示されている）

　シャープには、LSI、液晶デバイス、映像、AV、PC、通信、電化機器、電子部品といった事業がある。シャープは、オンリーワン製品という"真似されるよ

うな魅力的な製品を作る"ことを目指した戦略に基づいて、独創的な製品・技術開発に取り組んできた。そして、1980年代後半から自社の特色あるデバイスと最終製品とのシナジーによって、家電・情報機器などの最終製品市場での競争を有利に展開するとともに、デバイスの社内大量使用によるコストメリットによって、デバイス事業でも競争を有利に展開しようとする「スパイラル戦略」を展開してきた。

　スパイラル戦略を象徴する最も代表的な製品が、自社のデバイスである液晶を用いて作ったハンディービデオカメラである「液晶ビューカム」だ。また、最近でいえば薄型TVを中心としたAQUOS事業であり、これは、AV・映像・液晶デバイスという組み合わせがなければ実現し得なかった事業である。現在でもこのスパイラル戦略は継続しており、各事業は、相互に技術・製品あるいは顧客・市場を組み合わせることで他社が真似できない事業展開を行っている。さらに、各事業にLSI技術を組み合わせることで、他社が真似しにくいシステムデバイス化やブラックボックス化を実現しようとしている。

　シャープにおける個々の事業は独立した存在ではなく、独自性のある自社デバイスや製品を技術でつなげ、他社に対して競争優位を築こうという明確な意思のもとに展開されているのである。

　戦略的フィットや相乗効果とは、"何か"を用いて事業同士を関連づけ、その結果、競争優位を実現しようというものであり、それを理解するためには、事業連関という見方が有効である。

　特に研究開発部門の場合には、事業間のつながりを技術や製品で示すことができると、自部門の活躍範囲の拡大につなげやすくなる。先に事例で紹介した半導体業界でも、自社の他事業と半導体を結びつけることで、独自性が実現でき、競合との違いを発揮しやすくなる。ただし、あまり技術・製品にこだわり過ぎてしまうと、他のつながりによる協力関係が見えにくくなってしまうため、技術・製品以外の事業間のつながりもよく見ておかなければならない。

　研究開発部門の場合、事業（製品）と技術のつながりを把握することが中心であることから、事業連関図の作成にあたっては、図表2-8のようにマトリクスによって整理を行うことが有効である。マトリクスは、A（行側）がB（列側）に貢献するという基本関係を示している。この整理の過程で、技術と事業以外の関

連が浮かび上がれば、それをマトリクスに追記していくとよい。最後にマトリクスに基づいて事業連関図を作成する。

図表2-8 事業（製品）マトリクスと事業連関図（シャープの例）

A＼B	LSI	液晶デバイス	映像	AV	PC	通信	電化機器	電子部品
LSI	■	●	●			●	●	●
液晶デバイス		■	●			●		○
映像			■	◎				
AV			◎	■				
PC					■	◎		
通信					◎	■		
電化機器							■	
電子部品			●			●	●	■

技術のブラックボックス化、システムデバイス化などを図るうえで重要さが増している。

スパイラル戦略によってオンリーワン製品に貢献するとともに生産数量の確保を行っている。

凡例：●A（の技術）はBに大きく貢献、○A（の技術）はBに貢献、◎AとBは相互貢献

3 各事業の収益論理を理解する

3-1 収益論理とは

　ミドルマネジメントは、自社ビジネスの全体像を押さえた上で、その重要な要素を構成する自事業に対する理解を深めていかなければならない。収益論理とは、当該事業がどのようにして収益獲得を図ろうとしているのか、という意図を明らかにするためのフレームワークである。このフレームワークは、業務の現場レベルに戦略を落とし込む手法として我々が開発したものである。

　この収益論理は、事業戦略を現場の活動につなげていくための翻訳ツールであり、図表2-9のように3つの基本要素とその間の関係性によって構成される。この図は、どのような戦略であっても、そこには必ず「顧客効用」「競争優位」「事業システム」の3つの要素が必要であることを示している。

図表2-9　収益論理図

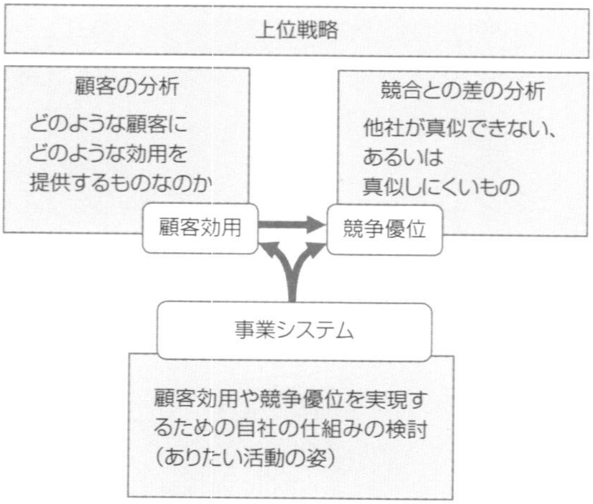

特に、「顧客効用」と「競争優位」は、戦略の中核部分をなすものであり、「誰に対して、どのような効用を、他社とどのような違いをもって提供するのか」ということに関する「ありたい姿」である。そして、事業システムは、それをどのような仕組みで実現するのかという活動の「ありたい姿」を描くものである。

収益論理の各要素の詳細について以下で説明しよう。

3-1-1 顧客効用とは

顧客効用とは、事業を通じて、顧客にどのような効用（嬉しさ）を提供するのかということである。効用とは、経済学の用語で「財やサービスが消費者の欲望を満足させる度合い」[5]という意味である。収益論理において、顧客効用を重視するのは、戦略の中核要素は、顧客にとっての効用（嬉しさ）であるとの考えによる。

どのような戦略も顧客が喜んでくれること、つまり効用を感じてもらうことに照準を定めていなければ、戦略として成立し得ない。戦略を活動につなげていくには、自社（自事業）が、顧客にとってどのような効用（嬉しさ）を提供することを目的とするのかを明確にしておくことが不可欠になる。

企業の戦略は、顧客に高い効用（嬉しさ）を提供するための設計図である。顧客に高い効用（嬉しさ）を提供することができてこそ、はじめて自社に収益が還元されてくる。ただし、顧客効用を明確にするには、単に上位戦略で語られていることを鸚鵡返しにしても意味はない。顧客や市場が何を欲しているのか、何を喜んでくれるのかということを検討しなければならない。

例えば、高収益企業として有名なFA機器メーカーのキーエンスは、代理店販売が一般的なこの業界で直販体制を敷いている。それは、キーエンスが他社どころか顧客さえも気づかないニーズを見つけ出し、それを提供することを戦略の中心に置いていることによる。さらにキーエンスは、標準化され汎用的に使える製品で数多くの顧客との取引を実現することを上位戦略として掲げ、個別顧客のニーズに対応してカスタマイズするのではなく、個別顧客のニーズをもとに、多くの企業に共通の顧客効用を提供できる標準製品の開発につなげている。

キーエンスのように、顧客効用を踏まえて、自社の上位戦略に適合した活動を実行することは現実にはなかなか難しい。多くの企業では、顧客が要求するス

ペックを実現することが顧客効用であり、仕事の中心であると考えてしまう傾向がある。しかし重要なのは、顧客効用を発見し、その顧客効用を自社の上位戦略と適合させると、どのような活動を行わなければならないのかをしっかりと考えることなのである。

なお、顧客効用をしっかりと理解するためには、顧客に会うことが基本となるが、後述する「3C分析」や「顧客効用分析」「技術効用分析」を用いて顧客効用の仮説を考えることも大切である。例えば、生産財の顧客効用の仮説を検討するポイントを一言でいえば、顧客の製品や生産といった技術的な側面とともに、非技術的な側面も含めて検討することである。非技術的な側面とは、顧客の事業の状況（製品のライフサイクルの状況、顧客の動向、競合との関係など）を視野に入れて考えることであり、それがより良い顧客効用の設定につながるのである。

なお、顧客効用は、「(顧客が) 〜を〜できる」「(顧客が) 〜を〜する」と記述したときに、顧客にとっての嬉しさや喜びがわかるものになっていなければならない。

3-1-2　競争優位とは

仮に高い顧客効用が実現できたとしても、競合他社が同じ水準で提供できるのであれば、顧客は、自社を選んでくれない。そこで、自社を選んでもらうための競争力が必要になる。それを競争優位と呼ぶ。

なお、顧客効用と競争優位は、"同じ事柄"を顧客の立場で表現したものと自社の立場で表現したものという対応関係となることが多い。これは、他社に対して顧客効用で差（競争優位）をつけなければならないことを考えると当然である。

ただし、対にならずに顧客効用あるいは競争優位のいずれか一方のみの場合もある。顧客効用のみとなるものは、それが競争優位になっていないということであり、競争優位のみとなるものは、事業システムの模倣困難性など、顧客効用を実現する仕組みや能力などが競争優位になっているということである。

この競争優位には、3つのポイントがある。第1のポイントは、他社の知らない顧客効用の発見である。いわゆる潜在ニーズは、顧客自身も自覚していないも

のであり、高水準の顧客知識（事業の状態、製品の状態、競合の状態等々）と、顧客との関わりの中での高い観察力やインタビュー能力が必要になる。

　第2のポイントは、顧客効用の水準の高さである。低価格で製品を提供することが自社の提供する顧客効用であるならば、圧倒的な低価格が実現できなければならない。つまり、顧客効用の実現水準が高ければ、他社に比べてより高い水準の嬉しさを顧客に提供でき、それが自社の競争優位になり得るのである。

　最後のポイントは、他社が簡単には真似できない（＝模倣困難性が高い）ということである。これには、「『特許』のような法的保護」「事業システムの工夫から生ずるもの」「他社にない資源の組み合わせによって生じるもの」などがある。技術人材が気をつけなければならないのは、つい「特許」にばかり目がいってしまうことである。もちろん特許が重要であることは間違いないが、例えば、"他社よりもスピーディーに研究開発を実施する仕組み"や"他社よりも常に先んじて顧客効用を獲得する仕組み"といったことをイメージしてみてほしい。特許同様に有効な競争優位であることが理解できるだろう。

　なお、競争優位は、「（自社が）〜程度の〜を提供する」という基本表現になる。"〜程度"というのは水準を示す言葉である。他社が真似できない（真似が難しい）水準にあることを示すためには定量表現が好ましいが、定量的な表現が難しい場合には水準を示す状態表現を用いてもよい。

3-1-3　事業システムとは

　事業システムとは、顧客効用と競争優位を実現するために最適化された組織・生産体制・制度などの業務執行の仕組みを指す。

　繰り返しになるが、顧客効用と競争優位は、戦略の主要な要素であり、これを実現するための合理的な仕組みとして事業システムを作り込むことが、戦略に沿った組織活動を可能にする。つまり、事業システムは、顧客効用や競争優位を実現する「組織活動のありたい姿」であり、戦略を活動に反映させる設計図である。

　前述した戦略的フィットの考え方を思い出してほしい。顧客効用や競争優位といった戦略の実現に事業の仕組みを向けることによって、「1. 各活動（機能）同

士、そして全体戦略との間の一貫性の確保、2. 活動がお互いを強め合う設計（相互補完）、3. 取り組みの最適化設計」が実現できるのである。

なお、事業システムは、現状の組織活動を描き出すのではなく、実現したい顧客効用と競争優位を確実に達成するための「ありたい姿」を描くことが重要である。これは、理想的な事業システムのデザインともいえる。この理想的な状況を描くことによって、現状との間のギャップを明らかにすることができ、事業システムのどこをどのようにしていくべきかというマネジメント上のポイントを見出すことができるのである。

3-2 収益論理からマネジメントの指針を得る

収益論理は、顧客効用・競争優位、そして事業システムのすべての要素とも、そのありたい姿を描くことが重要である。それは、ミドルマネジメントの役割が「戦略を実現するための活動を展開する」ことにあるからである。そのためには、現状からありたい姿に移行させることが必要になる。

図表2-10　現状からありたい姿へ

もちろん、ありたい姿だけではなく、現状を詳細に記述し、ありたい姿との間のギャップを精緻に描き出すに越したことはない。しかし、ありたい姿は実現したい目標・意思であり、最も重要なものである。まずはありたい姿を描き、その上でその実現に向けて、いかに貢献していくかを考えていくことが大切である。

> **コラム**
>
> ### 「ありたい姿」と「あるべき姿」
>
> 一般には、"ありたい姿"という言葉よりも、"あるべき姿"という言い方をすることが多い。しかし、本書では、あえて「ありたい姿」という言葉を用いている。それには次のような意味がある。
> ・人間はうそをついてはならぬ——正直に生きるべきである（あるべき論）
> ・人間はうそをついてはならぬ——正直に生きたい（ありたい論）
> やや大げさな事例ではあるが、この2つの表現のどちらが、自分の意思を感じさせるだろうか？
> 「あるべき論」は、"何々すべし、何々でなければならぬ"という正論だが、必ずしも自分の意思を伴うものでなく、何か息苦しさを感じさせる。一方、「ありたい論」は、積極的な意思の表明であり、主体的な想いを込めた表現である。ミドルマネジメントの作り出す収益論理は、「このようにするぞ」という想いのこもった意思の表明でなければならない。だからこそ、ありたい論で考え「たい」のである。

3-3　収益論理を理解する

収益論理は、戦略に沿った組織活動を実現する上で重要なツールとなる。ここで理解を深めるために事例を用いた解説を行う。なお、本事例はあくまで収益論理を理解していただくためのものであり、マブチモーターの経営の巧拙を指摘することが目的ではない。切れ味鋭いマブチモーターの戦略に多くのことを学んでいただきたい。

3-3-1　事例研究「マブチモーター」

●会社概要

マブチモーター株式会社（以下、マブチ）は、DCブラシつき小型モーター専業で、売上高約1,000億円、世界シェア50％以上のトップメーカーである。起業は、1946年に馬渕健一氏が世界初の馬蹄型マグネットモーターを創り出したことに由来し、会社組織としては、1954年に東京科学工業株式会社としてスタートした。以下に、現在のマブチの企業概要を示す。

> 商号：マブチモーター株式会社（Mabuchi Motor Co., Ltd.）
> 創立年月日：昭和29年1月18日
> 事業内容：小型モーターの製造販売
> 資本金：207億481万円
> 連結子会社数：17社、100％海外生産
> 従業員数：約1,000名（2008年12月末日現在）
> グループ従業員数：約45,000名（2008年12月末日現在）
> 売上高：926億2百万円（連結/2008年実績）

● 単品経営・多用途化の幕開け

　マブチは、創業初期には、玩具用モーターを中心とした事業を行っていた。しかし、50年代後半、日本製玩具の最大市場であるアメリカで、玩具に使用され

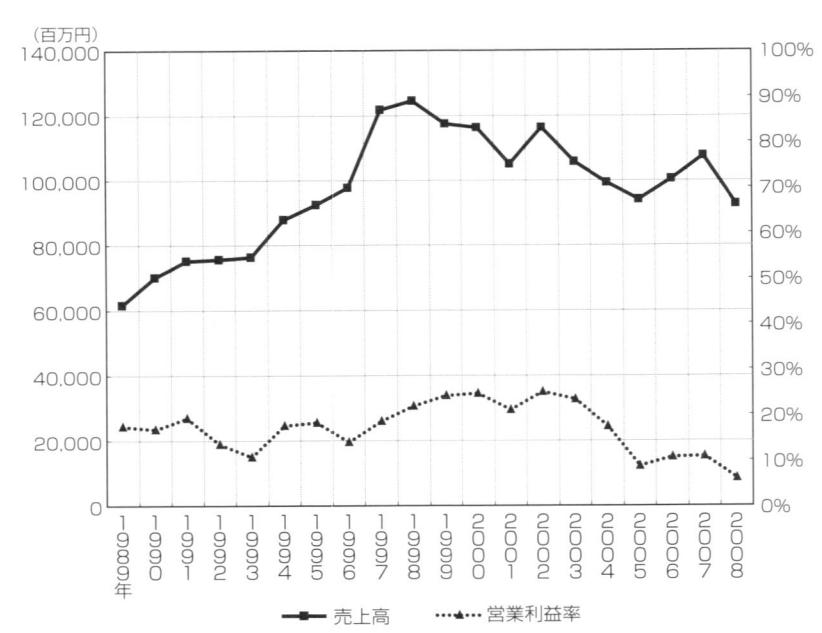

図表2-11　マブチの業績推移（1989年～2008年）

ている塗料に鉛成分が含まれていたために、日本製品の販売がストップし、マブチの経営も大きな影響を受けた。そして、マブチはこのときに"多用途化による小型モーターの単品経営"という独自の選択を行ったのである。背景には、単品経営が問題なのではなく、用途が少ないことが問題であり、「玩具だけではなく、電気製品・自動車などの分野へも用途を拡大すること」「国内企業だけではなく、海外企業にも販路を開拓すること」が経営上の課題であるという認識を持ったことがある。馬渕隆一氏の述懐から、当時のマブチの経営陣の市場（顧客）や競争環境の見方を示す言葉を以下に紹介する。

・世界市場を相手にするならば、単品経営でも十分な市場規模がある
・欧米の電機メーカーでは、製品に使用する小型モーターは内製が主であり、技術的に競争可能な状況である
・経営資源を集中すれば、世界市場を相手にできる可能性が十分ある

●標準化戦略の選択
　1960年代の国内の小型モーター市場は、特注品としての受注生産というのが業界の常識だった。マブチは、玩具用途を中心としていたことから、クリスマス商戦を中心とした半年間の繁忙期とそれ以外の閑散期というサイクルを繰り返していた。ところが、実際に売れているモーターを詳細に調べていくと、特注品である必要のないものが多く、5～6種類のモーターで、全体の7割近くの注文に対応できることがわかった。このような状況なら、計画生産が可能であり、生産の平準化の実現と雇用の維持による品質・生産性の向上が見込みやすくなる。
　当時、玩具にモーターを用いた場合、製品の全体コストに占めるモーターのコストの割合は3割程度あった。マブチの生産性が向上し、低価格モーターを提供できるようになれば、玩具メーカーにも標準化のメリットを享受してもらえる。また、標準品に切り替えることによって、特注品に多い初期故障の低減、生産の平準化による高品質化、販売予測のぶれによるモーターの調達リスクの低減というメリットも提供できる。
　このようなことから、マブチは、標準品による事業展開へと大きく舵を切った。標準化によって顧客への提供価格を3割下げることが可能になるとともに、

計画生産でマブチが在庫を持ち、数万個単位のオーダーであれば即納することを顧客と約束して、顧客の調達リスクの低減を実現した。結果として、3〜4年で8割近くを標準品が占めるようになった。

当時、競合企業はマブチに対抗すべく、より細やかな特注品に重点化するという戦略をとったが、最終的には、標準化に方針転換せざるを得ない状況に追い込まれた。しかし、競合企業は標準化のノウハウを蓄積したマブチよりも安く作ることはできず、マブチの独走を許すことになった。

馬渕隆一氏は、「『企業経営では、顧客の要望にできるかぎり応えることが大切』という意見もあります。しかし当社がライバル企業に差をつけることができたのは、お客様の要望を鵜呑みにしなかったからです。それよりどうすれば本当の意味で顧客のためになるか、それを当社の利益とどうやって両立させるかを真剣に考えたことが事業の発展につながりました。」[6]と述懐している。

● **生産拠点の海外展開**

マブチは、1964年に香港工場で海外生産をスタートさせた。当時、玩具市場におけるモーターの最大のライバルは"発条（ゼンマイ）"であり、マブチでは、コストを下げ、価格を下げることによって、まだ市場が広がると読んでいた。ただし、そのためには、発条の価格に対抗できる価格・コスト構造の実現が求められた。1964年香港、69年台北（台湾）、78年新竹（台湾）、79年高雄（台湾）、86年広東（中国）、89年マレーシアと、マブチは次々に海外工場を展開し、コストと価格の低減を実現した。最終的に1990年以降は全量海外生産されるようになった。

● **標準化の推進**

マブチの標準化は、玩具用途のモーターを対象とした場合という前提だった。しかし、マブチ自身の過去の経験から、多用途化も経営上の重要な課題であり、玩具・家電用途以外への拡大を図る必要もあった。他分野への用途拡大におけるトピックを以下に2つほど紹介する。

1）電子ガバナーモーター

1974年に初めて売上高が前年を下回るという状況に直面した。マブチが事業

第2章：経営の意図の咀嚼と翻訳

拡大に向けて新たな用途として選んだのは、テープドライブ用モーターという分野だった。家電分野では、カラーTVの次の大型製品としてテープレコーダーが注目されていたが、テープドライブにDCモーターを使用すると電圧などの変化によって回転速度が変わってしまうため、主として機械式のガバナーが用いられていた。一部の大手電機メーカーが、自社製品向けに電子ガバナーモーターを採用していたが、価格が倍近くになってしまうことから、使用は一部の高級機に限定されていた。

しかし、マブチはこの分野に参入する決断をした。テープレコーダーでの実績がないマブチには、この分野で実績をあげ、メーカー側からの信用を築くための工夫が求められた。そこで、はじめは特殊仕様の注文でも受注することによって実績を作り、そのプロセスを通じて、テープレコーダーメーカーに受け入れられる標準化を推進した。具体的には、セットメーカーであるシャープと、メカニズムメーカーのタナシンの2社との取引を通じて、テープドライブについての学習を積み、標準スペックを決定した上で、台湾工場で低コスト生産を開始したのである。その結果、1976年には171万個だった出荷個数が、1979年には2,016万個になり、標準化戦略は成功を収めた。

2) APSカメラ用モーター

電子ガバナーモーターでは成功した標準化戦略だが、APSカメラ用モーターでは失敗に終わった。APSカメラ市場は、カメラの小型化が進んでおり、マブチはモーターが十分に小さく、フィルムを巻き取る機能さえあれば、価格メリットを追求するだけで成功できると読み、1つの標準モデルに絞って市場展開を行った。

しかし、小型化競争を強く意識するカメラメーカーは、特殊仕様のモーターを求めていた。その結果、すべての特殊仕様に応えることができた三洋精密が大きくシェアを伸ばした。カメラの小型化における最も重要なポイントがモーターの大きさではなく、カメラの小型化とデザインの自由度を支える特殊対応であるということをマブチが見落としていたことが原因の1つだと考えられる。

●標準化によるその他の変化

1) 販売活動

マブチが標準化による低価格化を進めていく中で、販売面に大きな変化があら

われた。それは、「売りに行かなくてもよい」ということである。特殊仕様の受注製品では、顧客のもとへ足を運びその要求を聴くことが重要だ。しかし、標準化された製品では、標準スペックを示し、顧客にそれを使いこなしてもらえばよくなった。そこで、販売拠点を少数に絞り、国内では本社（松戸）に拠点を集約し、そこから標準スペックを IT などを活用して世界に発信し、販売する体制をとった。営業の役割も変わり、新たな領域における標準化を進めるための市場調査や、研究開発部門への顧客情報のフィードバックが重視されるようになった。

2）研究開発活動

特殊品の受注生産では、受注のたびに設計を変更する必要があった。一方、標準化製品の生産では、低価格・高品質を実現することが求められるので、コストや品質に関する技術活動が重要になる。

また、小型 DC モーターによる多用途化を実現するためには、アプリケーション側の技術を理解し、実装可能な標準化製品としていくための技術活動が求められる。つまり、特殊モーターの生産のためには、モーターの開発設計ができれば十分だが、標準化による多用途化の実現のためにはアプリケーション側と小型 DC モーターをつなぐための開発設計が重要であり、そのための対応が求められたのである。

3）人材マネジメント

マブチの強みは、標準化による低価格化・高品質化にあるが、この強みに磨きをかけ、競争優位を維持する必要がある。しかし、全量を海外拠点で生産しているため、その磨き込みは容易なことではない。この課題を解決するために、現地の社員にもできる限り高い処遇や昇進の機会を与えるとともに、"NIHAO（ニーハオ）" というマブチの経営の考え方を定着させるトレーニングプログラムを世界の生産拠点に展開している。

【本事例研究の参考文献】
・マブチモーター ホームページ（http://www.mabuchi-motor.co.jp/）
・新原浩朗（2003）『日本の優秀企業研究』日本経済新聞社
・日経ベンチャー「『社長大学』馬渕隆一 マブチモーター社長」第1・2・3回、2000年、9・10・11月号、日経BP社
・Paul W Beamish. and Anthony Goerzen (1998) "MABUCHI MOTORS CO.,LTD." Richard Ivey School of Business

・楠木 建（2001）「マブチモーター（標準化戦略と持続的な競争優位）」一橋ビジネスレビュー 49(2)号、東洋経済新報社

3-3-2　事例の解釈

　ここでは収益論理のフレームワークに沿った戦略の咀嚼プロセスを紹介する。
　マブチの全社戦略は極めて明快で「ブラシつきDCモーターの用途拡大、単品での世界市場の開拓」である。マブチは単一事業の企業であることから、この上位戦略（全社戦略）の存在の意味合いがぼやけてしまいがちであるが、この戦略があるからこそ、マブチは特定分野への資源集中を行うことができている。また、事例では回顧的に記述されているが、"顧客の真の要望と自社の利益の両立"ということも重要な考え方であろう。
　収益論理を明らかにするにあたっては、まず実現したい顧客効用と競争優位を

図表2-12　マブチの収益論理の検討（イメージ）

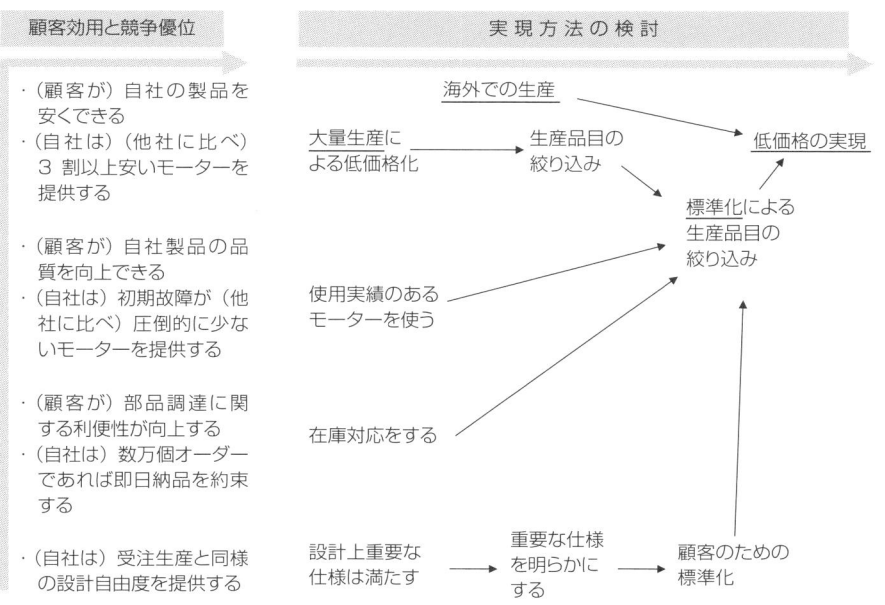

顧客効用と競争優位	実現方法の検討
・（顧客が）自社の製品を安くできる ・（自社は）（他社に比べ）3割以上安いモーターを提供する	大量生産による低価格化 → 生産品目の絞り込み 海外での生産 → 低価格の実現 標準化による生産品目の絞り込み
・（顧客が）自社製品の品質を向上できる ・（自社は）初期故障が（他社に比べ）圧倒的に少ないモーターを提供する	使用実績のあるモーターを使う
・（顧客が）部品調達に関する利便性が向上する ・（自社は）数万個オーダーであれば即日納品を約束する	在庫対応をする
・（自社は）受注生産と同様の設計自由度を提供する	設計上重要な仕様は満たす → 重要な仕様を明らかにする → 顧客のための標準化

※（顧客が）…顧客効用，（自社は）…競争優位

リストアップする。マブチの例でいえば、「低価格モーターの提供による顧客の製品コスト構造の改善」「顧客のモーターの調達リスクの低減（量の柔軟性、在庫リスク、スピード、品質）」などがあげられる。

　次にそれを実現するための手段を洗い出す。マブチの例でいえば、「低価格モーターの提供による顧客の製品コスト構造の改善」について、「（低価格を実現するためには）大量生産の実現→（大量生産を実現するためには）標準化による製品品目の絞り込み→（標準化による製品品目の絞り込みを実現するためには）……」というように、目指すべき「低価格を実現する」ための方策を徹底的に検討するのである。これは事業システムの具体的な活動内容を検討することであるともいえる。

　ここで注意すべきことは、顧客効用と競争優位の質である。すでに触れたが、顧客効用は顧客さえも気づいていない潜在ニーズを衝くようなものがよく、競争優位は、競合との差が明確で真似されにくい性質のものがよい。

　収益論理の検討は頭の中で行ってもかまわないが、図表2-12のように記述していくことでアイデアを整理し、ヌケ・モレを防ぐことができる。なお、前述したとおり、ここでは現実を記述するのではなく、ありたい姿を記述することに注意する必要がある。例えば、「こんな顧客効用が提供できたら顧客満足が高まるだろう」「こんな競争優位性を実現したら競合に圧倒的な差をつけることができるだろう」というものをあげていくのである。この収益論理の検討を一通り行った上で、それに基づいて収益論理図を作成する。

　収益論理図の作成は、まず、事業目的となる顧客効用を記述し、さらに競争優位としたいことを書き出す。最後に実現手段を参考に、事業システムを描く。

　事業システムには、実現したい顧客効用と競争優位を実現するための活動の仕組みが描かれる。例えば、マブチの例では、顧客効用や競争優位を実現する大きなポイントとして、「圧倒的な低価格の実現」がある。これを実現するためには、事業システム上、「大量生産を実現すること」が不可欠で、そのために「標準化を実現する仕組み」が求められる。つまり、事業システムには、これを実現する手段を描いていくわけである。なお、図表2-13の収益論理図の事業システムの中の矢印は、目的と手段（手段→目的）を示している。

第 2 章：経営の意図の咀嚼と翻訳

図表 2-13　マブチの収益論理図

《上位戦略》
◆ マブチの経営文脈に埋め込まれた価値観・方針
・本当の意味で顧客に役立つ
・顧客のためになることと、自社の利益の両立

◆ 全社戦略として明文化されたもの
・単品での世界市場の開拓
・ブラシつき DC モーターの用途拡大

《顧客効用》
（顧客が）
・自社製品を安くできる
・自社製品の品質を向上できる
・部品調達に関する利便性を向上できる
・受注生産と同様の設計自由度を確保できる

《競争優位》
（自社は）
・（他社に比べ）3 割以上安いモーターを提供する
・初期故障が（他社に比べ）圧倒的に少ないモーターを提供する
・数万個オーダーであれば即日納品を約束する
・標準化による見込み生産の事業システムを他社がすぐに真似するのは難しい

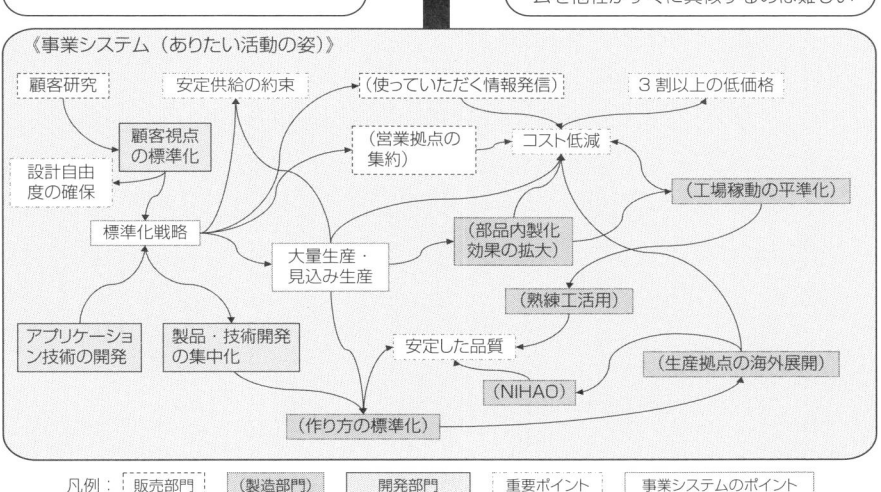

《事業システム（ありたい活動の姿）》

顧客研究　安定供給の約束　（使っていただく情報発信）　3 割以上の低価格
顧客視点の標準化
（営業拠点の集約）　コスト低減
設計自由度の確保
標準化戦略　　（工場稼動の平準化）
大量生産・見込み生産　（部品内製化効果の拡大）
アプリケーション技術の開発　製品・技術開発の集中化　（熟練工活用）
安定した品質　（生産拠点の海外展開）
（NIHAO）
（作り方の標準化）

凡例：　販売部門　（製造部門）　開発部門　重要ポイント　事業システムのポイント

4 戦略の方向性を読み解く

　前節まで、自社のビジネスの全体像や個々の事業の収益論理を読み解くための基本的な考え方を解説した。ここでは、自社の経営の意図を咀嚼する前提として、あらためて戦略についての基本的な考え方を整理しておく。戦略を知ることによって、自社の戦略の方向を読み解き、自部門の活動や自らが果たすべき機能を充実させていくことが可能になるからである。

4-1　外に向けた打ち手としての戦略

　経営環境の厳しさが増す中で、多くの企業が自社の経営戦略の見直しを迫られている。経営戦略は、本来、成長戦略・競争戦略を中心に検討すべきものであるにも関わらず、これらに従属する組織内部の改革を戦略だと思い込んでしまっている企業が少なくない。つまり、「内部管理を充実すること（＝効率化）が利益を生む」という都合のよい論理に陥ってしまっているのである。
　経営体質の改善に意味がないというつもりはないが、進むべき道を描かずして、経営体質の改善が効果をあげることはない。内部にばかりに眼を向けて企業として闘うべき領域や手段を明確にしていないのでは本末転倒である。外へ向けた企てはビジネスの本質である"リスク"を多く含み、内に向けた企てに比べて戦略の策定や意思決定が難しいことが、こうした状況を助長しているという側面もあるのだろう。
　しかし、戦略の本質は外に向けた打ち手にある。自社の戦略を読み解く際には、自社が成長し、競争に勝ち抜いていくためにどのような方向で、どのような手を打とうとしているのかを見極めることが重要になる。

4-2　「経営の意図」としての戦略

　戦略を咀嚼しようとするとき、それが明確に示されていれば苦労は少なくてすむ。その背景や意図を洞察する必要はあるにせよ、戦略そのものを探索する必要はないからだ。

　ところが、第1章でも触れたとおり、日本企業のミドルマネジメントからは、「うちには戦略がない」という声がよく聞かれる。「戦略」としてはっきりとした形で示されていないケースが多いのは確かだ。「計画」はあっても、意図としての戦略が表面的には見えないことが往々にしてある。

　ただし、だからといってそれらの企業に戦略がないという訳ではない。実際には、ほとんどのケースで、暗黙のうちに了解されている「経営の意図」がある。そして、その「経営の意図」を暗黙の前提として、単年度の計画を策定し、その実行を積み重ねている。

　戦略は必ずしも明示的に示されていることが望ましい訳ではない。それは個々の企業の置かれている状況に依存する。ミドルマネジメントに求められるのは、「戦略がない」と嘆くことではなく、自社の行為の底流にある経営の意図を読み解き、それを咀嚼して、具体的な活動へと展開していくことである。

　このような場合、自社の歴史を見ていくことで、事後的なパターンとして現れている戦略を理解することができる。さらには、社是・社訓・経営指針、社史、社内報での経営幹部の記事等々、様々に散らばっている「戦略的内容を含んだメッセージ」を読み込んでいくことも大切だ。

　外部の人に聞いて、はじめて自社の情報を知ったというような経験を持つ人も多いだろう。自社のことはよく知っているようでいて、意外と知らないことも多いのが現実である。特に複数の事業を展開している場合、自分たちに関連の深い事業以外には眼が向いていないことが多いが、自事業しか知らないのでは全体最適を考えることはできない。むしろ個別最適に陥る危険性が高い。企業全体と自事業との視点を行き来し、相対化して見ることができなければならない。

　意図された戦略と実現した戦略が必ずしも同じ訳ではないが、経営の視点を持って、その背景となる状況を確認していくことにより、自社の戦略のパターンを事後的に解釈することができる。あらためて自社を振り返ることにより、見え

なかったはずの戦略が徐々にくっきりとその姿を現してくる。見えない戦略を浮かび上がらせるためには、一度立ち止まって自社を振り返ることが必要なのである。

そして、その戦略の背景となる状況も含めて、自分なりの言葉で語ることができるようになってこそ、戦略が翻訳・増幅されることになる。こうした戦略の翻訳・増幅こそが、ミドルマネジメントに期待される重要な機能である。

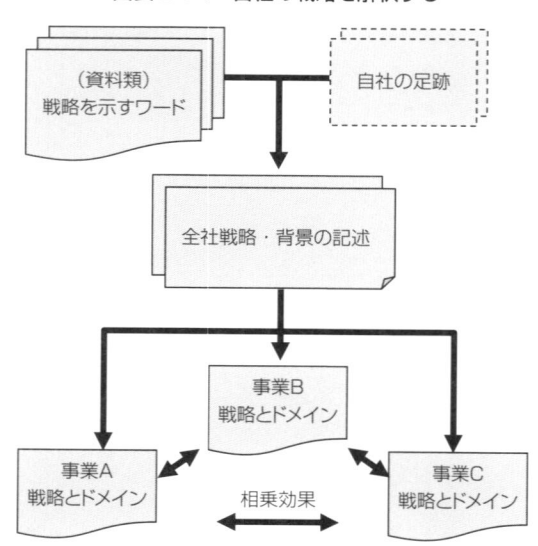

図表2-14　自社の戦略を解釈する

4-3　戦略とは

ここまで明確に定義をしないままに「戦略」という言葉を用いてきたが、戦略とは、そもそもどのようなものなのだろうか。

戦略は、もともとは軍事用語である。軍事の世界では「ある程度の長期にわたって一貫性を持った資源の再配分」という意味で使われている。この考え方を援用し、経営学の世界でも様々な定義がなされている。

例えば、ホファーとシェンデルは、戦略を「組織がその目的を達成する方法を示すような、現在ならびに予定した資源展開と環境との相互作用の基本的パター

ン」と定義し、戦略を構成する要素として「ドメイン」「資源展開」「競争優位性」「シナジー」をあげている（Hofer, Schendel, 1978）。また、チャンドラーは、「一企業の基本的な長期目的を決定し、これらの諸目的を遂行するために必要な行動様式を採択し、諸資源を割り当てること」と定義し、戦略を構成する要素として「長期目的」「行動様式の採択」「諸資源展開」をあげている。そして、アンゾフは、「部分的無知の状態のもとでの意思決定のためのルール」と定義している（Ansoff, 1965）。

しかし、こうした定義を聞かされても現実の場面ではあまり有効に活用することはできないだろう。戦略を咀嚼するには、もう少し噛み砕いて理解しておく必要がある。以下に戦略が満たすべき要件を具体的に示しておく。

図表2-15　戦略の要件

1. 戦略は、長期的視点で作られたもの
2. 戦略は、顧客効用を高めることを目的に策定するもの
3. 戦略は、敵を想定し、勝つために策定するもの
4. 戦略は、戦術（事業システム）までつながってはじめて価値を持つもの
5. 戦略は、独自の認識と活動であり、ユニークなもの
6. 戦略は、やらないこと、そしてやることを明確にしているもの
7. 戦略は、相乗効果をねらったもの

4-4-1　戦略の全体像

戦略は階層性を持ち、企業戦略、事業戦略、組織戦略、生産戦略など、様々な種類の戦略がある。こうした階層性を持つことが、戦略の全体性を見失わせてしまっている一因でもある。ここでは、戦略の全体構成について解説する。戦略を解釈する上で重要になる「戦略の全体性」を理解してほしい。

まずは成長戦略と競争戦略について検討しよう。成長戦略は、その名のとおり企業の成長を託す場をどこにするのかを決定する戦略である。企業あるいは事業の長期的存続と発展のために、成長性の高い領域を選んで経営資源を集中させるのである。端的にいえば、どこで戦うのかを決めることであるといってもよい。

図表 2-16　戦略の階層構造

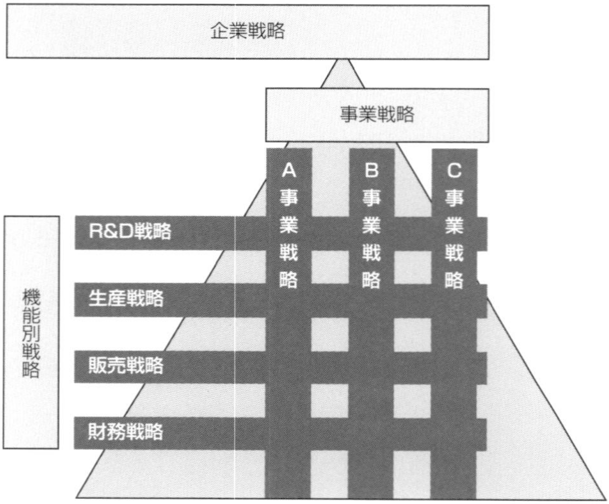

事業の成長は、対象とすべき市場の成長あるいは変化によって大きな影響を受けることから、成長戦略の策定にあたっては、市場とそこに対応するための自社能力が主たる検討対象となる。

　成長戦略のあり方は、類型化すると「多角化」「国際化」に大別される。「多角化」は、図表2-17のアンゾフの成長ベクトルでは、右下（新製品／新使命）のセルに該当する。ただし、既存の使命や製品を含む3領域も成長領域としての可能性を持っている。

　多角化は大別すると関連多角化と非関連多角化に分かれる。関連多角化とは、技術や流通チャネル、管理ノウハウなどを他の事業と共有する多角化である。一方、非関連多角化は、他事業との関連性がほとんどない多角化をいう。

　「国際化」は、地域的な側面からの市場拡大である。製品や顧客が変わらなければ一見変化が少ないように思われるが、実際は文化や慣習、価値観などが異なることから自国における事業の延長線上で展開できることの方が少ない。カルフールやウォルマートなど、日本に進出した欧米の流通業が簡単に成功を手に入れることができなかったことを見てもそれがわかる。

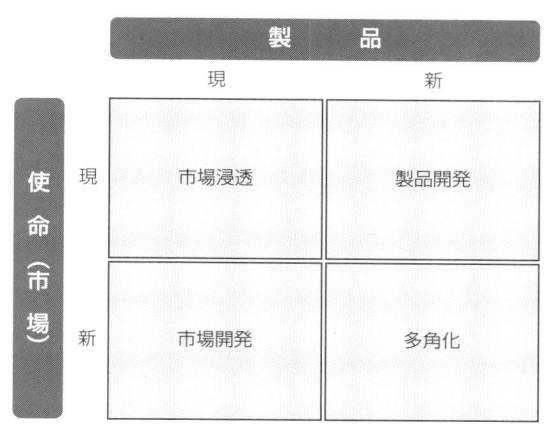

図表2-17 アンゾフの成長ベクトル

	製品	
使命（市場）	現	新
現	市場浸透	製品開発
新	市場開発	多角化

出所：H. I. Ansoff, (1988) "The New Corporate Strategy"（中村元一・黒田哲彦訳『最新・戦略経営―戦略作成・実行の展開とプロセス』産業能率大学出版部, 1990）邦訳 P.147をもとに作成

　いずれにせよ、成長戦略は、自社の戦うべき領域を明確にすることによって、自社の方向性を規定し、他の戦略の指針となるものである。

　一方、競争戦略とは、個別の事業について、市場における競争の手段を決定する戦略である。単一事業の企業の場合は競争戦略がそのまま企業戦略となるが、複数事業を持つ企業の場合は、個別の事業ごとに競争戦略が策定されることになる。その場合は、成長戦略で自社が戦う市場を決定した上で、個別事業ごとに具体的な戦い方としての競争戦略の検討を行う。ただし、実際にはこれらは線形のプロセスで行われる訳ではない。成長戦略の検討にあたっては、個々の市場における競争戦略の検討が必要になる。競争に勝てる見込みがなければ、いかに魅力的な市場であったとしても自社が戦う領域とはなり得ないからだ。また、成長戦略の策定においては、勝つ見込みがある事業に、より重点的な資源配分が必要になる。したがって、実務上は成長戦略と競争戦略は相互のフィードバックを伴いながら、同時並行的にあるいは循環的に検討されることになる。

　成長戦略で自社が戦うべき領域を決め、競争戦略でその領域における具体的な戦い方を定めた上で、各機能ごとの戦略が策定される。これがすなわち、戦略の階層性であり、「成長（企業）戦略→競争（事業）戦略→機能別戦略」という流

れになる。機能別戦略は、別名で「オペレーション戦略」という言い方をするが、経営戦略や事業戦略が効果性を追求するのに対して、効率性を追求することに主たるねらいがある。このような戦略の体系全体を指して「経営戦略」と呼ぶ。いわば経営戦略とは企業が収益をあげ、成長していくための自社の論理の体系である。

第2章：経営の意図の咀嚼と翻訳

5 戦略を読み解く道具
（類型化とフレームワーク）

5-1 競争戦略論の類型

　自社の戦略の方向性を読み解くといっても、実際には何らかのとっかかりがないと難しいものである。戦略は複雑なものであり、そのままでは解釈が難しいからだ。複雑なものを理解しようとする際の方法の1つに、類型化がある。戦略も類型化してみると理解しやすくなるので、ここでは、自社の戦略を読み解く際に有効な戦略の類型化の例を1つ紹介しておこう。

　青島・加藤（2003）は、競争戦略について、利益の源泉を"内に求めるのか""外に求めるのか"という分類軸と、企業に利益をもたらす「要因」に注目するのか、利益の源泉となる要因自体が生み出される「プロセス」に注目するのかという分類軸によって、競争戦略を4つに類型化している。

図表2-18　競争戦略の類型

利益の源泉	要因	プロセス
外	ポジショニングアプローチ	ゲームアプローチ
内	資源アプローチ	学習アプローチ

注目する点

出所：青島矢一・加藤俊彦（2003）『競争戦略論』東洋経済新報社，P.26より引用

まず、"利益の源泉が内か外か"という縦軸は、戦略の基本的視点をどこに置くのかを明確にしてくれる。利益の源泉を「外」に置くということは、「儲けやすい場所（市場）を探す」という考え方であり、自社が戦いやすい市場を見つけ出すことが戦略の中心となる。一方、利益の源泉を「内」に置くということは、「儲けるための武器を磨く」という考え方であり、自社内部の資源や能力（技術力・営業力など）に磨きをかけることが戦略の中心となる。

　また、「要因」「プロセス」という横軸は、戦略の基本的視点を「What」に置くのか、「How」に置くのかを明らかにする。要因（What）に注目するということは、自社の利益の獲得に影響を与える内外の要因は何かを考えることが戦略の焦点となる。一方、プロセス（How）に注目するということは自社の利益獲得のために、どのようなシナリオで動いていくのかを考えることが戦略の焦点となる。様々な相互作用を考えながら、シナリオを描いていく必要がある。

　なお、これらの戦略の類型のどれか1つに自社の戦略を当てはめて考えることに意味がある訳ではない。現実は多様であり、そうした現実をどのような角度から見るかによって見え方が異なるに過ぎない。大切なことは、これらの戦略の類型を理解した上でそれぞれの角度から自社の戦略を見つめると、どのように解釈できるのかを吟味していくことである。

　戦略は複雑なものであり、ある角度からだけ語るべきものではない。いずれの類型もある切り口で戦略を見つめようとするものに過ぎず、それぞれの角度から自社の戦略を見ていくことが大切である。それぞれの象限の戦略に関し、簡単に解説しておこう。

■ポジショニングアプローチ

　ポジショニングアプローチとは、企業の外部環境、すなわち事業の競争構造に焦点を当てるアプローチである。企業が優れた業績をあげる要因を個々の事業が属する業界の構造に求める。そして、業界の構造を見極めた上で、その中のどこに自社を「位置づけるか」を戦略の中心に据えることから、ポジショニングアプローチと呼ばれる。このアプローチに立てば、自社の戦略を咀嚼する際に、自社の扱う事業がそれぞれどのような競争構造にあり、どのような自社の位置取りを目指しているのかを検討した上で、その背景にある経営の意図を読み解いていく

ことになる。

■資源アプローチ
　資源アプローチとは、企業の内部に存在し、市場から調達することが難しい独自資源に焦点を当てるアプローチである。企業が優れた業績をあげることができる要因を、他社にない優れた資源や能力に求める。資源アプローチの視点からは、自社の戦略を咀嚼する際に、他社にない自社の優れた資源や能力は何か、それをどのように活かして収益を獲得しようとしているのかを検討していくことが最も重要になる。
　ポジショニングアプローチが事業における位置取りを考え、そのために必要な資源の検討を行うのに対して、資源アプローチでは、先々の事業機会を見据えて、自社の資源をいかに活用して事業機会を捉えるか、さらには将来の事業機会に向けてどのような資源を蓄積していくかが焦点となる。いわば「資源が先にありき」のアプローチである。

■ゲームアプローチ
　ゲームアプローチとは、自社にとってより良い外部環境を作り出すためのプロセスに焦点を当てるアプローチである。その事業に参加しているプレーヤー同士の相互作用が事業の競争構造全体にどのような影響を与えるのかを検討し、「競争」だけではなく、「協調」にも焦点を当てる。協調することによってパイを最大化した上で、「競争」によってパイの配分をできるだけ大きくすることが期待できるからだ。
　他社の反応を考慮した上で、自社がいかに行動することが自社にとって最も有利な状況を作り出し、収益につながるのかを考えるのがゲームアプローチである。

■学習アプローチ
　学習アプローチとは、企業が外部環境と相互作用していく中で、情報や知識、技術などの「見えざる資産」（伊丹，1984）を蓄積していくプロセス、すなわち学習プロセスに焦点を当てたアプローチである。現在の事業に対する短期的な効果をねらうのではなく、将来の事業に活用できる能力を蓄積していくことに重点

を置く。現実の活動から生じる様々な事象から学ぶことで、将来に向けた能力を蓄積していくことを重視するのである。

5-2 戦略を見るフレームワーク

類型化に加えて戦略を読み解く際に有効な道具は、戦略のフレームワークである。戦略を立案する際の視点や思考の枠組みであるため、逆引きをすれば戦略を読み解く行為を助けてくれる。ここでは、戦略を読み解くための道具として、いくつかの基本的なフレームワークを紹介しておく。なお、ここで紹介するフレームワークは、収益論理を使いこなすために有効なものを中心にしている。

5-2-1　3C

経営戦略は、環境に適応するために自社が目指すべき方向性を示すものである。どんな企業であれ、経営戦略の立案にあたっては自社が直面する環境を分析し、意味づけている。環境を分析する際の最も基本的な視点が「顧客（Customer）」「競合（Competitor）」「自社（Company）」の3つであり、それぞれの頭文字をとって3C分析という。「顧客」と「競合」は自社の外部環境について

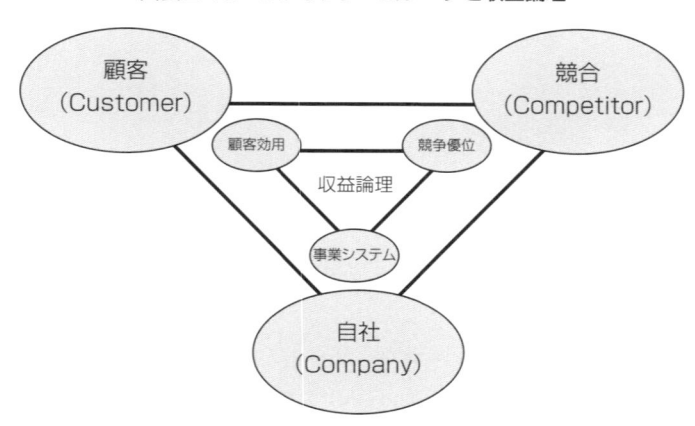

図表2-19　3Cのフレームワークと収益論理

の分析であり、「自社」は自社の内部環境についての分析である。なお、この3Cは、収益論理との関係で解釈するならば、「顧客（Customer）≒顧客効用」「競合（Competitor）≒競争優位」「自社（Company）≒事業システム」と見なすことができる。以下では、3つのCの分析についての概略を示す。

「顧客」では、その事業が対象とする顧客について、顧客を取り巻く状況の変化や顧客自身の動向、顧客ニーズの変化などについて分析する。収益論理における顧客効用に注目した場合、生産財の企業ならば顧客が喜んでくれることは何かという視点から、技術課題ばかりではなく、顧客のビジネス全体に眼を向けて検討することが重要である。なお、ここを深めるためには、後述する顧客効用分析が有効である。

「競合」では、その事業における競合相手を特定した上で、各企業の動向や戦略の方向性、組織体制や保有資源などを明らかにする。その上で、売上高や利益率、製品ラインの特徴などについて、自社と比較しつつ、強み、弱みを分析し、市場における各社のポジションや動向を確認する。収益論理における競争優位に注目した場合、自社が真似できない他社の競争優位と、自社が競争優位としていることに対する他社の状況に眼を向けることが有効である。

「自社」では、売上高や利益率の推移などの定量的なデータの確認に加え、自社の保有資源の状況や組織特性などについて、他社と比較しつつ、自社の強み、弱みを分析する。収益論理における事業システムに注目した場合、活動を支える仕組みや制度、仕組みの運用状況などが分析のポイントとなる。

3Cは戦略を読み解く際の最も基本的な視点である。非常にシンプルなフレームワークで、用いられることも多いが、収集した情報をどのように意味づけて解釈するかが重要であり、そこを間違えてしまってはまったく意味がないことに注意しなければならない。自社の戦略を読み解くにあたっては、3Cそれぞれについて、安易な決めつけをせず、その意味づけや解釈の妥当性を複眼的に吟味していくことが非常に重要である。戦略を咀嚼する際には、自社の戦略の前提にはどのような環境認識があるのかを3Cの視点から読み解くことになる。

5-2-2 製品ライフサイクル(Product Life Cycle)

　どんなヒット商品であっても永久に売れ続けることはない。生き物に寿命があるように、製品にも寿命がある。製品の寿命をモデル化したものが「製品ライフサイクル」である。製品ライフサイクルは、一般に、①導入期②成長期③成熟期④衰退期の4つの段階に分けて捉え、それぞれの段階ごとに異なる戦略が求められる。

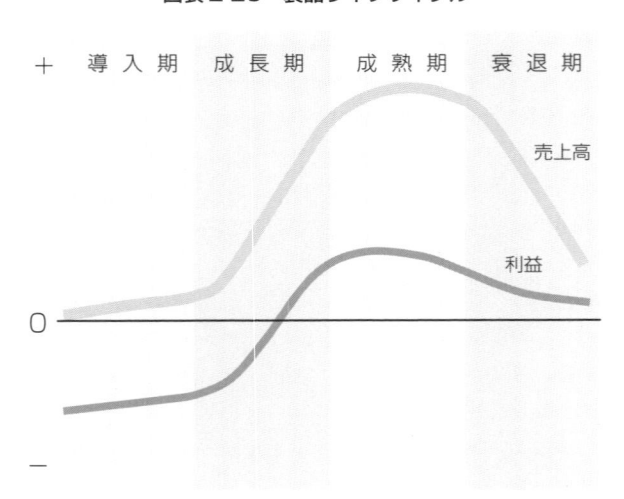

図表2-20　製品ライフサイクル

（導入期／成長期／成熟期／衰退期の4段階にわたり、売上高と利益の推移を示す曲線グラフ）

　実際には必ずしも図表2-20のようなきれいなカーブを描くとは限らない。例えば、日本国内におけるファックスのライフサイクルカーブは、通信回線の規制が存在したため、規制前と規制後の2段階のカーブとなっている。つまり、ライフサイクルカーブは、規制などの特殊な理由が存在しない場合には、ほとんどの製品がこのカーブに従うものと理解することで、戦略を読み解く際のガイドとして有効なフレームワークになる。以下に各段階の概略を示す。

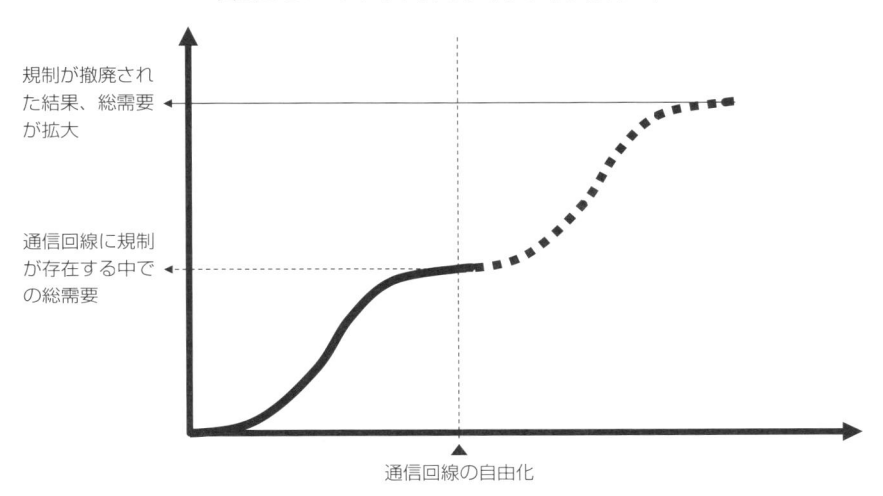

図表2-21　ファックスのライフサイクルカーブ

規制が撤廃された結果、総需要が拡大

通信回線に規制が存在する中での総需要

通信回線の自由化

①導入期

　企業が市場に新製品を導入する段階。市場の製品に対する認知度がまだ低く競争が激しくないため、価格が高めに設定される傾向がある。市場の認知度を高めるためのプロモーションに力を注ぐが、市場規模が小さく売上高が低いため、研究開発費やプロモーション費用などの初期コストを回収できず、利益はマイナスになる。

②成長期

　製品が市場に浸透していく段階であり、売上高と利益が順調に伸びる。販売量が増加して、製造コストは低下し、利益は拡大する。市場全体が急速に拡大し、新たな競合企業が参入してくるために、競合との差別化を図り、自社のブランド価値を高めるプロモーション活動が重要になる。同時に価格の引き下げや製品ラインの拡大が効果的である。

③成熟期

　製品が市場に行きわたり、成長が鈍化し、売上高と利益の伸びが鈍る段階。限られたパイを巡る競争が激しさを増し、市場から脱落する企業が出始める。製品の内容による差別化が困難になるため、価格競争に陥りやすい。イメージ戦略や製品の付随機能での差別化が重要になる。

④衰退期

　市場が縮小し、売上高と利益がともに減少していく段階。技術の進歩や消費者の嗜好の変化などにより、市場が縮小し、市場から退出していく企業が増える。撤退するか、若返り策や延命策などによって市場の衰退を食い止めようとするかの決断を迫られる。

　戦略を咀嚼する際には、その戦略の前提として自社の事業が取り扱う製品がライフサイクルのどの段階にあるのかを検討し、自社の戦略の背景にある意図を読み解いていくことが必要である。

5-2-3　5つの競争要因（5Forces Model）

　マイケル E. ポーターが提唱した競争戦略論における代表的なフレームワークが「5つの競争要因」である。

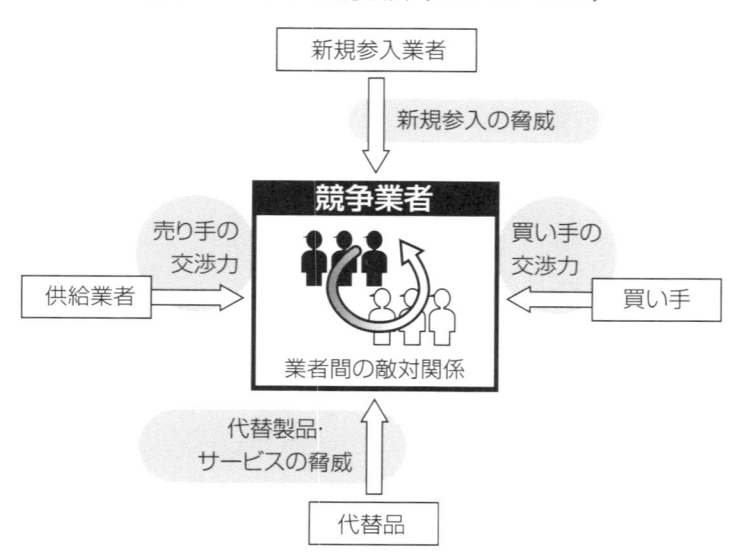

図表2-22　5つの競争要因（5Forces Model）

出所：Michael E. Porter, （1980）"COMPETITIVE STRATEGY"（土岐坤・中辻萬治・服部照夫訳『新訂　競争の戦略』ダイヤモンド社, 1995）邦訳　P.18をもとに作成

ポーターは、ある業界の収益性はその業界の競争構造によって規定されると喝破した。端的にいえば、儲かるか、儲からないかは、その業界の構造を見ればわかるということである。そして、競争構造を分析するためのフレームワークとして「買い手の交渉力（顧客）」「代替品・サービスの脅威」「新規参入の脅威」「売り手の交渉力（供給業者）」「既存の競争業者間の関係性」の5つの観点から業界の構造を読み解くファイブ・フォース・モデル（5Forces Model）を考案した。

このモデルでは、自社の直接的な競合企業だけでなく、未来の競争相手（新規参入業者）や他の業界の競争相手（代替品）も戦略を検討する上での重要な要素となる。ポーターの競争戦略論は経済学の一領域である産業組織論を戦略論に適用したもので、いかに競争上優位な位置取り（ポジショニング）を構築するかを戦略の要諦とする。

戦略の背後にある意図を読み解く際には、その前提となる事業の競争構造を読み解いていくことが不可欠である。その意味で、ファイブ・フォース・モデルは、戦略を咀嚼する際、自社事業の競争構造を理解するために非常に効果的なツールだといえる。

5-2-4　競争の基本戦略

競争の基本戦略もマイケル E. ポーターによって提唱されたものである。競争戦略は突き詰めれば「コスト・リーダーシップ」「差別化」「集中」という3つの基本戦略に集約されるとする考え方である。

つまり、競争に勝ち抜くためには、「コストで他社に勝つか」「他社と違う価値を提供するか」または「特定の市場に集中するか」のいずれかしかないと考えるのである。「集中」は市場全体ではコストや差別化で優位に立てなくても、特定の市場に集中することによって、その特定された市場においてコストや差別化による競争優位を実現する戦略である。したがって、集中はさらに「コスト集中」「差別化集中」に分類される。以下にそれぞれの概要を示す。

「コスト・リーダーシップ戦略」とは、競合他社よりも低い価格で製品やサービスを提供することによって、競争優位性を確保する戦略である。規模の経済性や経験効果、垂直統合、技術革新などによって、コストを引き下げることによっ

図表 2-23　競争の基本戦略

	コスト	差別化
業界全体	コスト・リーダーシップ戦略	差別化戦略
特定セグメントだけ	集中戦略 （コスト集中）	（差別化集中）

出所：Michael E. Porter, (1980) "COMPETITIVE STRATEGY"（土岐坤・中辻萬治・服部照夫訳『新訂　競争の戦略』ダイヤモンド社，1995）邦訳　P.61 をもとに作成

て他社に対する優位性を築く。

「差別化戦略」は顧客に対して、競合他社とは異なる独自の価値を提供することで、競争優位性を確保しようとする戦略である。差別化は製品やサービスのみに留まらない。差別化には、製品・サービスレベルの差別化と事業システムの差別化の2つのレベルがあり、製品やサービスが同質であっても、事業の仕組みによる差別化が可能である（加護野・井上，2004）。製品やサービスの差別化よりも事業システムの差別化の方が模倣されにくく、競争優位性を持続しやすい。

図表 2-24　差別化の2つのレベル

	差別化1	差別化2
方法	製品・サービスの差別化	事業システムの差別化
特徴	目立つ、わかりやすい 華々しい成功 真似しやすい、持続時間が短い	目立たない、わかりにくい 目立たない成功 真似しにくい、持続する

出所：加護野忠男・井上達彦 (2004)『事業システム戦略』有斐閣アルマ，P.5 を一部修正

なお、差別化戦略は、自社の独りよがりの差別化では意味をなさない。顧客がその価値を認めてくれなければ成立しないのである。最終的に判断するのは顧客

であることを忘れてはならない。

　「集中戦略」はターゲットを特定のセグメントに狭く限定し、そこに経営資源を集中投下することによって、そのセグメントにおける競争優位を構築する戦略で、コスト集中と差別化集中に分けられる。なお、集中戦略をとる際には、顧客を基点に絞り込む方法と製品やサービスを基点に絞り込む方法がある。いずれにせよ、いかに自社の強みを生かして競争優位性を発揮できる市場セグメントを見つけ出すことができるかどうかが、集中戦略のポイントになる。

5-2-5　地位別戦略

　フィリップ・コトラーは、業界における自社のポジション、すなわち競合他社との相対的な比較による「競争地位」によってとるべき戦略が異なるとして、4つの競争地位別の基本戦略を提示している。

①リーダー

　業界で最大のシェアを握っている企業が「リーダー」である。リーダーは、最大シェアを維持することにより、「買い手（流通業者や消費者）に対する交渉力が強まる」「規模の経済性や経験効果がはたらいて生産コストが下がる」「価格設定において主導権を握れる」などといったメリットを享受できる存在である。

　したがって、2位以下の企業にリーダーの地位を奪われないよう、現在の立場をいかに維持するかが主要な命題となる。広いセグメントをカバーし、市場規模の拡大を指向する。

②チャレンジャー

　リーダーに次いで2番手につけている企業が「チャレンジャー」である。チャレンジャーは、リーダーからシェアを奪い、ポジションを逆転することが基本的な命題であり、リーダーに追いつき、追い越すための競争戦略を展開する。一般にリーダーに比べて資源的には劣位にあるために、いかに模倣されないような差別化を行うかがポイントとなる。

③フォロワー

　リーダーと正面から戦わずに、市場での生き残りを目指す企業が「フォロワー」

である。規模的には「チャレンジャー」と大きな差がない場合もあるが、あまりリスクを取らず、激しい競争を回避しようとする。ある程度の利益を確保しながら経営資源を蓄積し、チャレンジャーやニッチャーへ転換するチャンスをうかがうことが基本的な方向性となる。リスクを避けるために、リーダーの模倣をすることも多い。

④ニッチャー

特定のセグメントに絞り込んで、独自の生存領域（ドメイン）を確立している企業が「ニッチャー」である。ニッチャーは市場全体のシェアの拡大は目指さない。競争戦略は「集中」であり、特定のセグメントに特化して、競争優位を構築する。特定セグメントにおける競争優位性をいかに持続させるかが基本的な命題である。

このように、業界における競争地位によって、それぞれとるべき戦略が異なるが、必ずしもすべての業界でこの4つの地位に対応した企業が存在するという訳ではない。例えば、競争の激しい業界においては、リーダーが明確になっておらず、複数の企業がダンゴ状態で激しい競争を繰り広げている場合もある。

戦略の背後にある意図を読み解く際には、自社の事業が業界内のどのポジションにあるのかを理解しておかなければならない。競争地位別の基本戦略を踏まえて、自社の戦略を見ていくことが必要である。競争地位別戦略は、戦略を咀嚼する際の1つのガイドとなる。

5-2-6　顧客効用分析

顧客の効用についての仮説をつかむための手法が顧客効用分析である。本書で紹介している収益論理は、顧客効用をしっかりとつかむことが非常に重要であり、さらに他社が理解できていない顧客効用をつかむことを重視している。そのためには、顧客効用を理解するための方法論が必要である。

顧客効用を見つけ出すことの重要性は、『ブルーオーシャン戦略』を著したW. チャン・キムとレネ・モボルニュが指摘し、「顧客効用の6つの梃子」という視点を提示している（W. C. Kim, R. Mauvorgne, 2005）。

図表2-25　顧客効用の6つの梃子

顧客効用を生み出す6つの梃子	視　　点
顧客の生産性	顧客の時間短縮やアウトプットの増大に役立っているか
シンプルさ	従来よりも単純な構造・取扱になっているか
利便性	便利になっているか、手間が減っているか
リスク	顧客にとってのリスク（調達リスク、在庫リスク等々）が低減するか
楽しさ、好ましさのイメージ	よいイメージが加わっているか（表現機能の付加）
環境へのやさしさ	環境への負担が低減されているか

出所：W. C. Kim, R. Mauvorgne,（2005）"Blue Ocean Strategy"（有賀裕子訳『ブルー・オーシャン戦略』ランダムハウス講談社，2005）邦訳　PP.163-165 をもとに作成

　この効用の6つの梃子は、現在のビジネス環境における顧客効用を捉える際の視点としては優れているが、実務的には網羅性に欠ける面があり、顧客のすべてを理解しようという場合には不向きである。このような場合には、顧客効用を構造的に捉える必要がある。次頁の図表2-26がその例である。

　顧客効用には顕在的なものと潜在的なものがある。顕在的なものは、最低限押さえておかなければならないが、より重要なのは潜在的な効用を見つけ出すことである。潜在的な顧客効用は、現在と将来に分けて考える方が整理しやすいが、検討する際の観点は同一でよい。将来の潜在的課題は、社会の変化や市場・顧客、技術などの変化がもたらすものであり、予測色が強くなる。

　このような枠組みで顧客効用を明らかにしていくが、その際に顧客効用マトリクス表を用いて検討すると、検討漏れを防ぐことができる。また、自社で捉えた効用を顧客の事業や製品技術、製造方法タイプ別に"顧客効用インデックス"としてまとめておくとよい。顧客の製品や技術、製造プロセスについての知見が蓄積され、的確に素早く顧客効用を押さえることができるだけでなく、潜在的な課題を見つけ出すためのインタビューの観点として用いることもできる。

　いずれにせよ、顧客効用は収益論理の重要な要素であり、顧客満足と顧客にとっての価値を高めるための糸口である。戦略を読み解く際の重要な視点であることをしっかりと理解しておきたい。

図表 2-26 顧客効用分析の枠組み

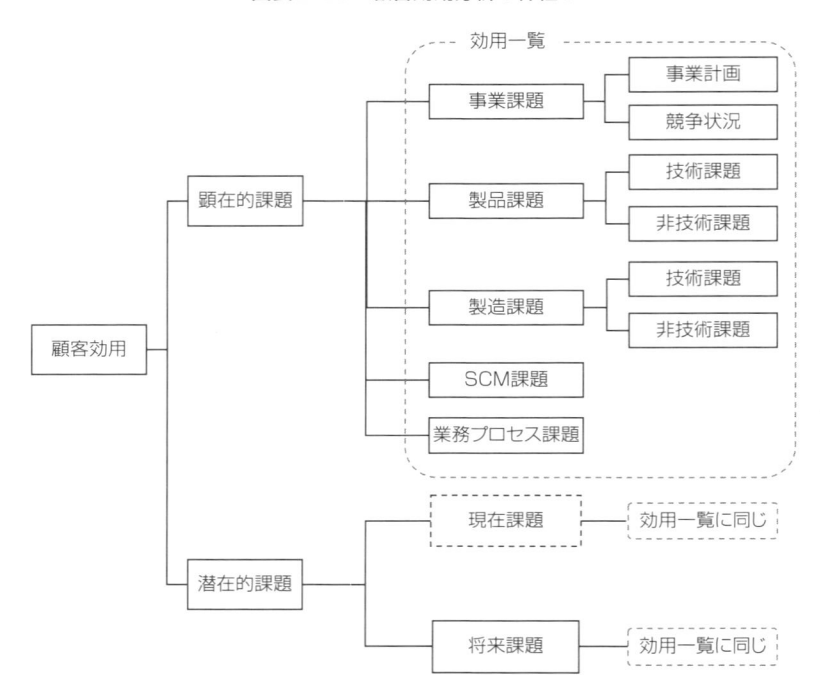

```
                              ┌─ 効用一覧 ──────────────┐
                              │              ┌─ 事業計画 ─┐│
                              │  ┌─ 事業課題 ─┤           ││
                              │  │           └─ 競争状況 ─┘│
                              │  │           ┌─ 技術課題 ─┐│
                              │  ├─ 製品課題 ─┤           ││
             ┌─ 顕在的課題 ─────┤  │           └─ 非技術課題┘│
             │                │  │           ┌─ 技術課題 ─┐│
             │                │  ├─ 製造課題 ─┤           ││
 顧客効用 ────┤                │  │           └─ 非技術課題┘│
             │                │  ├─ SCM課題                │
             │                │  └─ 業務プロセス課題        │
             │                └──────────────────────────┘
             │                ┌─ 現在課題 ─── 効用一覧に同じ
             └─ 潜在的課題 ────┤
                              └─ 将来課題 ─── 効用一覧に同じ
```

図表 2-27 顧客効用マトリクス

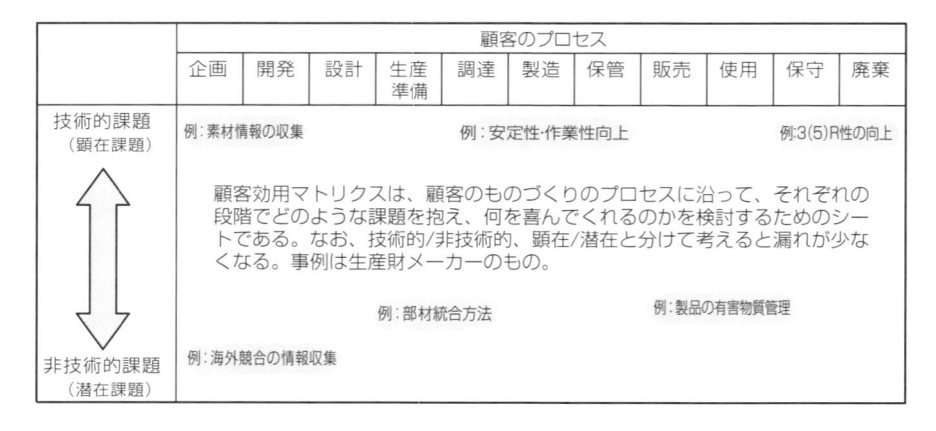

	顧客のプロセス									
	企画	開発	設計	生産準備	調達	製造	保管	販売	使用	保守	廃棄
技術的課題 (顕在課題) ↑ ↓ 非技術的課題 (潜在課題)	例:素材情報の収集					例:安定性・作業性向上					例:3(5)R性の向上
	顧客効用マトリクスは、顧客のものづくりのプロセスに沿って、それぞれの段階でどのような課題を抱え、何を喜んでくれるのかを検討するためのシートである。なお、技術的/非技術的、顕在/潜在と分けて考えると漏れが少なくなる。事例は生産財メーカーのもの。										
						例:部材統合方法			例:製品の有害物質管理		
	例:海外競合の情報収集										

5-2-7　技術効用分析

　技術効用は正確には顧客効用の一部だが、研究開発部門にとって技術の効用をどのように考えるのかということは、実に重要であり、技術の効用を分析するためのフレームワークが求められる。

　製造業と一言で括っても、消費財メーカーと生産財メーカーには、技術効用の考え方に大きな違いが存在する。消費財メーカーにとっては、技術効用は、製品効用であり、これを評価するのはさほど難しいことではない。しかし、生産財メーカーでは、自社の提供する素材・部品・部材・技術サービスなどが、顧客にとってどのような効用を持っているのかを理解することは意外に難しい。それは、顧客の製品構造や生産プロセスが技術情報であるために、完全には開示されないことの方が多いからである。

　技術効用分析では、技術を機能として捉える。生産財メーカーが提供する技術には、主に売れ行きに大きな影響を与える技術（表現機能）、主に製品の性能に大きな影響を与える技術（効果機能）、そして、なければ製品を作ることができない技術（実体機能）といった3つの機能が存在する。技術効用分析では、技術をこの3つの機能として捉え直し、技術が顧客に対してどのような効用を与えているのかを検討するのである。以下でもう少し詳しく解説しよう。

　まず、「表現機能」とは、製品に付与する最終顧客への訴求力という機能である。例えば、PCの"intel inside"が代表的なものだ。"intel inside"が一定の性能水準を保証することでPCメーカーの知名度に関わらず、顧客の購買行動を引き起こすことが期待できる。また、ゴルフクラブにはカーボンシャフトという素材があるが、これは"よく飛ぶ"というイメージを顧客に与え、飛ぶクラブがほしい顧客の購買行動を引き起こすことが期待できる素材である。このような顧客の購買行動を引き起こす表現機能を持った素材・部品・部材・技術サービスなどを提供している場合には、直接の取引相手である顧客は高い付加価値を認めてくれる。

　次に「効果機能」とは、製品の性能面に付与する機能である。例えば、多くの電気製品がこぞって半導体を使うのは、半導体には小型化を実現するという機能があるからだ。つまり、ある素材や部品などを使うことで、その製品の性能が上

がる、安定するという機能を持っていると、表現機能同様、直接の取引相手の顧客は高い付加価値を認めてくれる。本来、技術とは、この効果機能を目的とするものだが、現実には競合する技術の中で選択されるために、より高い効果機能を実現しなければ付加価値を認めてもらうことはできない。

最後の「実体機能」は、直接の取引相手の顧客が製品を作るにあたってなくてはならないものだが、代替物が溢れているために付加価値を認めてもらえないものである。

つまり、技術効用分析とは、自社が提供する素材・部品・部材・技術サービスなどが、顧客にとってどのような意味を持つのかを分析するための機能の分類である。ただし、製品に対する機能と製造に対する機能には違いがあり、製造技術では表現機能を見つけ出すことは難しい。

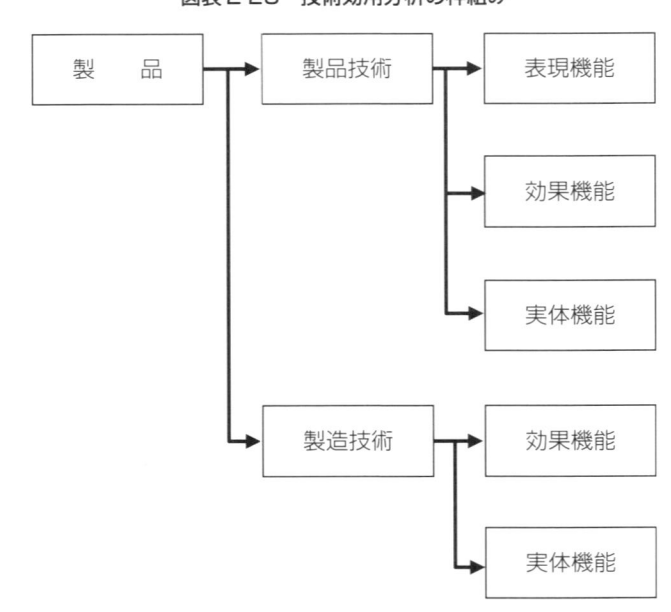

図表2-28 技術効用分析の枠組み

6 経営の視点から自部門の活動を再設計する

　第1章で述べたとおり、研究開発部門に対する組織の期待は大きい。他の職能とは異なり、研究開発部門は、時として自社のビジネスそのものを大きく変える可能性を持っているからである。

　例えば、青色発光ダイオードで有名な日亜化学[7]は、1993年の売上高167億円から、11年後の2004年には、2,064億円まで売上高を伸ばした。わずか10年程度で10倍以上の成長を遂げたのは、青色発光ダイオードの事業化というイノベーションを実現したからに他ならない。研究開発の成果は、新事業の創造、既存事業の競争ルールの変更、既存事業の強化など、事業そのものに直接的な影響を与える。だからこそ、組織からの期待は強い。

　組織の期待に応えるために大切なことは、研究開発部門のミドルマネジメント一人ひとりが、経営的な視点を持ち、自社の経営にいかに貢献していくかを考えることである。事業活動においては、顧客に効用を提供することによって、対価を得て、収益を獲得する。研究開発部門が考えなければならないのは、収益の獲得に向けて、顧客効用と競争優位性を高めるために何ができるかである。「これまでよりさらに経営に対する貢献度を高めるために自分たちは何をなすべきか」「自部門が求められる役割を果たせているか」を常に問い続けることが必要なのだ。

　もちろん、必ずしも研究開発部門単独で行うことばかりとは限らない。むしろ他部門と連携協力し、より魅力のある顧客効用を実現するための活動を展開していく必要があることの方が多い。自社の戦略や事業を成長・発展させていくために何ができるのか、これまでの前提に捉われずに、経営の視点から検討していくことが大切である。そのために、ここでは2つの視点を提供する。

6-1　研究開発部門として果たすべき機能を検証する

　赤塔（1996）は、研究開発部門に求められる9つの機能を提示している。これ

ら9つの機能は、単なる新製品開発に留まらず、競争に対応するための技術活動や他部門への貢献を目的とした技術活動を網羅しており、自部門の活動の妥当性を検証する際の参考になる。

もちろん、必ずしもすべての機能を果たす必要がある訳ではないが、経営の視点から自部門の活動を振り返ることによって、自部門の課題を明らかにすることができるだろう。

図表2-29　研究開発部門に求められる9つの機能

新型製品開発	従来の自社製品の改良など一般にモデル・チェンジ、バラエティ、品揃えといわれる市場や製品の戦略機能
営業サポートのための研究開発	技術サービスなどのユーザーへの直接サービス及び用途技術の開発などの間接的な関与（製品が最も性能を発揮するための情報提供など）
生産サポートのための研究開発	生産のトラブルやボトルネックを解明し、対処するための研究開発（外部からの技術導入、設備導入に付随する研究開発を含む）
要素技術深耕による事業体質強化	現事業を支えている基幹技術の要素技術を強化、向上させることによって、現事業の競争力や利益を向上させるための研究開発
事業領域拡大のための新規製品開発	現事業の範囲を拡大するための研究開発
事業の脅威、機会となる技術変化（技術革新）への対応のための研究開発	様々な角度から技術革新の芽を探し出し、それが事業や経営にどの程度影響を及ぼすかを評価して、適切な対応をとるための研究開発
次世代製品の開発	将来現製品に取って代わると考えられる製品の開発
技術からの事業領域拡大	技術的に得た何かを応用した事業や製品を手がけるための研究開発
戦略外研究開発	専門性の尊重の視点（研究開発者の活性化または研究開発者の勘や判断を重視）から戦略と無関係かつ企業の管理対象外として存在するテーマ、プロジェクト

出所：赤塔政基（1996）『誰にも書けなかった史上最強の研究開発戦略システム』ダイヤモンド社, PP.159-172をもとに作成

6-2　「顧客効用・競争優位の向上」の観点から貢献対象・貢献内容を洗い出す

研究開発部門が経営に貢献していくためには、自社の収益論理図をもとに、顧客効用や競争優位性を高めていくための自部門の活動のあり方を再検討すること

が大切である。ここでは、図表2-30の部門貢献マトリクスを紹介する。

このマトリクスでは、縦（行側）に自事業が実現すべき顧客効用と競争優位を書き、横（列側）に自事業部門内の他部門名を記述する。各セルには、自部門が他部門にどのような機能を提供すれば、顧客効用あるいは競争優位が高まるのかを検討し、記述する。いわば、自部門の貢献を高めるために拡大すべき機能を明確にするのである。

図表2-30は、研究開発部（ディビジョンラボ）の事例である。実現したい顧客効用が「（顧客が）製品設計時間を短縮できる」という場合を示しており、それを実現するには、顧客との接点に存在する営業部だけでは難しい。そこで、研究開発部として、どのような機能や活動を営業部に提供すれば、この顧客効用を実現することができるのかを検討し記入した事例である。

図表2-30　部門貢献マトリクス

部門名 顧客効用 競争優位	営業部	製造部	生産技術部	資材部
（顧客が）設計時間を短縮できる	・顧客の開発部門での設計課題の分類に基づいた技術情報の再整備	例：研究開発部（ディビジョンラボ）が顧客効用を高めるために営業部に対してできる働きかけ		

なお検討にあたっては自部門が属する事業だけではなく、全社レベルの貢献も検討する必要がある。全社貢献を検討する際には、先に示した事業連関図を用いるとよい。事業連関図をもとに、他の事業部門に対して、どのような機能を提供すると相手の機能が高まるのかを検討する。この検討にあたっては、図表2-31のマトリクスを用いる。縦に他の事業部門名を記述し、自部門が提供できる機能が

相手にどのような効用を与えるのかを検討するのである。

図表2-31　他事業貢献マトリクス

事業部名称	当該事業の顧客効用	自部門が提供する機能
××事業部	（顧客が）設計時間を短縮できる	・解析技術の技術サービスへの活用

例：研究開発部（コーポレートラボ）が従来の役割や部門を越えて、事業部に対してできる働きかけ

　記入例は、事業部が実現を目指している顧客効用「（顧客が）製品設計時間を短縮できる」に対して、研究開発部（コーポレートラボ）が、役割拡大をして事業部の顧客効用の向上のために機能提供を行っている例である。自分たちの研究開発に用いる解析技術を顧客の製品開発に役立てることを意図している。

6-3　自部門の活動を再設計する

　「研究開発部門として果たすべき機能」と「顧客効用・競争優位性を高める」という2つの観点から、自部門の活動を検証していくことにより、これまでできていなかったことや、新たに取り組まなければならないことが浮かび上がる。
　とはいえ、資源は有限であり、すべてのことに取り組むことができるとは限らない。新たな活動に取り組むためには、既存の活動を見直したり、取りやめたり

する必要がある。したがって、戦略実現の活動を作り込むためには、自部門の活動を「中止」「縮小」「維持」「拡大」「新規」の5つに仕分けし、経営に貢献するための研究開発活動を新たに設計していかなければならない。

　大切なことは、自社の戦略の実現という観点から自部門の活動を再設計することによって、自社の戦略や収益論理とのつながりを担保した研究開発活動を展開することである。経営の意図を咀嚼し、収益の論理を読み解くとともに、それらと一貫性を持った研究開発活動を展開すること、すなわち自社の戦略との「つながりの論理」を作ることこそが、戦略を翻訳するために不可欠なミドルマネジメントの機能なのである。

第2章のまとめ

本章では、研究開発部門のミドルマネジメントに求められる第1の機能である「経営の意図の咀嚼と翻訳」を果たすための基本的な考え方と方法論について解説した。

研究開発部門のミドルマネジメントは、経営的視点を持ち、自社のビジネスの全体像と個々の事業の収益論理を胆(はら)に落ちるまでしっかりと理解した上で、それらを実現するための活動を設計していかなければならない。求められるのは自社の戦略を実現するための活動を展開することであり、それには自社の経営を本当の意味で理解し、戦略と現場の活動とをつないでいかなければならないのである。

いかに優れた戦略もそれを実現するための活動が伴わなくては、その真価を発揮することはない。戦略を実現の鍵を握るのはミドルマネジメントであり、ミドルマネジメントは経営の意図を具現化するために、経営の代行者としての役割を果たさなければならないのである。

次の第3章では、研究開発部門のミドルマネジメントに求められる第2の機能である「研究開発活動テーマの方向づけ」について考えていく。

〔脚注〕

1 フルコンタクトコミュニケーションとは、フルコンタクト空手をもじった造語である。丁々発止、談論風発、あるいは角付き合わせた生身のコミュニケーションである。
2 インテルのシェアは、2007年12月18日 ガートナージャパンによって発表された数値（2006年11.6％、2007年には12.2％）を参考にした。
3 Michel E. Porter（1998）"ON COMPETITION"（竹内弘高訳『競争戦略論』ダイヤモンド社、1999）邦訳を参考に作成。
4 榊原清則（1992）『企業ドメインの戦略論』中公新書、P.6 より引用
5 三省堂スーパー大辞林より
6 「『社長大学』馬渕隆一　マブチモーター社長」第2回、日経ベンチャー；2000年10月号、P.108
7 日亜化学の売上高については、日経会社プロフィールより引用

第3章

研究開発活動を
方向づける

> ケース 【湘南化学】

〜前回までのあらすじ〜

　湘南電子工業の研究者で、シンガポールにあるADC社に出向中だった松山は、旧知の仲で新たに湘南化学の社長に就任したばかりの西に請われ、湘南化学の経営企画室に着任した。西社長からは湘南化学の研究開発部門の建て直しを期待されており、顔合わせの場として研究開発部門のミドルマネジメント層とのランチミーティングを終えたところだった。4週間後に研究開発部門の現状に関するレポートの提出を求められており、これから現場の実態把握に努めなければならない。

　松山は、さっそく西社長から紹介された小早川相談役のところに挨拶に行き、色々と相談してみた。小早川相談役は柔和で物静かな人物であり、「どこから手をつけていけばよいのでしょうか？」というぶしつけな質問にも、にこやかに応対してくれた。

　湘南化学の研究開発の歴史や全体像などを丁寧に説明してくれた上で、まずは主力事業である樹脂材を研究開発しているセンターの課長である三浦（48歳）に会うとよいだろうというアドバイスをくれた。

　三浦は入社後20年以上、湘南化学の研究開発部に身を置いている生え抜きである。次期部長の呼び声も高く、社内の実力者らしい。顔合わせのランチミーティングのときには、一番発言していた人物だ。

●仕事内容

　さっそく三浦とアポイントメントを取り、自分は着任して間もないので、研究開発部門の現状について色々と教えてほしいと頼んだ。

　気さくに応じてくれた三浦は、まずは自分のセンターについて話し始めた。

　「いわゆる機能性樹脂ってものを研究開発しています。機能性樹脂は種類も用途も幅広いですが、私のセンターでは主に熱可塑性樹脂の新規銘柄開発を行っています。簡単にいうと、プラスチックのような常温では柔軟でしなやかでかつ変形しにくく、加熱により軟化して種々の形に加工できるようなものを新しく作っているのです。」

　「用途は幅広く、衣料品や自動車の内装だけではなく、様々な資材として多く

使用されています。ですから、クライアントも自動車メーカー、繊維メーカー、アパレルメーカー、電子機器メーカーなど多岐にわたっています。」

「事業部からの依頼で、特定の用途のための樹脂を試作してメーカーに持っていったりします。営業や工場とのやりとりも多い仕事です。」

「その他に全く新しい樹脂の研究開発も行っています。どちらかというとこっちの方が我々の本業に近いのですが……。前の社長のときもよくいわれました。ダントツに儲かるようなものを早く開発しろって。究極的にはそれを生み出すのが我々の仕事です。そんなに簡単にできる訳がないんですけどね。」

●悩み

「一番の課題は、いかに当たりそうなテーマを見つけるかなんですよ。私なんか24時間、それを考えています。ただ、この業界、難しいのは先端的なテーマに取り組んだからといって花が開くとは限らないということなのです。一方で、10年前に研究した成果が突然開花して、何億円も売り上げるような製品になった例もあります。また周囲からはこんなものが売れるはずがないとメチャクチャ酷評されていたものが爆発的ヒットになった例もあります。本当に先が見通せないのです。」

「あと問題なのは、テーマをどのように設定したらよいかということなんです。どんなテーマが当たりそうかということは正直わからないですからね。私が入社した頃は、研究開発の権化みたいな、おっかない人がいて、その人の"目利き"で決めているようなところがありましたが、今はそうはいかない。もっと定量的なデータによる判断が求められます。もちろん最後の最後は"人による判断"ですが、それまでのテーマ決定プロセスでは数字が評価の材料として使われます。でも、そういう定量的なデータによる判断によって残っていくテーマというのが、結局"角のないテーマ"というか"リスクの少ないテーマ"に偏っているような気がしています。」

「最終的にテーマについて意思決定するのは私ではなく、役員クラスの人ですが、私の意見も聞かれます。『お前はどれがよいと思う？』って。困りますね、ホントに。だって何が当たるかはわからないですから。」

「上から開発テーマの方針やら技術ロードマップやら下りてきますので、基本的にはそれに基づいて、研究開発テーマ案を出していきます。でも、そういう

のって曖昧な表現が多いですから。しかも最近は、研究開発の『出口』がはっきりと見えるようなテーマが求められています。さらに、研究開発のスピードを上げるようにともいわれていますし……、大変ですよ。だから、正直いって、既存の焼き直しのようなテーマ、その場しのぎのテーマも出てきたりしていますね。本当はそれではダメなのですけど……。何とかしないといけないとは考えています。」

「あと、やはりトップが技術に対して関心が高くないとダメだと思います。重要な投資判断などは最終的にはトップ判断ですからね。特に機能性樹脂絡みの研究開発はお金がかかりますので……。実は西社長には我々も期待しているんですよ。」

「ここ数年は、現場から研究開発テーマをもっと上申しろといわれています。もっと多くのアイデアが求められているのだと思います。私も含め、メンバー一同、日常活動に忙殺されて、なかなか腰を据えて、新規テーマを創造していく時間がないんです。本当はもっと時間を割くべきだとは思っているのですが……。昔は、もっと余裕もあったので、"密造酒づくり"をしていましたけどね。自分がやりたいテーマをアングラで。就業時間の後に、趣味のように没頭していましたよ、こっそりと。上司も黙認してくれましたし、そこから正式な新規テーマへと拾い上げてもらったこともあります。最近の若い人はそこまでの情熱がない気がしますね、頭はよいのだけれども妙にクールというか。」

　三浦へのヒアリングは60分程度で終了した。
　「現場は現場で苦労しているんだな……」というのが正直な感想だった。ただ、ランチミーティングの最後に西社長がいっていた「うちの研究開発の現場、特にミドルマネジメント層には変わってもらわないと」という言葉の意味がおぼろげながらわかり始めたような気もした。
　松山は出向していたシンガポールのADC社時代のマネジメント時代を振り返ってみた。「あのときは、トップマネジメントが開発テーマを明確にして現場はそれに向かって邁進していたし、現場も今後の会社の方向性についてもっと意見交換していたし、トップに意見もいっていたな……。」これも企業風土の違いなのかと感じた。

ケースの解説　【湘南化学に学ぶ】

　このケースでは、研究開発のテーマ設定に関する三浦の悩みが語られているが、現在のミドルマネジメントを取り巻く状況を非常によく表しているのではないだろうか。ここでは、三浦を反面教師として、研究開発テーマ設定におけるミドルマネジメントのあり方を考えてみよう。
　ミドルマネジメントとしての三浦の問題は、以下の2つに集約できるだろう。

---

　①研究開発テーマ設定についての役割意識が浅い
　②よいテーマ設定のための活動設計を持っていない

　残念ながら「研究開発テーマ設定についての役割意識が浅い」という背後には、研究開発テーマの設定は上位者の役割であり、自分の仕事ではないという意識が存在している。そのために、研究開発部門の活動を事業活動とつなげて考えることも十分にできていない。
　どのような優れた知識も深い経験も、この役割意識がなければ活かすことはできない。三浦は、「自分が何をすれば、どのように動けば、状況をよくできるのか」を問い、技術の内容や技術競争の状況をよく知る研究開発部門のミドルマネジャーとしてテーマ設定に果たすべき役割を考えなければならない。
　また、三浦の言動からは、研究開発活動や若手メンバーに対する評論家的な姿勢が見受けられるが、これは「よいテーマ設定のための活動設計がない」ことに起因している。本来なら、よいテーマの設定につながるような組織活動を設計し、若手をたきつけ、現場を活性化して、部門として研究開発テーマの設定に取り組まなければならないはずである。それにも関わらず、研究開発部門として行うべき活動の設計のみならず、自分自身の活動の設計も持ち合わせていないのである。
　現実においても、研究開発テーマの設定に関しては、「なかなかよいアイデアが出てこない」「筋のよいテーマを見極めることが難しい」「定量的な評価を行っているがうまく運用できていない」等々、悩みは尽きない。しかし、ミドルマネ

ジメントには、研究開発テーマの設定が難しいと嘆くのではなく、よいテーマ設定を行うための活動を設計し、自らの責任でそれを実行するという意識と主体的な取り組みが求められる。

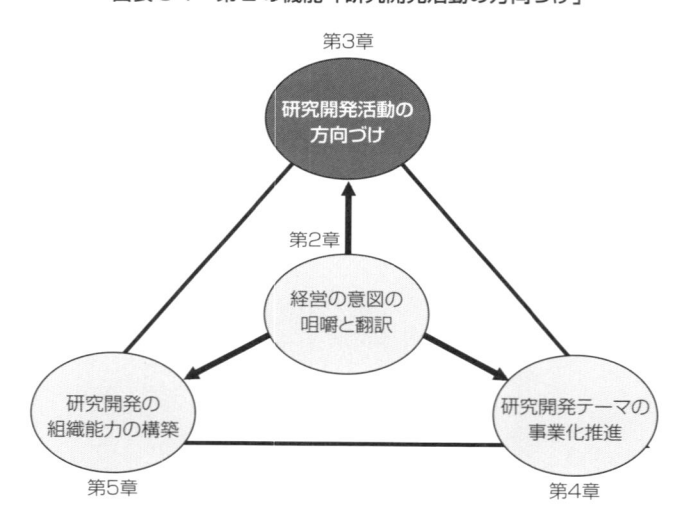

図表3-1　第2の機能「研究開発活動の方向づけ」

第3章
研究開発活動の方向づけ

第2章
経営の意図の咀嚼と翻訳

第5章
研究開発の組織能力の構築

第4章
研究開発テーマの事業化推進

第３章：研究開発活動を方向づける

第３章の構成

　第３章では、まず研究開発活動の前提となる「技術戦略」と「研究開発戦略」の位置づけについて解説する。次に研究開発テーマの設定におけるミドルマネジメントの役割について検討し、最後に、「研究開発テーマの創出」と「研究開発テーマの決定」の２つの視点から、ミドルマネジメントが知っておくべき基本的な知識とマネジメント上のポイントについて述べる。

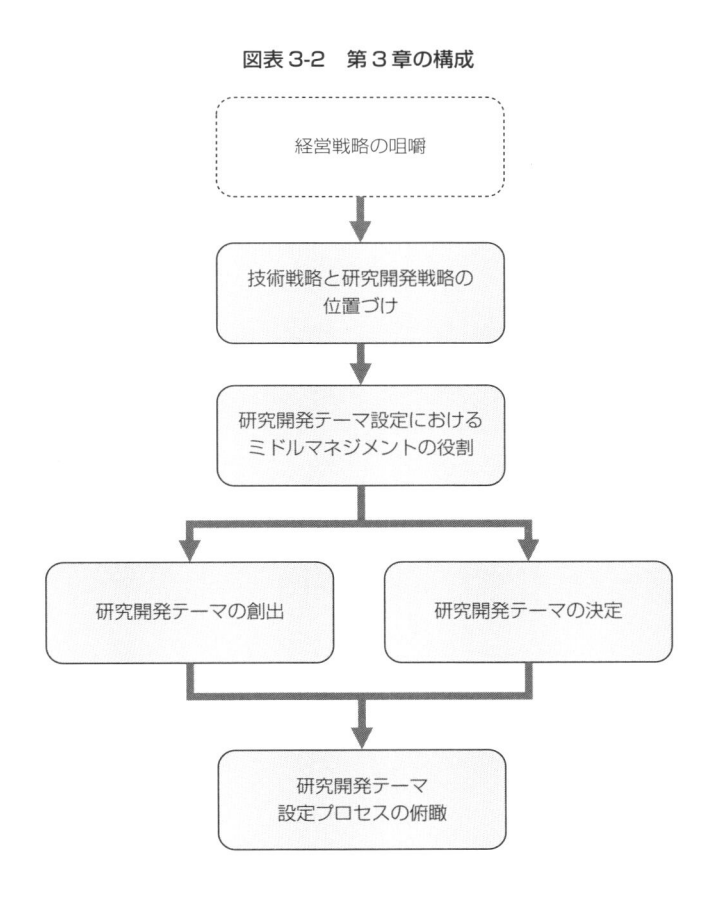

図表3-2　第３章の構成

```
         ┌──────────────┐
         │  経営戦略の咀嚼  │
         └──────┬───────┘
                ↓
         ┌──────────────┐
         │ 技術戦略と研究開発戦略の │
         │      位置づけ       │
         └──────┬───────┘
                ↓
         ┌──────────────┐
         │ 研究開発テーマ設定における │
         │ ミドルマネジメントの役割  │
         └──┬────────┬──┘
            ↓        ↓
    ┌──────────┐  ┌──────────┐
    │研究開発テーマの創出│  │研究開発テーマの決定│
    └─────┬────┘  └────┬─────┘
          └──────┬──────┘
                 ↓
         ┌──────────────┐
         │   研究開発テーマ    │
         │  設定プロセスの俯瞰  │
         └──────────────┘
```

99

1 技術戦略と研究開発戦略の位置づけ

　研究開発テーマを決める上で大前提となるのが、経営戦略や事業戦略とともに策定される「技術戦略」である。企業における研究開発活動は自社の技術戦略に基づく活動であり、「研究開発活動の方向づけ」という機能を果たすためには、まず「技術戦略」について理解しておくことが不可欠だ。しかし、技術戦略という言葉はかなり多義的に使われており、研究開発戦略や戦術レベルの概念と混同されがちである。したがって、はじめに本書における技術戦略と研究開発戦略の捉え方と位置づけについて整理しておく。

1-1　技術戦略とは

　では、技術戦略とは何だろうか。
　技術戦略は、経営戦略・事業戦略と表裏一体かつ不可分で、経営戦略・事業戦略を技術という視点から肉付けしたものである。自社の経営戦略・事業戦略に「技術の視点」が盛り込まれていれば、それを技術戦略として捉えることができる。したがって、技術戦略は、経営戦略・事業戦略と一体となって策定されなければならない。経営戦略・事業戦略を受けて策定されるというような線形のプロセスではなく、相互の密接なフィードバックプロセスを通じて、練り上げられていく必要があるからである。また、技術戦略はトップダウンですべてを計画化できるものではなく、創発的なプロセス[1]によって生み出されていく側面を持つ。

1-2　技術戦略の２つの視点

　技術戦略を理解するにあたっては、「技術」について理解しておくことも不可欠だ。では、そもそも技術とは何だろうか。一般に技術というと、製品開発に用いられる技術ばかりを想起しがちである。しかし、企業は製品開発、生産、物流

といったバリューチェーンのすべてのプロセスにおいて様々な技術を用いている。技術とは、「何かをこうすればできる」という知識・ノウハウであり、企業活動を行っていく上での基盤である（伊丹，2003）。企業において用いられる技術は、製品開発に関わる技術に限られたものではない。

したがって、技術戦略の立案において、技術の選択の方向性を検討する際の視点は大きく２つに分けることができる。ひとつは製品開発の視点であり、自社の収益や成長につなげるための新たな製品やサービスを開発し、提供していくための技術を見極め、選択していくことである。どのような技術を獲得し、それをどのような製品やサービスにつなげていこうとしているのか、新製品の開発を見据えた技術的な方向性を示すのが技術戦略の役割となる。

２つめは、自社のバリューチェーン（価値連鎖）の質的向上の視点である。バリューチェーン内におけるすべての活動について、用いられる技術を革新するために、技術を見極め選択していく。製造技術や輸送技術など、バリューチェーンを構成する機能を向上させるために、どのような技術を獲得し、どのように仕組みを変えていこうとしているのか、その方向性を示すことが技術戦略の役割である。

技術戦略では、市場ニーズや技術や製品の進化の方向性の洞察、競合企業の動向などの要素を踏まえた上で、新たな製品やサービスの開発につながる技術と自社のバリューチェーンを再構成[2]して競争優位性を高めるための技術について、見極めと選択を行わなければならない。

1-3　戦略と技術

ところで、戦略において技術はどのような影響を与えるのであろうか。そもそも技術戦略という概念が誕生したのは、技術が高度化し、経営のあらゆる領域において大きな影響力を与えるようになったからである。技術の獲得や選択が企業の競争優位性に大きく影響するようになったことにより、必然的に技術戦略が求められるようになったといってもよいだろう。今日では、製造業だけでなく、サービス業においても技術戦略の重要性が増してきている。

伊丹（2003）は、戦略と技術との適合関係を図表3-3の３つのレベルで表している。

図表3-3　戦略と技術の適合関係の3つのレベル

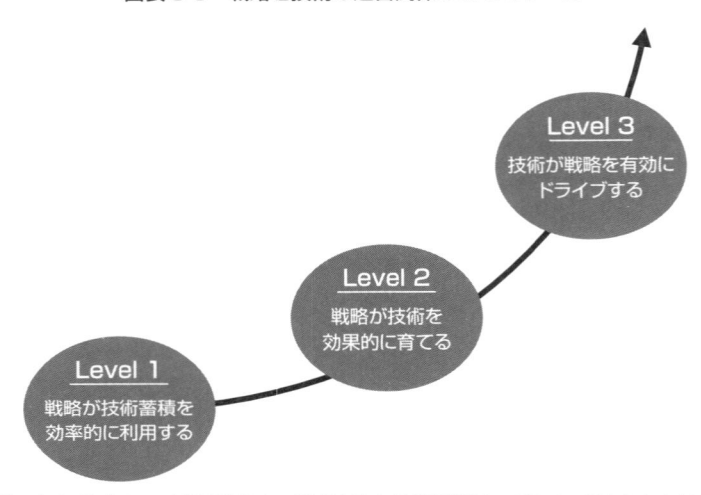

Level 1
戦略が技術蓄積を
効率的に利用する

Level 2
戦略が技術を
効果的に育てる

Level 3
技術が戦略を有効に
ドライブする

出所：伊丹敬之(2003)『経営戦略の論理』日本経済新聞社，PP.197-234をもとに作成

　第1のレベルは「戦略が技術蓄積を効率的に利用する」レベルであり、自社が保有している中核技術をもとにして事業戦略を考えることである。第2のレベルは「戦略が技術を効果的に育てる」レベルであり、戦略が示すビジョンが現場に心理的な刺激を与えることによって、技術開発に対する努力を加速するとともに、戦略が人々の仕事や接触のパターンを規定し、それが技術開発を促進する。第3のレベルは、「技術が戦略を有効にドライブする」レベルである。特徴的な技術を深く蓄積し、コミットしていくことにより、組織内の成員がその技術を軸にした製品や事業の展開を考え、戦略の方向性を左右するようになる。また、顧客がその技術に対する認識を深めることで様々な需要が生まれ、持ち込まれるようになり、戦略の方向性を強化する。こうした両面がリンクすることによって、「技術から戦略が生まれている」という状況が生じてくる。研究開発部門に最終的に求められるのは、このレベルの技術を生み出すことであろう。
　戦略と技術は一見主従関係のように思えるが、必ずしもそうではない。個々の企業の状況によって、戦略と技術の相互の影響関係のレベルは異なる。その意味で、「技術は戦略に従う」という見方だけでなく、「戦略は技術に従う」という見

方もできるのである。それも今日の時代に技術が経営に対して与える影響の大きさゆえであるといえるだろう。

1-4 技術戦略の型

こうした技術戦略には、いくつかの「型」といえるものがある。以下で代表的な技術戦略について簡単に紹介しておこう。

(1) コア技術戦略

昨今では、コア技術という言葉が頻繁に聞かれるようになった。では、コア技術とはなんだろうか。

コア技術とは、「独自性」があり、「幅広い応用範囲と発展性」を持ち、「顧客に価値を提供できる」ことによって、事業戦略上も中核に位置づけられる技術領域である。

そして、コア技術戦略とは、自社のコア技術に経営資源を集中させる戦略であるといえる。ただし、集中にはリスクが伴う。そのため、多様な商品に独自技術を適用し、商品展開することによって、集中によるリスクを分散し、市場に対する柔軟な対応を可能とする戦略でもある。多様な商品を開発することによって、コア技術を鍛えるとともに、自社のコア技術を中心とする市場を形成することもねらいとする。

なお、当然のことながら、コア技術を促成栽培することはできない。中長期的な観点からの腰を据えた取り組みが求められる。

(2) トリクルアップ戦略

「ダーウィンの海」（The Darwinian Sea）という比喩を生み出したことでも知られるハーバード大学のブランスコム名誉教授が、日本の民生用エレクトロニクス企業が、新たな技術を商品化するプロセスを研究した結果、導き出されたのが「トリクルアップ（trickle up）戦略」である。トリクルアップとは、水が浸み込んで地下に落ちていくことを意味する「トリクルダウン」の反語である（児玉, 2007）。

トリクルアップ戦略では、新たな技術をいきなり高度な市場に向けて開発するのではなく、一般市場向けに開発し、機能水準の低い製品で大量生産の経験をできるだけ早期に積むことによって製造技術に関わる知識を蓄積し、高度な市場で求められる高付加価値製品の「機能学習（functional learning）」を行う。それによって、新技術が「死の谷（Valley of Death）」[3]に落ちることを避け、利益率の高い商品に適用し、豊かな市場を獲得することができる。

　例えば、現在では航空機などに用いられる先端素材である炭素繊維は当初はテニスラケットやゴルフクラブのシャフトなどの製品に適用することで、商業ベースにのせながら技術を鍛えあげてきた。

　新たな技術をあえて、機能水準の低い製品に適用し、学習することによって、次第に利益率の高い商品へと技術の適用範囲を広げていく、技術を蓄積し、高度化していくための1つの道筋である。前述したコア技術戦略においてもこうした取り組みは重要である。コア技術を蓄積していくためには、様々な商品を開発していくことによって、コア技術を鍛えていく必要があるが、新たな技術をいきなり高度な製品に適用するのではなく、機能水準の低い製品から機能水準の高い製品へと次第に適用範囲を垂直的に拡大していくことによって、コア技術を鍛えていく戦略と見ることもできるからである。

（3）　プラットフォーム戦略

　プラットフォーム戦略におけるプラットフォームとは、製品プラットフォームのことを意味しており、複数の製品の基盤となる設計システムのことである。

　なお、プラットフォームには、業界プラットフォーム、技術プラットフォーム、製品プラットフォームの3つがある。業界プラットフォームは企業レベルではなく業界レベルの概念であり、業界標準としての設計コンセプトを意味する。また、技術プラットフォームは企業レベルの概念で、独自の要素技術の集合体としての基盤技術であり、コア技術と共通する概念である（延岡，2006）。

　そして、プラットフォーム戦略とは、商品開発におけるリードタイムやコストを削減するために、異なる製品間の技術的基盤を共通化することによって、製品開発における投入資源をできるだけ小さくしつつ、多様な商品を投入することを可能にしようとする戦略である。

その意味で、コア技術戦略と基本的な考え方やスタンスは類似しているが、コア技術戦略が独自性・差別化、顧客価値の実現という、外に向けた要因に主たる焦点が当たっているのに対して、プラットフォーム戦略では、自社内部の投入資源の最小化に主たる焦点が当たっている点に違いがある。

そのため、プラットフォーム戦略では、内向きの視点で投入コストの最小化にばかり努力してしまうと、結果として市場競争力を失うような事態を招きかねない点に注意が必要である。

1-5 研究開発戦略とは

ここまで、研究開発活動の前提となる技術戦略について考えてきた。ここで、技術戦略と研究開発戦略の関係について整理しておこう。

すでに見てきたとおり、技術という視点から経営戦略・事業戦略を描くのが技術戦略である。技術戦略においては、企業の収益確保や成長を目指し、自社の競争優位性を確保していくために、どのような技術を獲得し、どのように活用していくか、という技術的視点に基づいた戦略を立案する。その際、技術の獲得・活用については、必ずしも自社内部の資源を前提とする訳ではない。外部からの技術調達や外部との共同研究なども選択肢となる。いわゆる Make or Buy[4] の視点である。そして、研究開発戦略とは、企業内部における研究開発活動の基本的な方向性を定めるものである（今野, 1993）。

企業によって技術戦略のあり方はそれぞれ異なるが、いずれにしろ、企業戦略・事業戦略と一体となって策定される技術戦略を踏まえて、自社が取り組む研究開発活動についての基本的な方向性を定めるのが、機能別戦略としての研究開発戦略である。どのような領域に、どの程度の資源を投入するのか、自社の研究開発活動として取り組む領域と資源配分の決定が、研究開発戦略の策定においてなされる。

本章でこれから取り扱う研究開発テーマの設定は、研究開発戦略を受けて行われる行為であり、個々の研究開発テーマの設定は、研究開発戦略の具体化であるといってもよい。研究開発部門のミドルマネジメントが、「研究開発の方向づけ」という機能を果たすには、経営戦略→技術戦略→研究開発戦略→研究開発テーマ

という一連の「論理的なつながり」を担保しておかなければならない。

 ただし、注意が必要なのは、このプロセスも単純なトップダウンのプロセスではないということである。研究開発においては、現場で生まれたアイデアや研究開発テーマが上位戦略に影響を与え、その行方を左右するということが起こり得る。先に述べたとおり、技術領域においては、「戦略は技術に従う」という側面があることを忘れてはならない。

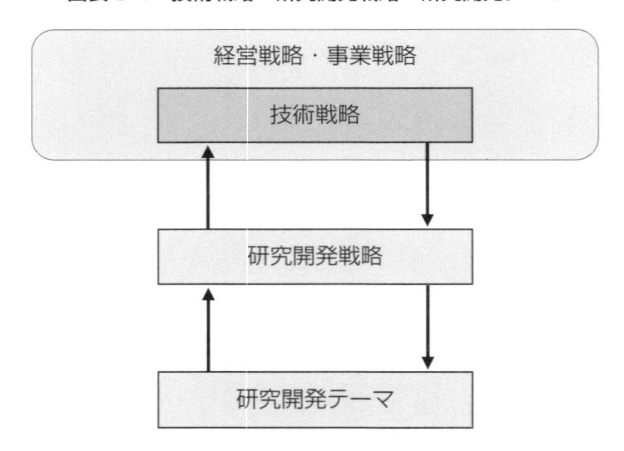

図表3-4 技術戦略・研究開発戦略・研究開発テーマ

```
┌─────────────────────────────┐
│     経営戦略・事業戦略         │
│  ┌───────────────────────┐  │
│  │      技術戦略          │  │
│  └───────────────────────┘  │
└─────────────────────────────┘
        ↑           ↓
┌─────────────────────────────┐
│      研究開発戦略              │
└─────────────────────────────┘
        ↑           ↓
┌─────────────────────────────┐
│      研究開発テーマ            │
└─────────────────────────────┘
```

② 研究開発テーマ設定における ミドルマネジメントの役割

　前節では、研究開発テーマの上位概念として、「技術戦略」と「研究開発戦略」についての考え方を確認した。ここからは研究開発の現場マネジメントで重要な「研究開発テーマ」のマネジメントについて考えていく。まず、本節では、研究開発におけるテーマ設定の重要性と、テーマ設定においてミドルマネジメントが果たすべき機能について検討する。

2-1　研究開発マネジメントの要諦は研究開発テーマのマネジメント

　一般に、研究開発の成果は有効性と効率性によって示される。有効性とは、研究開発活動が生み出した成果が組織の収益や成長にどの程度貢献したかであり、一方、効率性とは、研究開発活動のインプットとアウトプットの比率である。有効性は何を作るか（What）であり、効率性はいかに作るか（How）であるということもできる。たとえ、研究開発活動が効率的に行われ、期待したとおりの結果が得られたとしても、最終的にそれが市場に受け入れられず、自社の収益や成長につながらないものでは、まったく意味がない。

　有効性を左右するのが、研究開発テーマの設定であり、研究開発テーマの設定を誤ってしまえば、どんなに研究開発活動を効率的に進めることができたとしても、まったく成果につながらない。図表3-5の財団法人企業研究会R&Dマネジメント交流分科会で作成された式が、それをよく表している。

図表3-5　研究開発の生産性

R&D生産性＝よいテーマ×目標絞込み×効率的な実施×事業化

出所：財団法人企業研究会R&Dマネジメント交流分科会（1992）

研究開発活動においては、「What を決めること」、すなわち、「何を作るか（どのようなテーマに取り組むか）」という意思決定が研究開発の成果に決定的に重要な意味を持つことになるのである。

2-2　研究開発テーマ設定の難しさ

とはいえ、研究開発におけるテーマ設定は難しい。技術と市場の不確実性が重なり合う中で、リスクをとって、意思決定していくことが求められるからだ。

研究開発テーマ設定の難しさの度合いや質は、研究開発の段階や領域に大きく影響を受ける。研究開発の段階による違いでいえば、通常は、より市場に近い下流段階の方が技術的な不確実性が低下する。研究段階の方が開発段階よりも不確実性が高く、筋のよい研究テーマを見抜くことが難しい。よいテーマの種を見つけ出し、先々を見通しながら、研究テーマを設定していくことは非常に困難である。

開発段階に移行すると、研究段階に比べれば技術的な見通しづけが容易になる。ただし、それでも依然として技術的な不確実性は残る。また、市場の不確実性が存在するために、当然のことながら、開発した製品が市場に受け入れられるかどうかの判断は依然として難しい。

また、研究開発の領域による違いもある。例えば、医薬品の開発においては、俗に「千三つ」といわれるほど、研究開発テーマの成功確率は低い。最近の業界団体のデータによれば、実際にはさらに成功確率は低く、11,300 分の 1（0.009 ％）[5]であるという。「千三つ」どころか、「万に一つ」よりもさらに低い確率でしか製品化に至らないのである。

2-3　コントロールが難しい研究開発プロセス

研究開発テーマの設定が重要なのは、研究開発活動の特質とも関連している。研究開発活動は活動プロセスにおけるコントロールが難しいために、テーマ設定を通じた初期段階の方向づけが最も重要なのである。研究開発プロセスのコントロールが難しい理由は主として 3 つある。

第1の理由は、研究開発活動においては、個々の研究開発テーマの専門性が高く、現場を熟知するミドルマネジメントといえども、個々のテーマについての具体的な解決策や方向性を示しにくいことである。そのため、テーマが設定された後のプロセスでは、かなりの部分をメンバーの自律的な活動に委ねざるを得ない。もちろん、研究開発活動が野放しになってしまってよい訳ではないが、研究開発活動においては、いたずらに統制を強め、プロセスに介入することは、かえってメンバーのやる気をそいだり依存心を高めたりすることにもなりかねない。メンバーの主体性や自律性を高め、任せるマネジメントが求められる。
　第2の理由は、研究開発活動においては、一度始めた研究開発テーマがものになるかどうかの判断が難しいことである。プロジェクトの成功物語では、一度頓挫しかけた後、成功を収めるようなケースがよく語られる。こうしたケースに象徴されるように、成功の見込みがないと思われたテーマが「大化け」することは決して珍しいことではない。こうしたことを考えると、一度テーマを決めてしまうとテーマの是非を判断しにくい。
　第3の理由は、研究開発活動においては、テーマに取り組むメンバーは、そのテーマに対して強いコミットメントを持つ。寝食を忘れて没入することも珍しいことではない。そうした状況の中で、テーマを中断、あるいは中止することは、メンバーのモチベーションに大きな負の影響をもたらす。
　もちろん、第4章で触れるようにテーマの中止や中断は、マネジメント上、重要なポイントであり、避けて通ることはできない。資源の有効活用を図る上でも適切な判断は欠かせない。しかし、少なくともあるフェーズが終了するまでは、一度開始した研究開発テーマを止めることは、そう簡単なことではない。特に欧米の企業と比較して、日本の企業は研究開発テーマを止めることが少ないといわれている。研究開発に注力しているメンバーの努力やその後のモチベーションを考えると、途中で研究開発を中止するという決断はなかなか下しにくく、結果として継続扱いとなるケースが多くなるのである。
　このように、研究開発活動は、他の領域の仕事と比べ、そのプロセスをコントロールすることが難しいために、相対的に「何をなすべきか」というWhatの設定、すなわち研究開発テーマ設定の重要性が高い。
　また、研究開発テーマの設定の巧拙は、資源の有効活用にも大きく影響する。

設定段階で的確にテーマの見極めができれば、それだけ資源を有効に活用することが可能になるからだ。特に日本企業のようにテーマを止めにくい状況の中では、テーマ設定を誤ると中長期的に資源を浪費し、機会損失を招くことになる。

　もちろん、いたずらにテーマを絞り込めばよいというわけではない。研究開発の領域や段階、資源の制約などを踏まえながら、どのようなテーマをどのようなバランスで設定するのかを見極めなければならないということである。

2-4　テーマ設定におけるミドルマネジメントの機能

　では、そうした重要性を持つ研究開発テーマの設定において、ミドルマネジメントはどのような機能を果たせばよいのだろうか。

　研究開発テーマ設定におけるミドルマネジメントの公式の位置づけや役割は、それぞれの企業によって大きく異なる。大企業になれば、全社レベルの研究開発戦略を検討する会議体から研究所レベルの会議体まで、様々なレベルの意思決定の場が用意されていることが一般的である。また、中小企業では、テーマの決定権を直接トップマネジメントが持つ場合もあるだろう。

　ただし、どのような状況にあるにせよ、現場に最も近い立場にいるミドルマネジメントが、研究開発テーマの設定において主体的な役割を果たす必要があることに変わりはない。研究開発のテーマが生まれるのは現場であり、研究開発部門のミドルマネジメントは、「目利き」として、現場で生まれるテーマを育て、経営の方向性に沿った適切なテーマ設定ができるよう、組織に働きかけていくことが求められる。

　研究開発の現場は、経営の意図と現場から生まれたテーマが交差する場所である。たとえ、研究開発活動の領域や大枠はトップダウンで決められたとしても、具体的なテーマ設定については、一般的に現場の発案によらざるを得ない。

　また、研究開発はトップマネジメントが決めたとおりにやれば成功するという訳でもない。研究開発の現場の活動を通じて生まれた技術的な成果がトップマネジメントの方向性、すなわち事業戦略や企業戦略にも影響を及ぼすことは珍しいことではない。研究開発はその他の職能と異なり、経営の方向性に対して直接的に強い影響を与える。したがって、研究開発部門のミドルマネジメントは、経営

の方向性と現場から生まれる様々なアイデアや動きをつなぐ機能を果たすことが求められる。

　言い換えれば、トップマネジメントが示す経営の方向性を踏まえつつ、現場で創発的に生まれた成果やアイデアを取り込み、トップマネジメントにフィードバックしていくことによって、トップダウンとボトムアップの2つの流れの折り合いをつける機能を果たさなければならないのである。

　そして研究開発テーマの設定においては、ミドルマネジメントに「研究開発テーマの創出」と「研究開発テーマの決定」の2つの機能が求められる。

　「研究開発テーマの創出」とは、内外の様々なアイデアや発想を取り込み、研究開発テーマへと育て上げていくことである。メンバーから新たなアイデアや発想が生まれてくるよう様々な働きかけを行ったり、アイデアが生まれやすいような仕組み作りなどに取り組む必要がある。アイデアや発想の源泉は「人」であり、いかに個々のメンバーの創造的な活動を促進していくかがポイントになる。また、内部志向にならず、外部の発想やアイデアを取り込むことも重要である。

　一方、「研究開発テーマの決定」とは、自社の収益や成長に貢献していくことができる研究開発テーマを見極めていくことである。経営の方向性や意図を咀嚼し、翻訳した上で、その方向性に沿った研究開発テーマを決定していかなければならない。個々の研究開発テーマの評価はもちろん、研究開発テーマ全体のバランスや経営の方向性との整合性などを確保するために、研究開発に取り組む領域や段階に合わせた評価のあり方を検討し、それを推進していかなければならない。どのような観点で評価をしていくのか、どのような仕組みやプロセスで進めるのか、適切な研究開発テーマの評価の仕組みやプロセスを主体的に考えていかなければならないのである。

　もちろん、研究開発テーマの決定自体は、ミドルマネジメントの直接的な責任範囲ではない場合もあるかもしれない。しかし、マネジメントの役割を担っている以上、研究開発テーマの決定について、大なり小なり何らかの影響を及ぼすことができるはずであり、及ぼさなければならない立場でもある。

　よりよいテーマ決定のあり方を上位者に対して具申したり、テーマとして採択されるように方向づけを行ったりするためには、ミドルマネジメントが研究開発テーマの決定についての基本的な考え方や方法論を理解しておかなければならな

い。
　次節から、「研究開発テーマの創出」と「研究開発テーマの決定」の2つの視点から、研究開発部門のミドルマネジメントとして押さえておくべき知識や考え方、求められる活動などについて検討する。

3 研究開発テーマの創出

　図表3-6は、新製品開発までの間に多くのアイデアがふるい落とされていく様子を示したものであり、アイデアの漏斗（じょうご）と呼ばれている。

　実際に成功に結びつくアイデアの背後には、数千に及ぶふるい落とされたアイデアがある。言い換えれば、よりよい研究開発テーマを生み出すためには、できる限り数多くのアイデアを生み出す必要があるということでもある。

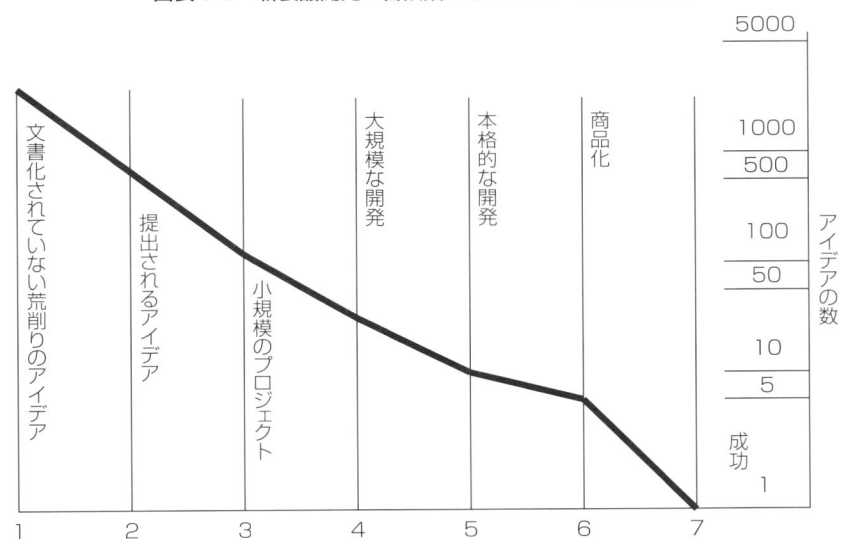

図表3-6　新製品開発の各段階で生き残るアイデアの割合

段階	内容	アイデアの数
1	文書化されていない荒削りのアイデア	3000
2	提出されるアイデア	300
3	小規模のプロジェクト	125
4	大規模な開発	9
5	本格的な開発	4
6	商品化	2
7	成功	1

出所：Greg. A. Stevens and James Bunley (1997) "3,000 RAW Ideas = 1 Commercial Success" Washinton, DC: The Industrial Institute, Research-Technology Management May-June, 1997, P.17 をもとに作成

　研究開発テーマの創出という創造的な行為においては、量が質を担保する。限られた少数の着想（アイデア）しかない状況では、よい研究開発テーマを生み出

すことは難しい。よりよい研究開発テーマを生み出すためには、できるだけ多くの着想を生み出すことが大切になる。

したがって、よりよい研究開発テーマを設定していくためには、まず、いかに多くの着想が生み出されるようにするかを考えなければならない。研究開発部門のミドルマネジメントには、多くの着想が生み出されるような働きかけや環境作りが求められる。

ただし、いかに多くの着想が生まれたとしても、それが着想の段階で留まってしまっていては、それまでである。着想だけではまだ研究開発テーマにはならない。生み出された着想を育て、検証していく必要がある。着想を育て上げていくことは、ミドルマネジメントが果たすべき重要な機能である。

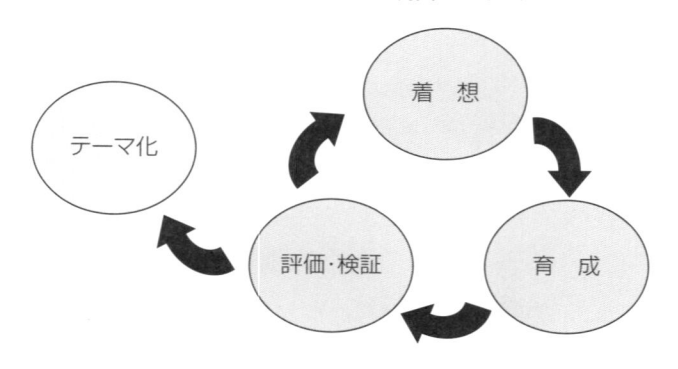

図表3-7　研究開発テーマ創出のサイクル

ここでは、よりよい研究開発テーマを生み出すために、ミドルマネジメントが押えておくべき知識や考え方について見ていくことにしよう。

3-1　着想の源泉

研究開発テーマにつながるような着想は、何もないところから生まれるわけではない。無から着想は生じない。何らかの発想のきっかけなり出来事に直面する必要がある。では、どのようなきっかけが必要なのであろうか。

新製品の着想の源泉は主に4つ考えられる。ひとつは、買い手のニーズから発

生するものである。顧客がどのようなものを欲しているかを探索することによって、研究開発テーマにつながるような着想が生まれてくる。もちろん、実際に顧客がほしいといっていることだけを考えればよい訳ではない。顧客がまだ気づいていないが欲しているであろうこと、すなわち潜在ニーズについての洞察も重要になる。

　買い手のニーズからの発想に対して、自社の技術的なシーズから発想するものもある。自社がどのような技術を保有しているか、あるいはこれからどのような技術を開発しようとしているのか、そしてそれらの技術はどのような使い道があるのかを探索していくことによって、研究開発テーマにつながるような着想が生まれてくる。

　また、他社の成功例からの発想もある。そのまま真似るだけではなく、成功の要因や背景を探りながら、少しひねったり、ずらしたりすることによって、研究開発テーマにつながるような着想が生まれる。いわば他社をベンチマーキングするといってもよいだろう。他社の成功例を分析することによって、新たな着想を生み出すことが可能になる。

　さらに、自社の強み、弱みからの発想もある。現在の強みをさらに強化していくためには、どのような研究開発に取り組むべきか、という視点からの発想であ

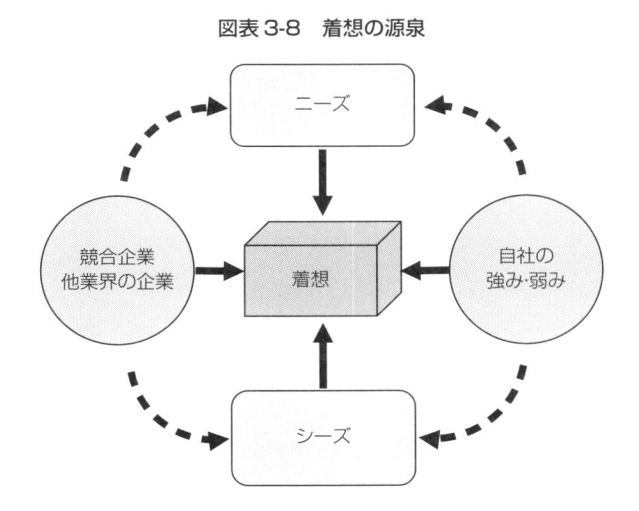

図表3-8　着想の源泉

る。自社の強みである技術をさらに強化するための周辺技術や補完技術の開発や、自社の製品ラインナップの強みを活かすための新製品の開発などがこれにあたる。強みを伸ばすだけではなく、弱みを補うことも発想のきっかけになる。自社の技術の弱みを補うための技術や、ラインナップの穴を埋めるための新製品を検討することが、新たな研究開発テーマのもととなる着想を生み出すことにつながる。

3-2 着想を生み出す人

　着想を生み出すのは個人だが、その個人は、必ずしも研究開発部門の人間とは限らない。着想は組織内外の様々な人からもたらされる。研究開発部門を除けば、着想の人的な源泉は主として6つ考えられる。

　第1は、トップマネジメントである。トップマネジメントは製品開発の着想やコンセプトの重要な源泉である。経営の視点から技術や製品について開発の要請を行う場合はもちろん、時には市場の洞察から新たな製品コンセプトをトップ自身が発案する場合もあるだろう。ソニー元会長の盛田昭雄氏によるウォークマン開発の事例などはその典型といえる。

　第2は、営業部門である。顧客とダイレクトに接する営業部門は自社と市場をつなぎ、市場のニーズを吸い上げる役割を担っている。そうした営業部門から研究開発テーマにつながるような着想がもたらされることは少なくない。特に生産財の場合は、その重要性が消費財に比べて相対的に高い。

　第3は、製造・生産技術部門である。主として製品の改善・改良に関わるものが多いが、実際に製品を作り上げる立場からの発想が新たな研究開発テーマにつながる。

　第4は、商品企画の担当部署やプロジェクトチームなどである。市場のリサーチなどを中心に商品コンセプトを練り上げる中で、新たな研究開発を必要とする着想が生まれてくる。

　第5は、販売チャネルである。自社以外の販売チャネルを構築している場合は、顧客とダイレクトに接する販売チャネルからの情報や着想が重要になる。生産財企業であれば、販売代理店や販売提携先の企業からの情報や着想が重要になる。消費財企業では、流通業、中でも小売業の情報や着想の重要性が高い。POS

データや現場での観察などをもとに、顧客の購買行動や意識の変化をリアルタイムで把握しているのは小売企業だからである。

第6は、顧客自身である。顧客からもたらされる着想は企業の研究開発にとって最も重要な情報源である。顧客からの情報は必ずしも着想の形をとっている必要はない。クレームも宝の山である。顧客の声（Voice of Customer）を全社で共有するシステムを構築している企業が多いのはその表れである。

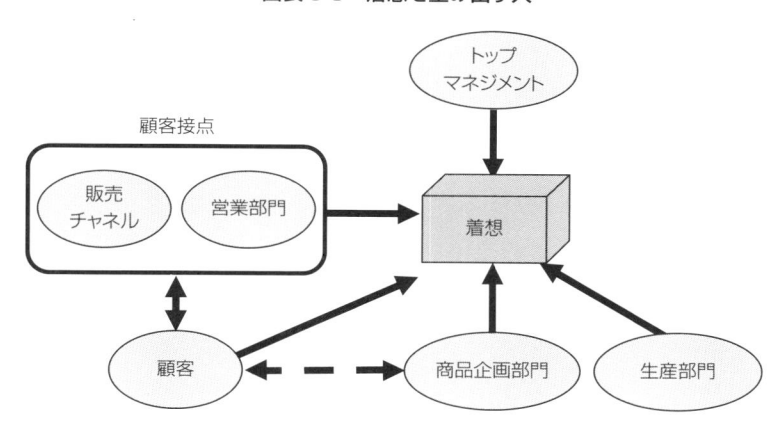

図表3-9　着想を生み出す人

3-3　創造の論理

様々な情報源からもたらされる情報、あるいは直面する事象をきっかけに、新たな着想が生まれ、それが研究開発テーマの萌芽となる。そして、そうして生まれた研究開発テーマが幾多の産みの苦しみを乗り越え、最終的な成果につながっていく。そうした研究開発成果の源流をたどれば、最後は個々人のひらめきに行き着く。

特に大きなイノベーションにつながるような着想は、常識に捉われない新たな発想から生まれる。大抵の場合、そうした着想や提案は当初周囲に理解されず、否定的な反応を受けることが多い。逆にいえば、多くの人が賛同するような着想が、革新的なイノベーションにつながることは少ないともいえる。一見ばかげた話に思えるような着想こそ、他社と横並びではない差別化が可能なイノベーショ

ンにつながる可能性がある。それが成し遂げられてから、事後的に振り返ってはじめて、なるほどと納得できるものこそが革新的な着想といえるのである。

では、そうした着想は一体どのようにして生まれるのであろうか。着想の創造は「思いつき」「ひらめき」などと形容されるように、一般的に「非論理的」な事象として理解されることが多い。そして、そうした「ひらめき」を持つ人はセンスのある人と称される。しかし、一見「非論理的」に思える創造という事象を「論理的」に理解しようとしたのが、アメリカの哲学者であるチャールズ・サンダース・パースである。

論理的思考の様式としては一般に、演繹（deduction）、帰納（induction）の2種類があるとされるが、パースは、創造には演繹、帰納以外の論理が重要な役割を果たしているとして、その第3の論理を「アブダクション（abduction）」と名づけた。アブダクションとは、ある意外な事実の観察をもとに、その事実がなぜ生じたかを説明する仮説を形成する推論である。アブダクションは、以下のような形式をとる。

> 驚くべき事実Cが観察される
> しかし、もしHが真実であればCは当然のことである
> よって、Hが真実であると考えるべき理由がある

具体的な事例で示すと以下のようになる。

> 周囲に海などないまったくの陸地で魚の化石が発見された
> しかし、もし魚の化石が見つかった一帯の陸地がかつて海だったと考えれば当然のことである
> したがって、陸地がかつて海だったとする仮説は真実であると考えるべき理由がある

もちろん、Hはあくまで仮説であり、Cを説明するための一候補に過ぎない。アブダクションは2つの段階から成り立っており、第1段階では、観察した事象について説明できる仮説を考え、思いつくままに列挙していく。ここでは洞察やひらめきが重要になる。次に第2段階では、列挙した仮説の中から熟慮しながら

最も理にかなった仮説を選ぶ。仮説を選ぶとは言い換えれば、検証作業にかけるに値するかどうかを吟味して、最も優先的に検証すべき仮説を決めることである。

ただし、アブダクションは仮説を形成する論理であり、それだけでは創造にはつながらない。パースは科学的探究においては、アブダクション、演繹、帰納の3種類の推論による3つの段階を経ることが必要だとしている。[6]

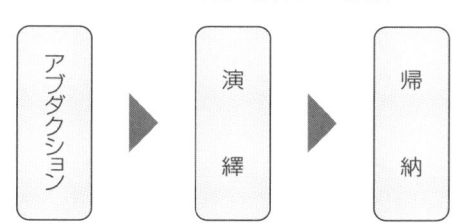

図表3-10　科学的探究の3段階

アブダクション ▶ 演繹 ▶ 帰納

出所：米盛裕二（2007）『アブダクション―仮説と発見の論理』勁草書房、PP.103-111 を参考に作成

第1段階がアブダクションであり、ある驚くべき事象を観察し、その事象を説明可能な仮説を考え出す。ここでは仮説の形成だけではなく、観察が重要になる。これまでの延長線上では説明できないような事象を見出すことが必要になるからである。同じ出来事に直面しても、気づく人と気づかない人がいる。どんなに驚くべき事実に直面したとしても、そもそもそれを重要な事実として認識しないことにはアブダクションは生じない。アブダクションにおける観察は、着想を生み出すための観察なのである。

第2段階は演繹である。この段階では、アブダクションによって形成された仮説が真実だとするならば、どのような事象が観察されるかを明らかにする。実験によって仮説を検証することができるように、仮説が真実であることを前提としたときに予測される事象を明らかにするのである。

最後の第3段階は帰納である。第2段階の演繹によって導き出された予測される事象が現実にどれだけ生じているかをテストする。仮説が予測しているとおりに実際の事象が生じているかを確認することによって、仮説の正しさを検証するのである。

研究開発は、試行錯誤のプロセスであることは間違いない。しかし、よく見る

とやみくもに試行錯誤を続けている人もいれば、焦点を絞って比較的スムーズに問題を乗り越えていく人もいる。そうした差が生じている原因のひとつは、上記のようなプロセスを実践できているかどうかによる。思いつくままにむやみやたらと取り組むだけでは、なかなか的中率はあがらない。また、創造につながるような驚くべき事象を見ても、それを認識しなければ創造は生じない。ニュートンのりんごの例でもわかるとおり、疑問を持たなければ創造は生じないのである。

コラム

「創造」とは

　「創造」とは何だろうか。「創造」や「創造性」についての研究の歴史は古く、様々な領域や視点からの議論がある。研究開発の視点からいえば、「創造」とは、既存の知識や経験を活用したり、解体したりしながら、新たな価値のあるものを創り出すこととして捉えればよいだろう。ここでのポイントは新規性と有用性である。

　新規性とは、これまでにない新しいものやアイデアを生み出すことであり、これには既存のものの新たな組み合わせの発見も含まれる。ただし、新しさには、人類史上初めてという新しさもあれば、自社にとって初めてという新しさもある。また、当事者である本人にとっては初めてというのも新しさのひとつである。

　一方、有用性とは、生み出されたものが価値あるものであることである。いかに新しいものを生み出しても、それが何の価値もないものであっては意味がない。ただし、実際には、有用性の判断は難しい。生み出された時点では、一見価値がないように思われたものでも、後に価値が見出されることは珍しくない。また、単独では価値がないものでも、他のものと組み合わされることによって価値を生み出す場合もある。また、ある人や組織から見れば価値のないように見えるものが、他の人や組織から見れば価値があるというケースも少なくない。

　したがって研究開発のアイデアの創出では、有用性を前提に考えることは難しい。前述したように、そもそも有用性の判断そのものが難しいことに加え、企業における研究開発の有用性とは、突き詰めれば組織の収益や成長につながるかどうかである。しかし、アイデア創出の段階でそこまで見極めるのは至難の業だ。有用性はアイデアをスクリーニングしていく段階で判断すべきであり、アイデアが生まれた段階で、むやみによい悪いの判断を下す必要はない。アイデア創出を促すには、「よいアイデアを出せ」よりも、むしろ「これまでにない新しいことを考えろ」というメッセージが望ましいといえるだろう。

3-4 着想(アイデア)を研究開発テーマに育て上げる

いくらよい着想（アイデア）が生まれても、それを研究開発のテーマに育て上げることができなければ意味がない。着想と研究開発テーマとの間には深い谷がある。ミドルマネジメントに求められるのは、現場で生まれた新たな着想を拾い上げ、その可能性を見抜き、それらを研究開発のテーマに育て上げていくことである。

研究開発の現場では、様々な情報源からもたらされる情報をもとに日々新たな着想が生み出される。着想は、生み出されたばかりの段階では、先々ものになるかどうかなど、まだ判断できるものではない。

ミドルマネジメントは、そのような着想を、いかに研究開発テーマとして検討・提案可能な形に育て、プロジェクト化につなげていくかを考えなければならない。そのためには、図表3-11の3つの段階を意識することが重要である。

図表3-11　着想をテーマに育て上げる

着想(アイデア)を面白がる ▶ 着想を拾い上げ、寝かせ、転がす ▶ 着想とニーズをつなぐ

3-4-1　着想を面白がる

まず重要なことはすべての着想を肯定的に受け入れ、歓迎し、面白がる姿勢である。東芝で半導体研究の基礎を築き、日本流品質管理を全国に普及させた伝説の技術者であり、第一次南極観測越冬隊の隊長まで務めた西堀榮三郎氏は、次のように表現している。

「いちばん簡単なのは、着想なり提案を部下が持ってきたとき、その内容を聞

かない先に、『そらええ考えだなぁ』と、まずいうことである。この姿勢をとることがきわめて大事で、内容についてはとやかくいわないことである。『ええなぁ』とまず賛成の意を示してから内容を詳しく聞く。そうすると、『それはできんな』とか『難しいな』と思われる節が多分出てくるだろうが、すでに『そらええ考えやなぁ』といっている手前、もう後には引けない。否応なしに自分でもその提案が実現するように考えてやり、『それやったらこうしたらどうや』とか、『ああ、それやったらああしたらどうや』とかの知恵を出すことになる。」[7]

　一般に、技術者はとかく理詰めで考え、着想をふるい落とそうとしがちな傾向がある。せっかく着想を出してもそのたびにケチをつけられたのでは、着想がしぼんでしまうばかりか、そもそも着想を出そうとする意欲も失われてしまう。着想を研究開発テーマに育て上げるためには、どんな着想であっても、まずよいものとして受け入れ、どうしたらそれをものにできるかを考える姿勢こそが、ミドルマネジメントに求められる。欠点や問題点を指摘するのではなく、その着想が持つ可能性を評価することが大切だ。どんな着想であってもまずは受け入れ、そしてどうしたらその着想を活かせるか、メンバーとともに真剣に考えるのである。特に注意が必要なのは、自分自身の限られた経験や枠組みに基づいた固定的なものの見方に捉われて、斬新な着想をつぶしてしまうことがないようにすることである。

3-4-2　着想を拾い上げ、寝かせ、転がす

　一般に、着想は思いついた時点では、まだぼんやりした、曖昧なものである。面白そうな種ではあっても、まだ漠然としていて捉えどころがなかったりする。具体的にどんな役に立つのか、何に使えそうなのか、などがはっきりしていないことも多い。着想がいきなり研究開発テーマになることは稀であり、着想を研究開発テーマに育て上げていくためのプロセスが重要になる。では、どのようにすれば着想を研究開発テーマに育て上げていくことができるのだろうか。ミドルマネジメントが押さえるべきポイントは3つある。
　まず大切なことは、思いつきのように生まれた、「研究開発テーマの種」であ

る着想をうまく拾い上げることである。そのためには、メンバーが何を考えているのか、どのようなことに関心を持っているのか、どんな動きをしているのか、といった点を定常的に観察しながら、時折刺激を与えたり、担当している領域に関する考えを尋ねることが大切である。「待ちの姿勢」では、着想をうまく拾い上げることは難しい。着想は一人ひとりの個人から生まれる。メンバーの中に生まれた着想を、タイミングよく拾い上げることができるよう働きかけていく必要がある。

　次に、拾い上げた着想を寝かせることである。まだ漠然とした着想を焦ってものにしようとしてもうまくいかないことの方が多い。メンバーに、着想を自分なりに考え練り上げていく時間を与えることが重要である。いわば熟成の時間を与えるのである。ただし、そうはいっても、単に放置しておくだけでは、なかなか着想は熟成していかない。時折刺激を与えることが必要である。そのためには、適宜それについて尋ねたり、着想に関連するような情報を与えたりするなどの刺激をタイミングよく与えていくことが大切になる。

　3番目は、着想を転がすことである。1人で着想を抱え込んでいても、なかなか発展しない。ある程度の段階になったら積極的に他者に自らの着想を開示し、相手からのフィードバックを受けることによって、着想を練り上げ、さらに発展させていくことが可能になる。こうした状態を作り出すために、ミドルマネジメントは着想を暖めているメンバーに対して、タイミングを見計らいながら、他者との対話の機会や場を設けるなどの働きかけを行うことが求められる。

　個々のメンバーから生み出された着想を「拾い上げ」「寝かせ」「転がす」。着想を研究開発テーマに育て上げていくために、研究開発部門のミドルマネジメントには、こうしたプロセスをガイドし、支援していくことが求められる。そして、そのためにミドルマネジメントは、日々の活動を通じて、メンバーを観察し、メンバーとの対話を大切にしていく必要がある。

3-4-3　着想とニーズをつなぐ

　着想をテーマに育て上げるプロセスは、その着想が社会や市場、顧客のニーズをどのように満たすのかを探索するプロセスであるといってもよい。企業が取り

組む研究開発は、最終的に企業の収益や成長への貢献を目指す活動であり、どんな研究開発テーマであれ、収益につなげるためには、それが社会や顧客のニーズを満たし、顧客に価値を提供することができるものでなければならない。したがって、着想を研究開発テーマに仕上げていくためには、何らかの形で社会や市場の顕在的・潜在的なニーズを満たす必要がある。

技術的な新規性だけで、着想を研究開発テーマにするとうまくいかないことが多い。確度はともかくとして、企業が取り組む研究開発においては、どんな研究開発テーマであれ、「これが実現すればこんな形で役に立ちそうだ（社会的な欲求を満たせそうだ）」という想定をしておくことが大切である。時には、まだそれがおぼろげな場合もあるだろう。しかし、常に社会や市場のニーズとのつながりをはっきりと意識しておくことが大切なのである。

そうしたつながりが担保されていると、着想をテーマ化していく際に周囲を納得させることが比較的容易になる。なぜなら研究開発テーマを技術の視点や技術の言葉で語るのではなく、市場や顧客の言葉、あるいは社会への効用として語ることができるからである。

研究開発部門のミドルマネジメントは、メンバーが抱える着想を育て上げるプロセスにおいて、メンバーがそうした社会や市場のニーズとのつながりを見出していくことができるよう支援していかなければならない。

3-5 創造空間を耕す

前述したように、研究開発テーマの創出にあたっては量が質を担保する。生み出される着想の量が担保されなくては、よいテーマを生み出すことは難しい。したがって、研究開発のミドルマネジメントは、メンバーがより多くの着想を生み出すことができるような環境を創り出していかなければならない。ここでは、そうした、多くの着想が生み出されるような環境を「創造空間」と呼ぶことにする。

よりよい創造空間を作り上げるために押さえるべきポイントは、図表3-12の4つである。

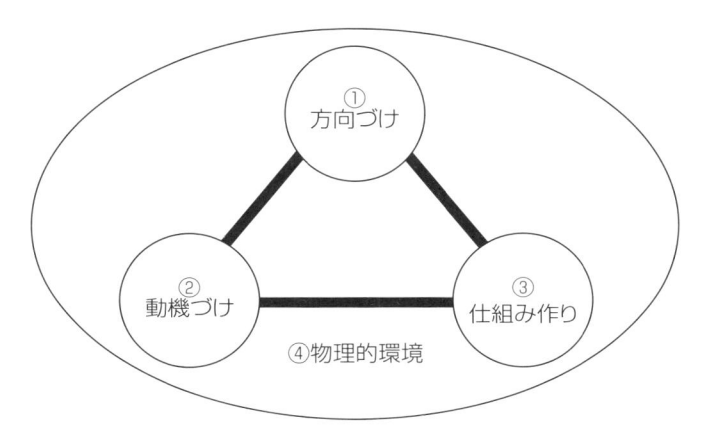

図表3-12　創造空間づくりの4つのポイント

①方向づけ
②動機づけ
③仕組み作り
④物理的環境

3-5-1　方向づけ

　ただ闇雲に考えていても、なかなか着想は生まれない。よい着想を生み出すためには、一定の方向づけが大切になる。方向づけによって、個人の関心やエネルギーをある領域に集中させることができるからである。

　どんな領域でもよいから自由に考えさせるということは、一見よいように見えるが、必ずしもうまくいかないことが多い。往々にして、個人の関心やエネルギーが拡散してしまい、具体的な成果として結実しにくくなってしまうからである。かといって、あまり方向性を限定し過ぎてしまうと、それが制約となり、自由な発想を奪い、創造性を阻害する。一定の自由度を担保しながらも、ある程度の方向づけを行うような状況が望ましい。いわば「ゆるやかな方向づけ」である。

　一定の方向性を示されてはいるが、それが大きな制約になることもない。おおよその探索の方向性があるが、かといって厳密に制限されているわけでもない。時にはまったく違う領域の着想が生まれることもあり、またそれは許容されている、そんな「塩梅」をうまく加減することが望ましい。

　そうした方向づけは決して一律に行う必要はない。組織の方向性を踏まえなが

らも、個々のメンバーの関心領域やメンバーの育成といった観点を加味して、個別にゆるやかな方向づけを行うことが望ましい。「今度、少しこんな領域を調べてみたらどうだ」「この領域が面白そうじゃないか」などと、個別に方向性を示すことで、メンバーの活動が方向づけられ、新たな着想を生み出すことにつながる。もちろん、メンバーによっては自分自身で方向性をしっかりと考えて取り組んでいる人もいるかもしれない。そうしたケースは、それが組織の意図するものと合っているかどうかを見定め、ずれている場合は、様子を見ながら少しずつ軌道修正を行う。このあたりは個々のメンバーの個性を見極めながらの対処が必要になる部分である。

3-5-2　動機づけ

　着想は何もないところから生まれる訳ではない。ニュートンがリンゴが落ちるシーンを見て重力を発見したように、何らかの事象や情報に接したときにそこでアブダクション、すなわち創造の論理が生まれる。したがって、新たな着想を生み出すためには、日々、自分自身が直面する事象や接する情報に対する感度を磨き、新たな意味を見出し、そこから新たな仮説を形成していかなければならない。
　ただ漫然と日々を過ごしていたのでは、そのように新たな着想を生み出していくことは難しい。新たな着想を生み出そうとする意欲を持ち、意図的・主体的に取り組んでいくことが必要になる。周囲から見れば、一見偶然に着想がひらめいたように見えたとしても、実際には、様々な考えを巡らし、実験的な取り組みを行い、直面した事象や接する情報の意味を見逃さなかったからこそ得られたものである。
　創造性の代表的な研究者であるハーバード大学のアマバイル教授によれば、個人の創造性は、「専門知識」「創造的思考力」「モチベーション」の3つの要素がすべて機能するときに発揮されるという。「専門知識」とは、自身の仕事に関連する知識に加え、ノウハウ・経験なども含むものであり、「創造的思考力」とは、複数の知識や着想を結びつけ、新たな着想や問題の解決策などを考え出す力である。また、「モチベーション」は、課題やテーマに取り組もうとする意欲である（Amabile，1998）。

研究開発の視点から、より具体的に考えてみよう。まず、創造性を発揮するためには、何らかの事象を目にしたときに、それを技術的な観点から解釈できるだけの専門知識が必要となる。専門知識がなければ、気づかないことやわからないことも多いだろう。また、すでに明らかになっている事実や確立されている技術を知らなければ、無用な労力がかかることにもなる。また、いうまでもなく、創造的思考力がなければ、そもそも新たな着想を生み出すことは難しい。しかし、これらの2つを備えていたとしても、3つめの要素であるモチベーションが伴わなければ、創造性が発揮されることはない。アマバイルによれば、モチベーションは個人が何に取り組むかを決める要素だからである。新たな着想を生み出そうとするモチベーションがなければ、専門知識も創造的思考力も発揮されないのである。

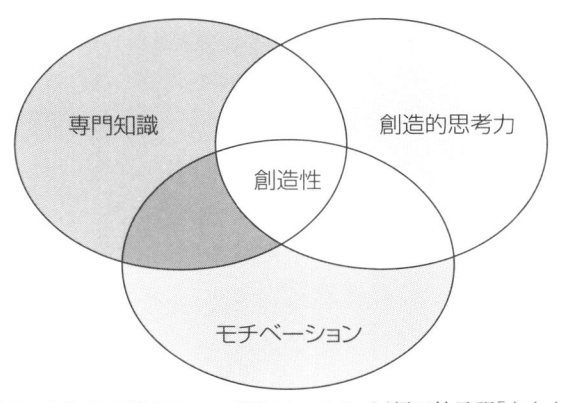

図表3-13　創造性の発揮に必要な3つの要素

出所：Teresa M Amabile (1998), "How to Kill Creativity"（須田敏子訳「あなたは組織の創造性を殺していないか」ハーバードビジネスレビュー　1999年5月号）邦訳　P.132を一部修正

したがって、創造空間を作り、耕すために、ミドルマネジメントはメンバー個人が新たな着想を生み出そうとする意欲を強く持つように動機づけていかなければならない。着想を生み出すことを奨励し、促進するための働きかけを行う必要がある。もちろん、専門知識や創造的思考力を高めることも重要だが、それらについては後の章で触れることにしよう。

コラム

セレンディピティ

　最近では「セレンディピティ」という言葉もかなり一般的になった。「セレンディピティ」とは、スリランカのセレンディップ王子の寓話から生まれた言葉であり、思わぬものを偶然に発見したり、幸運を招き寄せる能力のことを指す。

　ノーベル賞を受賞した島津製作所の田中耕一氏など、セレンディピティに恵まれたといわれる事例は多い。しかし、そうしたセレンディピティは、強いモチベーションを持ちながら、困難な研究開発に取り組む中ではじめて訪れている。また、そのモチベーションを土台に発揮される専門知識と創造的思考力があったればこその幸運であることを忘れてはならない。

　例えばトンネルダイオードを発明し、1973年にノーベル物理学賞を受賞した江崎玲於奈氏が目にした、発明につながる「異常現象」を見ていた研究者は他にもいた。しかし、同じ現象を目にしていたにも関わらず、それを追求し、理論付けるには至らなかったという（植之原、1995）。

　セレンディピティには、たしかに偶然の要素がある。しかし、その偶然を手繰り寄せる能力がなければ幸運を手にすることはできない。その偶然に出会いながらも知らずに通り過ぎてしまった人もいるかもしれない。ルイ・パスツールの言葉にあるとおり、「チャンスは準備しているものに微笑む（Chance favours the prepared mind）」のである。

3-5-3　仕組み作り

　新たな着想が多く生まれるような創造空間を作り上げていくためには、着想を生み出す主体である個人に直接働きかけるだけでなく、個人が着想を生み出すことを促進するような仕組みを用意しておくことも大切である。具体的な仕組みの例としては、以下に紹介するような制度や方法論がある。これらの仕組みは着想を生み出すことに加えて、着想を研究開発テーマに育て上げていくプロセスを刺激し、支援し、奨励することも併せて企図している。

　ただし、注意しておきたいのは、単に仕組みを作っただけでは十分とはいえないということである。仕組みは実効が上がるように運用されてはじめて生きる。例えば、研究提案制度などは多くの企業で取り入れているが、実情を見ると、効

果が上がっている企業ばかりではない。せっかく上がってきた提案に対してマイナス面の指摘ばかりがなされたり、提案内容に優劣をつけたりするなど、いたずらに提案を評価するような姿勢が意欲を萎ませているようなケースも少なくない。仕組みは運用次第であることに留意しておきたい。

(1) 着想に対するインセンティブ提供の仕組み

　提案制度があったとしても、提案に対してなんら見返りがなければ提案制度が活性化することはない。研究提案制度を設けている会社では、何らかのインセンティブを設けているのが通常だろう。ただし、留意したいのは、そうしたインセンティブが提案する側にとって、十分に魅力あるものになっているかどうかである。

　提案制度に限らず、アイデア創出をできるだけ促進するためには、メンバーが提案に対して投じたコストに見合うインセンティブが用意されている必要がある。もちろん、領域や個人の能力によって投入コストは変化するため、実際にインセンティブの水準を設定することは簡単ではない。ただし、平たくいえば、「魅力のあるもの」になっているかどうかについて、常に検証しておくべきである。

　なお、ここでいうインセンティブは、必ずしも金銭的な報酬のみを意味するのではない。着想が採用された場合に一定期間プロジェクトを任せて、予算や人員も含めて大きな権限を与えるような待遇を用意したり、組織的に表彰するなどの非金銭的なインセンティブも重要である。特に研究開発従事者の場合は、自由な研究開発環境に関連する非金銭的なインセンティブの効果が高い。仕組みの設計にあたっては配慮する必要がある。

　いずれにしろ、メンバーが着想を生み出そうと考えるような魅力のあるインセンティブを提供する仕組みは、着想の創出を促進する上で効果が期待できる。

(2) 衆智をつなぎ合わせる仕組み

　一人で考え抜いて練り上げるだけではなく、初期段階の着想や思いつきを公開することによって、周囲の様々な人々からの意見やアイデアを募り、着想を練り上げていく仕組みも効果的である。

　中島・丹羽（2002）は、エージェンシー理論[8]に基づいた実験結果をもとに初

期のアイデア提供者だけでなく、そのアイデアに対してコメントを寄せた人に対しても報酬を与えるようなシステムにより、アイデアの質を高めることが可能になるとして、こうした仕組みを「アイデア発展の場」と呼んでいる。

　個人が単独で考えるのではなく、広く意見やアイデアを募り、異なる分野や領域の人間がともに発想していくことを可能にする仕組みは、組織の創造性を高める上で効果的である。情報技術の進展に伴って、こうした仕組みの構築は比較的容易に行えるようになってきており、自社に適用する際のハードルはさほど高くないはずである。

(3)　発想と実行を分離する仕組み

　一般的には、研究開発段階でアイデアを出し、提案した人間がその後の実行段階でも中心的な役割を担うことが多いように思われている。しかし、研究技術計画学会の技術経営分科会が1998年に実施したアンケートによれば、構想段階で最も重要な役割を担った人が一貫して実施段階を担当していたのは48％であり、半数以上は構想段階だけで実際の研究開発を担当していなかったという（丹羽・山田，1999）。

　これらの結果を受けて、ワーキンググループでは、革新的研究開発を目指すために、実施段階と切り離した「構想立案型人材」の活用を提案している。たとえ実施は苦手であっても、構想段階に秀でた人材、すなわち「構想のプロ」を有効に活用することによって、革新的な研究開発が可能になることが期待されるからである。

　ここで押さえておきたいポイントは、着想を生み出す段階で、現状の仕組みや実施段階における様々な制約条件（例えば、既存の製品群や自社の資源、自社の仕組み、自分自身の能力など）を想定してしまうことが革新的な発想を阻害するということである。とかく、革新的な発想になればなるほど、既存の分野や仕組みとの葛藤が生じやすい。そうしたことを意識すれば、よい着想であっても提案することが難しくなる。さらには、そうした状況を繰り返すことによって、次第に無意識のうちに無難な発想しか生まれないようになる恐れさえある。自分自身の中に無意識に枠をはめてしまうからである。

　こうした事態を避けるための取り組みが、着想や構想を提示した人間と実施段

階を担う人間を分離し、実施段階の制約を考慮せずに自由に発案できるような仕組みの導入である。革新的な着想を多く生み出す上で、一定の有効性が期待できる。

(4) 失敗例の蓄積と活用を促進する仕組み

研究開発では、失敗から学んだり、失敗から新たな着想が生まれたりすることも多い。より多くの着想が生まれるような環境を作るためには、過去の失敗を新たな着想につなげるような仕組みを用意しておくことも有効である。そのためには、失敗をそのままに終わらせずに振り返りを行い、失敗の要因を抽出し、後々活用できるような形に整理し、蓄積していく必要がある。

その際にポイントになるのは、失敗を肯定的に捉える姿勢である。失敗を公にすることには多かれ少なかれ抵抗感を持つのが普通だが、そうした意識では失敗を次に活かすことはできない。失敗を肯定的に捉え、失敗から学ぶ姿勢を持つような風土を醸成することが、失敗を有効活用するための前提となる。

(5) メンバーの自由な取り組みを奨励する仕組み

研究開発は創発的な取り組みであり、創発は現場で活動する個々の研究者から生まれる。研究開発テーマとなり得るような着想を生み出していくためには、研究者の時間的資源を一定の範囲で自由に使えるようにしておく必要がある。

広く知られているのが、3M社における15％ルール、すなわち、研究者が自分自身の執務時間の15％を好きな活動に使ってよいとする不文律である。ポストイットの発明は、3Mの中央研究所のスペンサー・シルバーが接着力の強い接着剤の開発に取り組んでいる中で生まれた「よく着くけれど簡単に剥がれてしまう」接着剤について、社内の人々に意見を求めた結果生まれたといわれている。そして、シルバーがこのような活動ができたのは、15％ルールがあったからであるという（住友3M社ホームページ）。

こうした仕組みを、どの程度公式化するかは個々の企業の状況により異なる。必ずしも公式化せずに、暗黙の規範として位置づけるやり方もある。いずれにしろ、よりよい創造空間を作り上げ、維持していくためには、闇研究（アングラ研究）、Bootleging（密造酒づくり）などと称される、こうした非公式の研究開発

活動を行うことができる冗長性を担保することが大切である。こうした取り組みは、研究開発技術者の主体性や自律性を喚起し、それが新たな着想につながることが期待されるからだ。研究開発活動は創造的な取り組みであり、自主的、能動的な取り組みなくしては、アイデアの質と量を担保することは難しい。

(6) 顧客との接点を作り出す仕組み

製品やサービスは顧客に対して提供されるものであり、着想が生まれやすくするためには、顧客との接点を増やすことが有効である。もちろん、商品企画部門などがマーケティングリサーチを行い、顧客情報を把握している企業も多いだろう。しかし、昨今はそれに留まらず、研究開発部門が顧客との直接的な接点を持つことが大切になってきている。マーケティングリサーチに基づく大規模な定量調査の結果や顧客に対する公式的なインタビューなどでは、真のニーズをつかむことが難しい状況になりつつあるからだ。

顧客自身が自分のほしいものを必ずしもわかっていない状況では、通常のリサーチで真の顧客ニーズを把握することは難しい。さらに、マーケティングリサーチにおけるアンケートやインタビューでは、回答にバイアスがかかることも多い。顧客が着想の源泉だからといって、顧客に直接何がほしいかを尋ねても真のニーズはつかめない。今日のように市場が成熟した状況の下では、顧客自身ですら自分が本当にほしいものが必ずしもわかっているわけではないからである。その主な理由は、図表3-14 に示す3つである。

また、新たな製品やサービスなどのイノベーションは、一般にそれらの提供側で生まれると思われているが、実際にはそうとは限らない。顧客が抱えているニーズを、製品やサービスの提供側が理解することが難しい（＝提供側にニーズ情報を移転するためのコストが高い）場合は、顧客の側でイノベーションが生じることが多い（von Hippel・E, 1994）。このようなニーズ情報の移転コストの高さを「情報の粘着性が高い」[9]という。顧客の状況や技術の複雑性が増すほど情報の粘着性が高まり、顧客が自分自身で課題解決を図ろうとするために、顧客側でイノベーションが生じることになる。

見方を変えれば、顧客の置かれている状況に深く入り込み、複雑な状況を理解し、潜在ニーズを把握できれば、新たな研究開発テーマの着想につながる可能性

図表3-14 顧客が自分自身のほしいものがわからない主な理由

■無自覚
　顧客が自分の行動やそこでのニーズに気づいていない場合、そもそも必要性を感じていないために、自分自身がほしいものを発想することができない。

■ニーズの矛盾
　顧客が自分自身の中に対立するニーズを抱えている場合、顧客はソリューションを思いつくことができない。対立するニーズを抱えている場合とは、例えば、荷物を持ちたくないが、自分で運びたいといったようなニーズを抱えている場合である。

■機能的固定
　顧客は、製品・サービスの通常の使い方にこだわってしまうために、そこから逸脱するような、それ以外の機能を発想することができなくなる傾向がある（Duncker, 1935）。

が高い。

　研究開発部門は顧客接点において、顧客がすでに自覚しているニーズ（顕在ニーズ）だけではなく、顧客がまだ明確には意識していないニーズ（潜在ニーズ）を把握しなければならない。

　例えば、生産財の場合であれば、営業に同行し、顧客の声を聞くだけではなく、実際に顧客の現場で観察したり、顧客の開発・設計プロセスに参画し、協働で顧客の問題解決にあたる。そして、こうした取り組みを通じて得られた知識や顧客のニーズをもとに新たな着想を生み出す。既存顧客だけではなく、取引がない顧客の現状を知る機会を作ることも効果的である。

　消費財の場合であれば、最終消費者の実態を観察する機会を設ける。実際にその製品やサービスを使用する場面を観察し、それを踏まえて話を聞く。消費者の家庭訪問などによって使用実態を把握したり、実際に商品を使う場所を用意して、そこで観察するなどの手段も有効である。

　このような取り組みを行う際に有効なのが「ビジネスエスノグラフィ」と呼ばれる手法である。エスノグラフィとは日本語では「民族誌」と訳される。元々は文化人類学から始まり、文化人類学者が異なる文化の中に入り込み、生活を共にしながら、長期にわたって、観察や聞き取りを行い、把握した事実をもとに民族誌を書き上げていくやり方が原型である。

その後、定量調査では見えてこない、新たな仮説を構築するための手法として社会学や経営学などにも適用されてきた。さらに近年では、それをビジネスの現場、特に製品開発の領域に適用していく動きが活発化している。顧客の生活を深く観察することによって、定量調査では得られないような新たな発見につなげることがねらいである。

　こうした開発スタイルをとることで有名な企業がアメリカのIDEO社である。IDEO社は様々な分野を手がけるデザイン・コンサルティング会社であり、図表3-15のような製品開発プロセスを採用している。ステップ1・2の「理解」「観察」は、直接の顧客とそのビジネスについて理解するとともに、実際に既存製品の使用者を観察し、深く理解する段階であり、エスノグラフィ的なアプローチが展開される。

　顧客の観察を通じて、顧客自身も意識していないような行動の意味や背景を探り、顧客の潜在ニーズを発見することを目指すのが、ビジネスエスノグラフィである。より多くの着想を生み出していくためには、研究開発部門がこうした観察のできる場を持つことができる仕組みが効果的である。

図表3-15　IDEO社の5つの基本ステップ

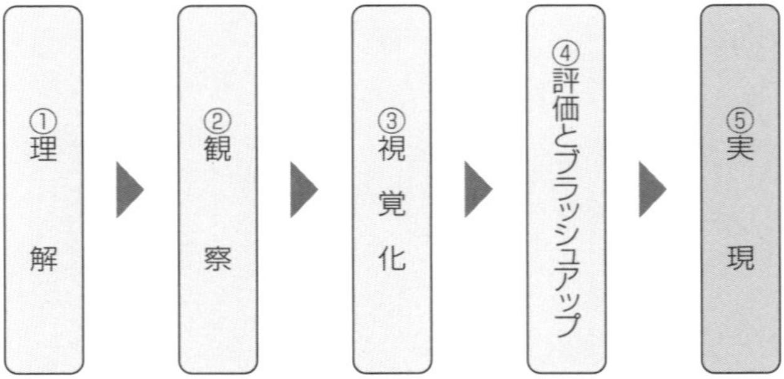

①理解 ▶ ②観察 ▶ ③視覚化 ▶ ④評価とブラッシュアップ ▶ ⑤実現

出所：Tom kelley, Jonathan Littman (2001) "THE ART OF INOVATION-Lessons in Creativity from IDEO, America's Leeding Design Firm"（鈴木主税・秀岡尚子訳『発想する会社！世界最高のデザインファームに学ぶイノベーションの技法』早川書房, 2002）邦訳　PP.13-15をもとに作成

3-5-4 物理的な環境整備

　より多くの着想を生み出すためには、物理的な環境を整えることも重要になる。物理的環境によって、人の行動やコミュニケーションを促進したり、発想を膨らませるような効果が期待できるからである。意図しないコミュニケーションや対話の「場」を生み出すことを促進するような環境、ふと思いついたアイデアをすぐに議論できるような環境などを意図的に設計するのである。

　例えば、1980年代から1995年にかけて、当時のベル研究所（Bell labs）では、同じ敷地内に基礎研究、応用研究と生産関連部門が配置され、食堂が共通であったなどの地理的な配置によって、個人レベル、チームレベルで多様なインタラクションが生じるような場が生まれ、そこから研究チームが自然発生的に生まれていたという（辻本・藤村, 2004）。このような物理的な配置は経営マターに近い領域でもあり、ミドルマネジメントのレベルでは、なかなか現実化することは難しいと思われるかもしれない。しかし、ポイントは様々な知恵やアイデアが交流するような「場」を生み出すための仕掛けを作ることであり、個々の職場の状況に応じた工夫が可能である。

　休憩場所やミーティングスペースの工夫などによって、意図したコミュニケーションだけではなく、自然発生的なコミュニケーションが生じるような場が生まれれば、異なる領域や専門性を持つメンバー同士が交流し、そこから突発的なミーティングに発展したり、新たなアイデアやテーマを推進するプロジェクトが発足するようなことも起こり得る。それらは計画して行えるものではないが、大切なのはそのような「化学反応」が起きる条件を整えることである。特に今日の研究開発においては、学際的な領域が増加しつつあり、異なる分野の知識の「融合」が研究開発において重要な要件となりつつある。知と知がぶつかり合い、「融合」するような状況を引き起こすために、ミドルマネジメントには、制約条件を乗り越えて、そうした知と知がつながり、ぶつかり合う場を作る努力が求められる。

4 研究開発テーマの決定

　研究開発テーマを設定していくには、アイデアから育てられ、生み出されたテーマ候補を評価し、研究開発テーマとして取り組むことを決定していかなければならない。そのためには、研究開発のテーマを評価し、優先度や重要度などを判断していくことが不可欠になる。本節では、研究開発テーマの評価・決定のプロセスについて考えていく。

4-1　研究開発テーマ評価の目的と視点

　研究開発テーマの評価を考えるにあたっては、まずその目的を明確にしておく必要がある。では、研究開発テーマの評価は、何のために行うのだろうか。一見、自明のことのように思えるが、意外にこの目的が曖昧になってしまっているケースも見受けられる。ここで、あらためて研究開発テーマ評価の目的を確認しておこう。

　研究開発テーマ評価の目的は、突き詰めていえば、自社の収益や成長に貢献する研究開発テーマを選び出すことである。ただし、評価の目的は個別の研究開発テーマを評価することだけでなく、自社の収益や将来の成長を担保する最適な研究開発テーマの構成を実現することにある。研究開発テーマ全体として企業収益や成長への貢献ができればよい。

　この評価の目的を踏まえると、研究開発テーマの評価には図表3-16の3つの視点が求められる。

　第1の視点は研究開発テーマの可能性を評価することだ。個別の研究開発テーマごとに、将来的にどの程度の収益が見込めるのか、投資に値すべきかどうかを判断する。投資額や収益の見込みといった将来を予測するため、一定の不確実性が存在するので、不確実性も含めて投資とリターンのバランスを見る必要がある。後述するように、近年では不確実性を考慮した評価方法が考案されている。

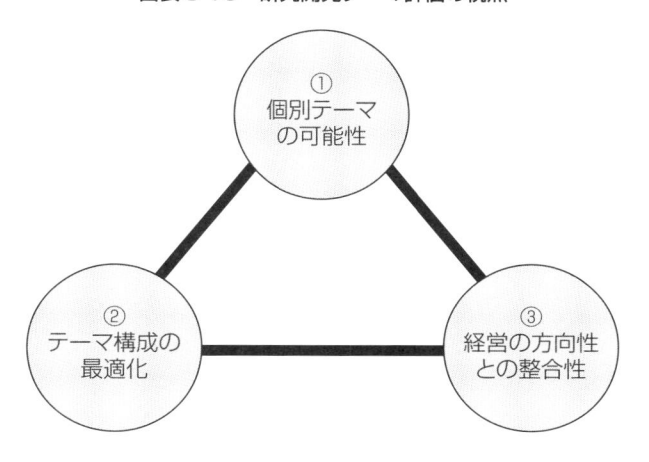

図表3-16 研究開発テーマ評価の視点

```
        ① 個別テーマ
          の可能性
         /        \
        /          \
  ② テーマ構成の ── ③ 経営の方向性
     最適化           との整合性
```

　第2の視点は、テーマ構成の最適化である。言い換えれば、研究開発の資源配分の最適化を図ることである。個々の研究開発テーマを評価するだけでは、研究開発テーマ全体の構成を見ることは難しい。例えば、個別のテーマ評価で投資収益を重視するあまり、リスクをとらない無難な研究開発テーマばかりになってしまったりすることがあり得る。個別最適は必ずしも全体最適を保障しない。個々の研究開発テーマの評価だけでは、総体としてのテーマ群のバランスの確保が難しいのである。

　限られた資源を効果的に配分するためには、研究開発テーマ全体を俯瞰し、研究開発テーマ全体としてのバランスが確保されているか、全体としての資源配分は適切か、などといった点について評価し、判断することが求められる。

　第3の視点は、経営の方向性との整合性を確保することである。個々のテーマとしては十分に魅力的であり、全体としてのバランスが担保されていたとしても、企業戦略や事業戦略、技術戦略、そしてそれを踏まえた研究開発戦略との整合性が確保されていなくては、研究開発テーマの妥当性は確保できない。もちろん、単なるトップダウンでの設定を意味する訳ではない。実際には、現場発で新たなテーマが創出され、それがフィードバックされて経営の方向性に影響を与えるような、創発的なプロセスが生じる場合もあるだろう。

そうしたボトムアップの創発的なプロセスも含めて、研究開発テーマと経営の方向性との整合性を評価し、それを通じて相互に修正を行うことが不可欠である。研究開発が経営に貢献していくためには、経営の目指す方向性と設定した研究開発テーマが整合的であるかどうかの評価が必要なのである。

　研究開発テーマの設定にあたっては、上記の3つの視点を踏まえて、個別評価だけでなく、研究開発テーマ全体を評価し、研究開発テーマ構成の最適化を図らなければならない。

4-2　研究開発テーマ評価のタイミング

　図表3-17のとおり、研究開発テーマの評価については、その進行段階に沿って、事前評価・中間評価・事後評価の3段階に分けることができる。

図表3-17　研究開発テーマ評価のタイミング

事前評価 → 中間評価 → 事後評価

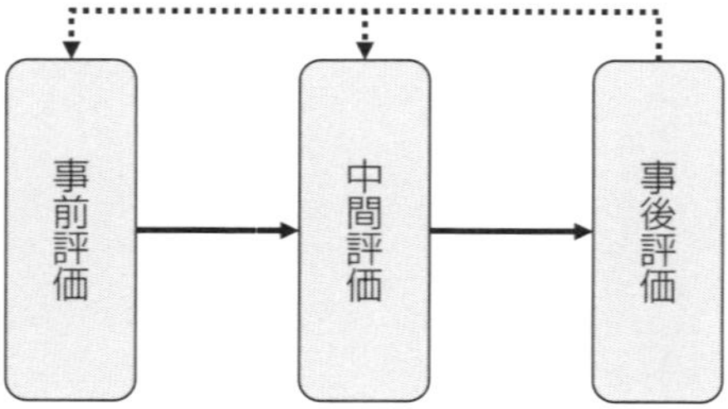

　事前評価の目的は「研究開発テーマとしての採否を決定すること」である。すなわち、その研究開発テーマに取り組む前に行う評価であり、評価に基づいて研究開発テーマとして着手するかどうかを判断する。当然のことながら、評価によっては研究開発テーマとして採択されない場合がある。

　中間評価の目的は、「当該テーマの今後の方向性を決定すること」である。すでに取り組んでいる研究開発テーマの途中段階において、プロジェクトの進捗状況や内外環境の変化などを踏まえて、「継続」「縮小」「拡大」「中止」など、当該テーマの今後の取り組み方針について判断する。

事後評価の目的は、「当該テーマの成果を評価し、次に活かすこと」である。当該テーマの成果を定量的・定性的に評価するとともに、プロジェクトの活動プロセスを振り返り、成功・失敗に応じた要因分析などを行って、その結果を以降の研究開発活動などに反映させる。いわば「学習のための評価」といってもよい。

このように研究開発テーマの評価には、大きく3段階の評価がある。ところが、実際には手段である評価そのものが目的化してしまい、目的に合った運用がなされず、評価が形骸化・形式化しているケースが少なくない。

研究開発テーマの評価を目的に沿って行うためには、単に評価の仕組みを作るだけではなく、その目的を徹底し、適切な運用を行っていくことが不可欠である。加えて、評価の妥当性を定期的に検証し、適宜評価の仕組みを修正・変更していくことも欠かせない。

4-3　研究開発テーマの評価方法

研究開発テーマ評価の方法論は、大別すると定性的評価と定量的評価に分けることができる。定性的評価とは、文書やインタビュー、討議結果など、数値化しない情報を用いて評価するものであり、定量的評価とは評点や財務的なデータ、確率などを用いて評価するものである。定量的評価についてはさらに細分化することが可能であり、代表的な分類には、「決定論的評価法」「経済論的評価法」「オペレーションズ・リサーチ的評価法」「複合的評価法」の4分類がある（日本能率協会，1983）[10]。

まず、「決定論的評価法」とは、複数の評価項目と判断基準をもとに、各項目について直感的比較感によって格付けして得点化し、総合得点を算出して順位付けしたり、分布の偏りを見たりする方法である。

次に「経済論的評価法」とは、研究開発によって得られる成果を、投資（投入コスト）と得られるリターン（収益）の比率で捉える方法である。

また、「オペレーションズ・リサーチ的評価法」とは、研究開発活動において生じる様々な事象を数学的なモデルで表現し、諸要因を変化させた場合の変動をもとに、将来を予測して、研究開発の評価を行う方法である。

最後の「複合的評価法」とは、前述の3つの方法を組み合わせて評価を行う方法である。

現在多く用いられている定量的手法は、決定論的評価法と経済論的評価法である。評点法に代表される決定論的な評価方法は依然根強いが、方法論の発展に伴って経済論的評価法も様々な形で試みられるようになってきている。

図表3-18に代表的な評価方法についての一覧を示す。個々の評価方法について詳細に解説することは本書の趣旨とは異なるために割愛するが、大切なこと

図表3-18 研究開発テーマの評価方法

区分		名　称	概　要
定性		直感法	特定個人の経験と直感に基づいて判断を下す方法
		ピアレビュー	専門分野を同じくする人が当該専門分野のテーマを対象として行う評価
		パネル法	専門分野の異なるパネリストの合議によって評価する方法
定量	決定論的	評点法	評価者の主観的な判断を数量化して評価する方法。総合評価の一部として組み込まれることも多い
	経済論的	NPV（Net Present Value：正味現在価値）法	投資とリターンをキャッシュフローの観点からタイミングに応じて割り引いた現在価値で総計することで、テーマの価値を金銭的に算出する方法
		費用対効果分析	投資額に対して期待されるリターンを算出し、投資の妥当性を検討する方法
	OR的	デシジョンツリー法	研究開発テーマについてのデシジョンツリーを作成し、各シナリオの発生確率と期待収益を算出し、プロジェクトの価値を推定する方法
	複合的	リアルオプション法	金融工学分野における評価理論であるオプション理論の考え方を研究開発の評価に適用したもの。個々の研究開発テーマのオプション（中止・延期・拡大・縮小）などの価値を定量的に評価し、オプションも含めて、研究開発テーマの価値を正しく推定しようとする手法
		BMO法	事業の魅力度と事業の自社への適合度（各60点満点）を数量的に把握し、成功確率を高めていく方法。元々は新規事業参入の妥当性を評価するための方法論だが、研究開発テーマの選択基準にも応用されている
		STAR法	正確な数字や金額がわからないことを前提に収入、コスト、リスクに影響を及ぼす6つの要素（外的不確実性・内的不確実性・収入規模・収入維持期間・開発コスト・商品コスト）から開発プロジェクトの性格や特質を評価した上で、不確実性ポートフォリオなどを用いて、資源配分の妥当性を判断する方法

は、研究開発部門のミドルマネジメントが研究開発テーマ評価の方法論についてきちんと理解し、自社の特性や状況はもちろん、評価の目的や個々の研究開発テーマの性質に合わせた方法論を適切に選択する機能を果たすことである。同時にそれらを現実に適用しつつ、適宜自社の実情に合わせた形に修正・変更していくプロセスを推進していくことも欠かせない。研究開発部門のミドルマネジメントには、自社にとって適した研究開発テーマの評価のあり方を構築・運用する機能を果たすことが求められるのである。

4-4 研究開発テーマ構成の評価

　研究開発テーマを個別に評価するだけでは、研究開発テーマの全体構成の妥当性を確保することはできない。個別評価が適切になされていても、全体を見渡すと特定の技術領域に偏っていたり、リスクの少ないテーマばかりになっていたりしたのでは意味がない。個別最適が必ずしも全体最適を保障するとは限らないのである。

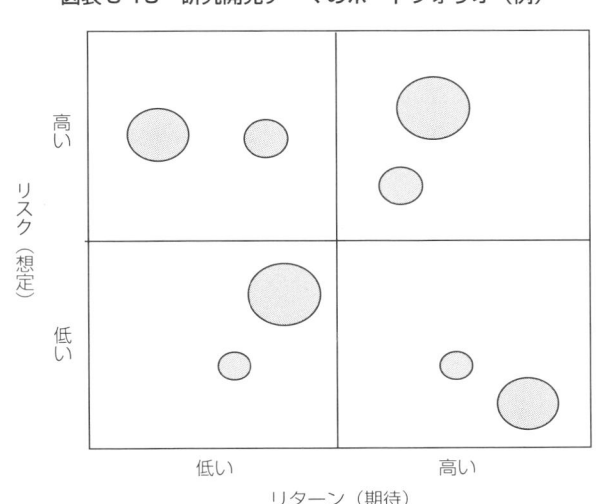

図表3-19　研究開発テーマのポートフォリオ（例）

※円の大きさはプロジェクトの規模を示す

全体最適を担保するためには、経営の期待に応え得る構成になっているかどうか、研究開発テーマの全体構成を検証する必要があり、研究開発テーマをポートフォリオで管理することが有効である。

　ポートフォリオは、複数の管理対象について、その期待収益を最大化しつつ、リスクを回避するために、分散投資することによって、バランスのとれた最適な全体構成を検討するためのフレームワークである。研究開発テーマの評価にも有効であり、ポートフォリオ分析を行うことによって、自社の現在の研究開発テーマの全体構成を可視化することができる。

　ポートフォリオ分析において、最も一般的な軸は「リスク×リターン」であるが、複数のポートフォリオを作成し、自社の経営の方向性と照らした上で、研究開発テーマの全体構成の妥当性を検証していくことが効果的である。このような形で研究開発テーマの全体構成を多面的に検討していくことによって、研究開発テーマの最適な構成の実現を目指すことができる。

4-5　研究開発テーマ評価の留意点

　研究開発テーマの評価にあたっては、以下の点に留意する必要がある。

（1）　研究開発テーマの性質や評価の目的に合わせた評価方法を選択する

　近年では、定量的評価手法の発展に伴い、定性的手法よりも定量的手法を重視する傾向が強まってきている。しかし、定量的評価方法は、必ずしも研究開発のために開発されたものではなく、投資の是非を判断するために開発されたものが多い。そのため使い方を誤ると弊害を生むこともある。研究開発は個別の投資効率だけで判断できない面があることなどが主な理由である。

　研究開発テーマの評価において大切なのは、研究開発テーマの性質や段階、評価の目的に合わせて適切な評価方法を選択することである。その上で、評価方法の特徴を自ら検証し、自社に適した自社なりの研究開発テーマ評価のあり方を工夫していく必要がある。

（2） 「技術の視点」ではなく、「経営の視点」で評価する

　現場主体の評価は技術の内容や実態に即した評価ができる一方で、「技術に惚れる」という表現に現れるように、ともすると技術オリエンテッドな評価になってしまう傾向がある。技術そのものを評価することも大切だが、経営の視点で評価することが欠かせない。

　「優れた技術」が必ずしも収益に結びつくわけではない。研究開発テーマを評価する際には、「技術的に優れているかどうか」ではなく、「その技術はどのように自社の収益や成長に貢献し得るか」という経営の視点からの議論が不可欠である。技術的な観点だけでなく、市場や競合、自社の経営といった観点からの評価を重視しなければならない。

　企業が取り組む研究開発テーマは、最終的に経営に貢献することが求められる。技術のすばらしさや可能性だけを評価するのではなく、経営や事業の視点から、どの程度貢献を期待できるのかといった観点からの評価が不可欠である。

（3） 評価と判断を峻別する

　研究開発テーマの評価には様々な方法があるが、いずれの方法を用いるにせよ、評価結果をもとに自動的に決定される性質のものではない。研究開発テーマの評価は、予測が難しい将来についての意思決定である。評価結果を踏まえながらも、最終的な意思決定においては、人が判断を下さなければならないものだ。これを間違えてしまっては、研究開発テーマの評価はその目的を果たすことができない。

　例えば、研究開発テーマの評価を厳格に適用し過ぎると、無難なテーマばかりが採用されるようになる危険性がある。革新的なテーマは一般に初期段階は成功確率が低く、他者にも理解されにくい性質があるからだ。多くの人が同意するようなテーマは誰もが考えつくレベルのものであることが多い。したがって、時には評価結果自体は芳しくなくても、あえて取り組むべきだと判断するようなケースもあり得るし、あってもよい。また、その逆に、たとえ評価結果がよくても取り組まないこともあり得る。

　重要なのは、評価そのものを軽視したり、形骸化させてしまったりするような

事態にならないよう、なぜ評価結果と異なる判断をしたのかを明確にし、その結果を事後的に振り返ることである。そうした取り組みを行うことによって、評価結果以外に着目すべき「目利きのポイント」が浮かび上がってくる可能性がある。

(4) 評価結果の妥当性を検証する

先述したように、研究開発テーマの評価は、どんな評価方法を用いたとしても万能ではない。使い方を誤ると様々な弊害が生じる。また、自社の状況に合わせた使い方の工夫や修正が必要になる。それができてはじめて、自社なりの研究開発テーマ評価を確立していくことができる。

したがって、研究開発テーマの評価において大切なのは、評価方法そのものの妥当性を常に検証していくこと、いわば「メタレベルの評価」を行うことである。

丹羽（2006）は、「評価結果評価」としてこうした取り組みを提案している。また、富田・桑原（2002）は、化学産業のデータに基づいて、評点法の評価基準を検証[11]した上で、実証分析で得られた事後的な評価基準をもとに継続的な改善サイクルを構築し、プロジェクトの事前評価と事後評価のプロセスを連結する「継続改善型評点法（CISM法）」が提案されている。

いずれにしろ、研究開発テーマの評価においてはテーマを評価するだけでなく、評価方法や評価基準そのものを評価するメタレベルの評価が重要であり、その評価結果をもとにして、自社の研究開発テーマの評価方法や評価基準を変更・修正していくことが重要である。

第3章:研究開発活動を方向づける

5 研究開発テーマの設定プロセスを俯瞰する

　研究開発テーマの設定においては、評価方法などの仕組み面だけではなく、仕組みの運用面が重要になる。運用面の課題を明らかにするには、研究開発テーマ設定の全体プロセスを俯瞰し、その妥当性を検証していくことが必要だ。

　以下ではテーマの創出からテーマ決定に至るまでの研究開発テーマの設定プロセスにおいて、検証すべき視点について考えていく。なお、研究開発テーマの設定プロセスを検証するにあたっては、形式的なプロセスではなく、実態としてのプロセスを明らかにして、その妥当性を検証していくことが不可欠である。

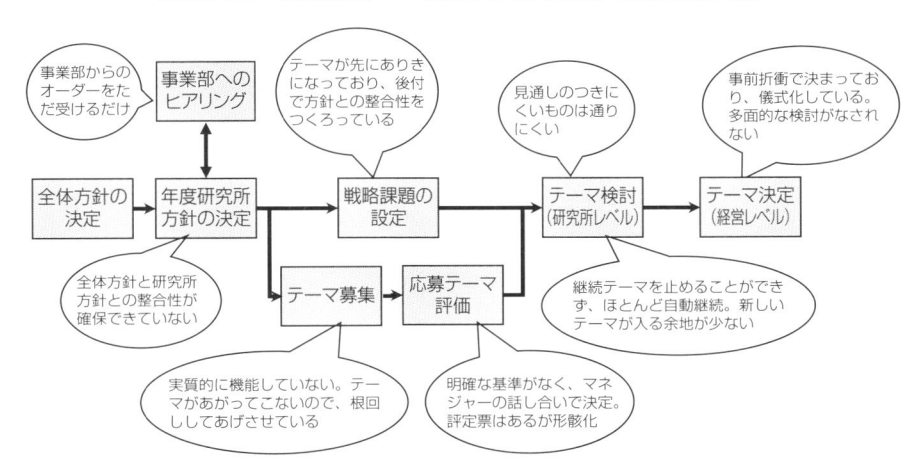

図表3-20　研究開発テーマ設定プロセスにおける問題状況（例）

```
[全体方針の決定] → [年度研究所方針の決定] → [戦略課題の設定] → [テーマ検討(研究所レベル)] → [テーマ決定(経営レベル)]
                                              ↓    ↑
                                        [テーマ募集] → [応募テーマ評価]
```

- 事業部からのオーダーをただ受けるだけ（事業部へのヒアリング）
- テーマが先にありきになっており、後付で方針との整合性をつくろっている
- 見通しのつきにくいものは通りにくい
- 事前折衝で決まっており、儀式化している。多面的な検討がなされない
- 全体方針と研究所方針との整合性が確保できていない
- 継続テーマを止めることができず、ほとんど自動継続。新しいテーマが入る余地が少ない
- 実質的に機能していない。テーマがあがってこないので、根回ししてあげさせている
- 明確な基準がなく、マネジャーの話し合いで決定。評定票はあるが形骸化

（1）　研究開発テーマの評価者・意思決定者

　研究開発テーマの決定プロセスを検証するにあたっては、評価する人、すなわち「評価者」の問題を避けて通ることはできない。定量的な評価手法であっても、最終的な決定には、評価者の判断が残る部分があり、「評価者の質」が「評

価の質」を大きく左右することになるからである。もちろん、定性的な評価においては、定量的な評価にも増して、評価者の質が重要であることはいうまでもない。

　では、評価者はどのような人が望ましいのであろうか。第1に考えられるのは、客観的な評価ができるかどうかである。先に述べたように、技術に惚れずに経営的な観点から客観的な評価が行えることは評価者の重要な要件である。そうなると、むしろ評価者は研究開発内部の人間ではなく、外部の人間の方がより客観的な評価が可能だとも考えられる。ただし、注意が必要なのは、研究開発においては、評価者は必ずしも客観的でありさえすればよいというわけではないということだ。単に客観的に評価するだけではなく、自社の固有の文脈や想いを理解した上で評価することも重要であり、主観と客観のバランスをとることのできる評価者を選ぶことが大切なのである。

　また、研究開発のテーマ評価が機械的な評価ではなく、主観的要素が加わった「判断」である以上、評価者には、いわゆる「目利き」としての力を備えた人を選ぶことが重要になる。評価者に目利きとしての力が不足していると、見込みのある研究開発テーマが見出されず、無難なテーマばかりが選ばれたりすることにもなりかねないからである。

　そのように考えると、単に組織上の役割が高い立場の人間が研究開発テーマの評価を行うことがよいとは限らない。形式的な最終決定はしかるべき立場の人間が行うとしても、実質的な評価は「目利き」の力を備えた適切な人間が行うべきであろう。そして、そうした役割を実質的に担うことを期待されるのが、ミドルマネジメントである。ミドルマネジメントは主観と客観のバランスをとり、適切な判断を下せる力を磨いていく必要がある。

(2)　研究開発テーマの評価方法

　前述したとおり、研究開発テーマの評価方法は目的に沿って適切に運用されてこそ、はじめてその効果を発揮することができる。したがって、研究開発のプロセスにおいて、目的に適合した適切な評価手法が選択され、適切な運用がなされているかを検証していくことが重要になる。

　プロセスを俯瞰することによって、個々の研究開発テーマの評価方法が適切か

どうかはもちろん、研究開発プロセス全体として、評価方法が適切に構成されているかどうかを検証することも可能になる。一般に資源の投入量が少なくてすむ初期段階では可能性を中心に評価し、次第にリスクや経済性などの評価を組み込むなど、研究開発テーマ決定プロセス全体としての評価のあり方や妥当性を見ていく必要がある。

(3) 研究開発テーマの出所

前述したように研究開発テーマの人的な情報源には様々なものがあるが、研究開発のテーマ決定プロセスを俯瞰する際には、自社の研究開発テーマの出所が特定の情報源に偏っていないかを検証しておくことも必要である。

例えば、事業部からのヒアリングによってほとんどの研究開発テーマが決定されているなどといった場合は、一般に短期的な顧客ニーズに偏りがちで、先々を見た研究開発テーマに取り組みにくい状況が生まれている可能性がある。

また、現場からのボトムアップでアイデアを吸い上げる仕組みや運用が実態として機能しているかどうか、実際にアイデアがどの程度あがってきているかといった点についても検証しておく必要がある。研究提案制度は設けているものの、ほとんど形骸化してしまっているケースも少なくない。そうした状況を明らかにした上で、その原因を明らかにして改善策を検討することが求められる。

(4) 研究開発テーマ決定の運用実態

仕組みが整っていても、運用が適切になされていないために実態として研究開発のテーマ決定が形骸化してしまったり、機能していないケースも多い。例えば、研究開発テーマ評価のための会議が設定され、評点法に基づいた議論が行われることになっているものの、実質的には事前の根回しや調整でほぼ決まっており、後づけの形で形式的に評価を行っているような場合である。さらには、部署間のパワーバランスや様々な政治的な取引が介在する場合もある。こうした状況では、いかに仕組みが整っていたとしても意味をなさない。研究開発部門のミドルマネジメントには、研究開発テーマの決定プロセスを俯瞰した上で、その運用実態を検証し、改善していくことが求められる。

また、研究開発部門のミドルマネジメント自身が注意しておきたいのは、「テー

マを通す」こと自体を目的化しないことである。大切なことは、その研究開発テーマが本当に自社にとって取り組むべき価値があるものかどうかを経営的・技術的な視点から議論し、判断することである。研究開発テーマの決定にあたっては、経営的視点からあるべき姿を探索し、その実現に向けた役割を果たしていかなければならない。

第3章のまとめ

本章では、研究開発部門のミドルマネジメントに求められる第2の機能である「研究開発活動の方向づけ」について、「研究開発テーマの創出」と「研究開発テーマの決定」の2つの視点から、ミドルマネジメントが押さえておくべき考え方や方法論について解説した。

研究開発部門にとって筋のよい研究開発テーマを設定することは、成果を上げる上で最も重要なポイントである。そして、そのために、多くの着想を生み出し、育て、筋のよい研究開発テーマを見極めていく「目利き」としての役割を担うのがミドルマネジメントである。

次の第4章では、研究開発部門のミドルマネジメントに求められる第3の機能である「研究開発テーマの事業化推進」について考えていく。

〔脚注〕

1 創発的プロセスとは、トップマネジメントが明確な戦略を示すのではなく、ミドル以下の組織構成員が自律的に戦略的な行動をとることによって、事後的に全体の方向性が決まっていくようなプロセスをいう。
2 バリューチェーンの再構成は、バリューチェーン内の特定の活動が改善される場合と活動間のつながりが改善される場合の2つの次元がある（藤末, 2005）
3 カリフォルニア州にある死の谷に因んでつけられた名称で、研究開発の成果を事業化につなげる際の難しさを表現した言葉である。類似の用語として、基礎研究と応用研究の間の橋渡しの難しさを表現する「魔の川（Devil River）」、製品化に成功しても既存製品や競合企業との激しい競争による事業化の成功の難しさを表現する「ダーウィンの海（The Darwinian Sea）」などがある。
4 Make or Buy とは、必要な技術を獲得する際に、自社内部で開発するか、外部から購入するかの選択的意思決定の問題である。
5 厚生労働省『医薬品産業ビジョン』(2002) による。日本製薬工業協会が国内企業18社の例より算出している。
6 類似の方法論として仮説演繹法があるが、仮説演繹法には仮説を形成するための考え方が盛り込まれていない点に違いがある（米盛, 2007）
7 西堀榮三郎 (2004)『ものづくり道』ワック出版、P.40 より引用
8 仕事を依頼する側（プリンシパル）と仕事を依頼される側（エージェント）という2つの行動主体の間の関係をエージェンシー関係という。プリンシパルとエージェンシーの間には、利害の不一致や情報の非対称性が仮定されており、プリンシパルは自己の目的を達成

するために契約や報酬によって行動をコントロールしようとする。プリンシパルが目的を達成するためには、どのようなルールや仕組みが有効かを検討する理論的な枠組みがエージェンシー理論である。
9 情報の粘着性とは、「ある所与の場合の、所与の単位の情報の『粘着性』とは逓増的な費用であり、当該情報の所与の受け手が、その単位の情報を使用可能な形で特定の場所へ移転するのに必要とされる費用である」と定義されている（von Hippel, E, 1994）
10 「〜的評価法」と表現されているのは、それぞれの境界がはっきりしておらず明確な線引きが難しいためである。
11 分析結果では、化学産業では「事業性」「技術」「将来性」の3つの要因がほぼ3：2：1の割合で重視されていることが明らかになっている。

第4章

研究開発テーマの事業化を推進する

> ケース 【湘南化学】

〜前回までのあらすじ〜

　西社長に請われ、湘南化学の経営企画室に着任した松山は、研究開発部門の建て直しを期待され、研究開発部門の現状に関するレポートの提出を求められていた。最初のランチミーティングの後、小早川相談役からアドバイスをもらい、研究開発部門のミドルマネジメント層への最初のヒアリングを終えたところであった。

　松山が先日の樹脂材開発センターの課長である三浦へのヒアリングから戻ってみると、小早川相談役から社内便が届いていた。中を開けてみると、手紙と資料が入っており、次のヒアリング相手として建材開発センターの和田（46歳）が紹介されていた。また、今度は和田と一緒に仕事をしている事業本部の責任者にも会うとよいという助言が書かれていた。

　和田は顔合わせのランチミーティングにも参加していたようだが、松山の記憶には残っていない。「ほとんど、発言していなかったのかな？」

●仕事内容

　3日後、和田に時間を割いてもらうことができた。

　和田はおとなしい印象で、口数も少なく、こちらが聞いたこと以外は答えないようなタイプだが、発言そのものの切れ味は鋭い。三浦よりも"研究開発者らしい"タイプであった。

　「我々の仕事は、ファシリティ事業本部と一緒になって、主に建材に関する研究をすることです。研究といっても、応用研究というか開発というか、実際にクライアントへ売ることができるものを作ることが仕事の中心です。」

　「最近のテーマは、より耐久性が高く、安価で、取り扱いが簡単な素材の開発です。また特に多いのが環境問題対策です。例えば、あるメーカーでは工場の屋根の素材として、熱を反射して工場内温度が高くならないようなものが求められています。しかも、廃材にしたときも有害物質が全く出ずに、安価で丈夫で長持ちするものが求められています。非常に要求が厳しいので、正直いって大変です。」

　「もちろん、新規開発テーマについての仕込みもしています。試作品を制作し

て、ファシリティ事業本部の営業の人間を通じてクライアントに配布し、色々と反応を探っています。たまには我々研究開発スタッフもクライアントに同行しますが、基本的にしゃべることが苦手ですから。メンバーにはもっと外へ行った方がよいといってはいるのですが、なかなか難しいですね。」

●事業本部との関係

「事業本部との関係ですか？ 葛藤はたくさんありますよ。本音をいえば、ファシリティ事業本部の営業にはもっと技術を知ってほしいと思っています。もっと勉強してほしいと。結局、彼らではクライアントに製品や技術に関する説明ができないので我々が同行せざるを得ません。そうやって、どんどん研究開発に打ち込む時間が失われてしまうのです。」

「後は、何でもクライアントの要求を鵜呑みにし過ぎないでほしいですね。もっと安くて品質がよくて環境にも優しくて画期的なものを……といわれるのですが、そんなのが簡単にできたら苦労はしません。クライアントの要求をただ伝書鳩のように伝えるのではなく、もっと潜在的な何か、彼らも気づいていないようなニーズを探って来てほしいですね。ファシリティ事業本部は、短期的な売上に目を奪われ過ぎです。もっと中長期的な視野で動いてほしいです。あと競合の動きなども教えてもらいたいですね。」

「市場に出した製品が思ったより売れないということも少なくないです。他社製品と比べても、耐久性も高いし、安全性や信頼性も高い製品なのに売れないのです。売り方に問題があると思います。もっと会社として、なぜ売れなかったのかということを検証するような取り組みが必要です。『技術で勝ってビジネスで負ける』ことがあまりにも多い。何とかならないものでしょうかね？」

●悩み

「我々は、会社の10年先、20年先を見据えた動きをしています。そのためには、湘南化学独自の技術、他社にも真似ができないような技術をじっくりと研究して開発していくことが大事だと思っています。」

「だから、今、メンバーが研究開発に取り組んでいるテーマについて、可能性がある限りは続けさせたいのです。でも、予算の関係もあるので、見込みが薄い

テーマはどこかで見切らなければいけない。それが難しいですね。進捗状況をどうやって判断するのか？ 非常に難しいです。次の壁を越えさえすれば、大きく花開くこともありますから。」

「昔は、技術だけじゃなくて事業もわかり、短期的な成果を求める経営層にも真っ向から立ち向かって議論し、ときには顔を真っ赤にして、我々の活動を守ってくれた"赤鬼"のような上司がいたのですが……。」

「最近では、技術も複雑になったせいか、想定外の障害が発生し、開発の手戻りの発生やプロジェクトの遅れも少なくありません。研究開発の効率化という流れが一層加速していますが、研究開発という仕事はじっくりと腰を据えるということも大切で、"効率化"という言葉だけでは語れないと思います……。」

「メンバーは皆、それぞれの領域の専門性も高く、情熱もありますので、基本的には本人に任せてプロジェクトを進めさせています。もちろん、たまには相談に乗りますけど。」

「ただ、プロジェクトの中止が決定された場合、メンバーにどのように声をかけてフォローすべきなのか、いつも頭が痛いです。私も、もともとはマネジャー志望じゃなくて、なぜか突然課長になった口なので、メンバーをどうやって管理するのかということは大きな課題だと自分でも思っています。」

「メンバーにはもっとビジネスに対する感度を上げろとはいっています。"事業センス"を身につけるということですね。つまり、もっと市場を見なさいと。事業本部は頼りにならないんですから、今後は我々がもっと主導権をとって、技術を売らないとダメだと思うんです。」

●事業本部の考え

松山は小早川相談役のアドバイスどおり、ファシリティ事業本部の課長にも何人か意見を聞いてみた。

「研究開発本部のことをどう思うかって？ あ、あそこは金食い虫でしょ。しかも、動きが遅い金食い虫ね。もちろん、難しいこと色々と知っているし、まじめだし、いいものを作っているとは思うんだけどね。いかんせん、もっと効率的に動いてくれないとね。こっちは時間が勝負なんだから。」

「なんか、難しいことを難しく説明するんだよね、彼らは。だから、いってい

第4章：研究開発テーマの事業化を推進する

る意味がよくわからない。客先でもそれだから参っちゃうよ。この前も、あるお客さんから『お宅の技術者はプレゼンが下手ですね』ってはっきりといわれちゃったよ。」

「もっと斬新な製品が出てくるのを期待しているのだけど、出てこないね。彼らは中長期的な目で動いているっていうけど、短期的な成果もろくに出せないで、中長期的な成果が出せると思います？」

「作ったら作ったで、今度はモノがうまく生産できないような状態になっちゃうこともあるんですよ。例えば、先日も突然、『こんなもん、どうやって納期までに製造しろっていうんだ』って神奈川工場から電話がかかってきましたよ。最終的に工場から突き上げをくらうのは我々なんです。そのたびに、研究開発と生産の間に入って調整するのは大変ですよ。それぐらい研究開発の段階で工場と調整すべきことだと思いませんか？ もっと事前にうまく連携をとってくれると、こっちも楽なんですけど。」

　和田やファシリティ事業本部の課長たちの話を聞くと、「互いに責任を他部門に押し付け合っている」というのが松山の実感だった。事業本部の人間は口が悪いので話半分だとしても、研究開発サイドにも改善すべき点がおおいにありそうだ。「これは和田さんの部門だけの問題ではないし、和田さん個人の問題でもない。もっと、根が深い問題というか、組織的な問題というか……。」

ケースの解説　【湘南化学に学ぶ】

　このケースでは、和田が事業との関係や研究開発活動の推進プロセスにおける難しさを吐露している。現実においても、「プロセスが放任になってしまい、うまくマネジメントできない」「テーマを止めることが難しい」「テーマを止めた後のフォローに悩む」「事業部の理解が得られず、事業化が頓挫してしまう」等々、研究開発テーマの事業化を進めていく上で、現場のミドルマネジメントの悩みが多く聞かれる。ここでは、和田を反面教師として学ぼう。

　和田の発言には、残念ながらその端々に内向きの志向や他責的な姿勢が感じられる。

　例えば、メンバーに対して市場をみることを求めながらも、顧客訪問には消極的であり、顧客接点におけるニーズ把握も自分たちの役割として主体的に捉えきれていない。つまり、漠然とした感覚論で語っており、具体的にどのような行動で市場をみていくべきなのかがわかっていないのである。また、きれいに整理された情報をほしがる傾向がみられることから、自ら情報を読み取ろうとする姿勢に欠けているようである。

　一方、研究開発活動においては、メンバー任せで自分なりのシナリオを描けていないために、対応が後手に回ってしまっている様子がうかがえる。研究開発活動は自律性が高いため、ある程度メンバーに任せる必要があるが、マネジメントの責任を放棄してよいわけではない。ミドルマネジメントは、研究開発テーマの事業化に向けた見通しづけを持ち、そのプロセスを推進していくための役割を果たさなければならない。

　さらには、本来なら事業本部と一体となって顧客に向かわなければならないにも関わらず、そうした姿勢が弱い。もちろん、これは和田だけの責任ではなく、事業本部側にも問題はありそうだが、いずれにしろ、研究開発と事業本部のミドルマネジメントに目的や目標が共有されている様子がうかがえない。傍から見ると、ミドルマネジメントが事業推進のボトルネックになってしまっているようにさえ見える。異なる文化を持つ部門の間では、必然的に様々な葛藤が生じる。しかし、研究開発テーマの事業化を推進していくために、そうした状況を乗り越えることが、ミドルマネジメントに課せられた課題であるはずだ。技術を事業につ

なげていくためには、目的に向かって異なる部門が一体とならなければならない。相手の問題をあげつらうのではなく、お互いが目的を果たすために主体的な役割を担えるよう、ミドルマネジメント同士の連帯を創り出さなければならないのである。

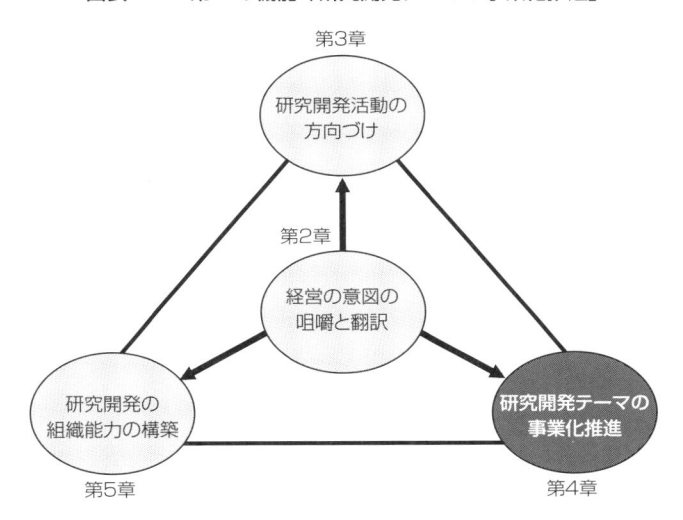

図表4-1　第3の機能「研究開発テーマの事業化推進」

第3章
研究開発活動の方向づけ

第2章
経営の意図の咀嚼と翻訳

第5章
研究開発の組織能力の構築

第4章
研究開発テーマの事業化推進

第4章の構成

　第4章では、まず事業推進者としてのミドルマネジメントのあり方を説明した上で、事業化推進シナリオの策定と難しさを管理するための事業化計画の考え方についてそれぞれ解説する。次いで事業計画修正の判断と研究開発プロセスのマネジメントの特徴とポイントについて述べ、最後に組織の境界に捉われない活動を展開することの必要性を論じる。

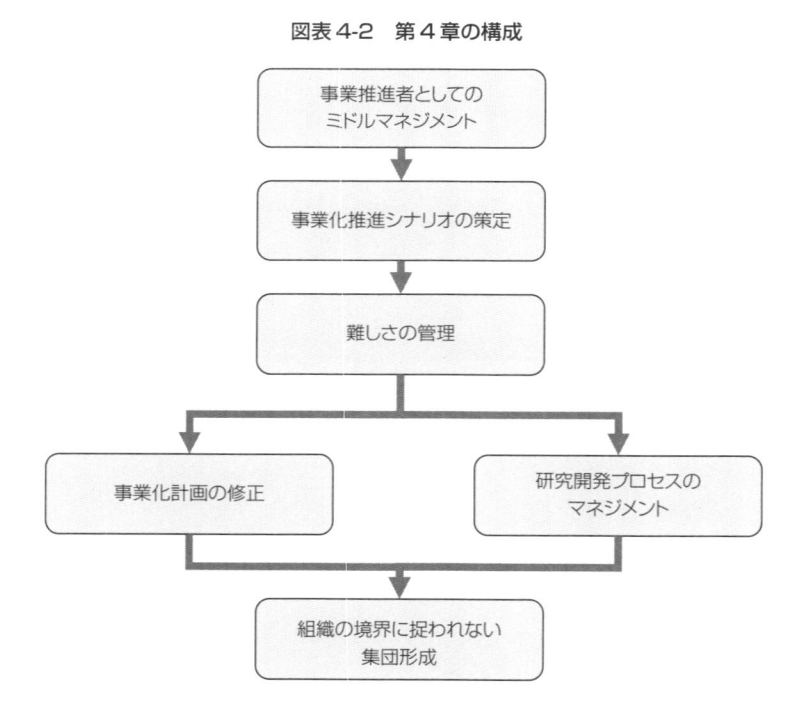

図表4-2　第4章の構成

```
┌─────────────────────┐
│ 事業推進者としての      │
│ ミドルマネジメント      │
└──────────┬──────────┘
           ↓
┌─────────────────────┐
│ 事業化推進シナリオの策定 │
└──────────┬──────────┘
           ↓
┌─────────────────────┐
│ 難しさの管理            │
└──────┬───────┬──────┘
       ↓       ↓
┌──────────┐ ┌──────────────┐
│事業化計画 │ │研究開発プロセスの│
│の修正     │ │マネジメント    │
└──────┬───┘ └───┬──────────┘
       ↓         ↓
    ┌─────────────────┐
    │ 組織の境界に捉われない│
    │ 集団形成            │
    └─────────────────┘
```

第4章：研究開発テーマの事業化を推進する

1 事業推進者としてのミドルマネジメント

1-1 ミドルマネジメントに求められるプロデューサー機能

　あらためていうまでもなく、企業が行う研究開発活動の目的は事業の競争力を強化し、自社の収益や成長に貢献することだ。しかし、ともすると、研究開発部門は研究開発という行為そのものを目的化してしまうことがある。研究開発部門の役割をよい技術や製品を作ることに限定し、生み出した技術や製品が市場に受け入れられ、事業に貢献することについては、必ずしも自分たちの問題として受け止められていないことも少なくない。

　もちろん、事業化は研究開発部門だけで成し遂げていくことができるものではない。新たな技術の製品化や新製品の市場導入は、様々な部門が目的を共有し、連携し、協働していくことによって、はじめて成し遂げられていく。しかし、今日のように激しく変化する環境の中では、各部門が単にそれぞれの役割を果たせばよいという考え方では、必ずしもうまく事業化を成し遂げていくことはできない。

　「死の谷（Valley of Death）」という言葉に象徴されるように、研究開発の成果を事業化につなげるためには、様々な困難が伴う。単に組織の構造や役割に沿って動くだけでは、必ずしもうまくいかない。死の谷に橋を掛け、事業化を推し進めていく推進力が必要となる。研究開発のミドルマネジメントには、研究開発を「管理」するだけでなく、研究開発が生み出した成果を事業につなげるために、死の谷に橋を掛け、人をつなぎ、研究開発を事業化していくプロセスを推進していくことが求められている。部門の代表者に留まらず、事業の推進者としてプロデューサー的な役割を果たすことが期待されているのである。

1-2 事業化の見通しをつける

　研究開発部門のミドルマネジメントが事業化に向けた主導的な役割を担い、プロデューサーとしての機能を果たしていくためには、ミドルマネジメント自身が個々の研究開発テーマやプロジェクトについての見通しづけを持っていなければならない。

　もちろん、個々の研究開発テーマやプロジェクトにはそれぞれリーダーがいる。必ずしもミドルマネジメント自身がプロジェクトリーダーである訳ではない。しかし、ミドルマネジメントが、個々のテーマやプロジェクトについて、それぞれのリーダーと状況を共有し、事業化に向けたシナリオをともに描き、そのプロセスを側面から支援していくことが大切なのである。

　そのシナリオは不確実性を孕んだものであり、必ずしもそのとおりになるとは限らない。しかし、大切なことは未来に向けた自分なりの見通しづけを持つことである。シナリオを描いておくことによって、現実の状況とのズレが浮かび上がるとともに、様々なリスクを想定し、対処していくことが可能になる。シナリオは計画ではなく、変化に対処し、学習を促進するためのツールなのである。

　研究開発部門のミドルマネジメントに求められるのは、個々のテーマやプロジェクトの事業化に向けたシナリオを描いておくことによって、リスクや変化への対応能力を高めつつ、事業化という目標に向けて組織力を結集していくための方策を練り、実行していくことである。

　次節では、事業化シナリオを描き、事業化のプロセスを推進していくために押さえておくべき基本的な考え方や方法論について検討する。

❷ 事業化推進シナリオを策定する

　研究開発テーマを事業化していくまでにはいくつものステージがあり、企業によっては研究開発部門の中でも異なる部署がそれぞれの段階を担うこともあるだろう。また、研究段階では、そもそも実用化できるかどうかわからないようなテーマに取り組むことも多い。しかし、どんな段階でどのようなテーマに取り組むとしても、事業化に向けた道筋を大まかにでもイメージしておくことが大切である。それが研究開発そのものが目的ではなく、事業に結びつけていくことが目的であることを常に意識しておくことにつながるからである。

　とはいえ、製品開発段階はともかく、研究段階や先行開発段階では、事業化に向けた具体的な計画などを策定することは困難である。また、研究開発はその不確実性の高さから精緻な計画を立てたとしても、そのとおりに進むことはまずあり得ない。不確実な未来を読み解き、方向づけるための手法として「シナリオ」の活用が効果的である。

2-1　シナリオとは

　シナリオ法は、元々軍事関係の戦略研究から使われるようになり、その後企業経営において、変化に対する対応力を高めるために、経営戦略策定の際の未来予測手法として活用されるようになった。

　すなわち、シナリオとは、「将来可能性のあるいくつかの異なった未来への道筋を示し、それぞれの道筋において、取るべき適切な対応を見出すための方法論」[1]である。本章の文脈に当てはめて、より具体的にいえば、「対象となる研究開発テーマが将来どのように事業につながるのかという道筋を示すために、関連する要因を洗い出し、それらの変化と影響を予測して、事業化を実現するまでの状況をストーリー風の文章で描写する方法」といえるだろう。

　変化に対応するために、単一ではなく複数のシナリオを描くことが原則であ

り、創られたシナリオはいずれもが起こり得る可能性があるストーリーである。そうした複数のシナリオを認識しておくことで、ただ1つの道筋に縛られずに、様々な変化に備えることができるようになる。

　なお、シナリオは特別な方法論という訳ではない。誰でも日常的に行っている行為である。例えば、「ここでこうしたらこうなるだろう。でも、もしあれがうまくいけばこんな形になるかもしれないぞ」といったような思考は、誰もが日常的に行っているはずだ。シナリオは誰もが行っている思考のプロセスを、より系統立てて、創造的に行う方法なのである。イギリスのストラスサイド大学経営大学院教授で、かつてロイヤル・ダッチ・シェルでシナリオプランニングの責任者を務めたキース・ヴァン・デル・ハイデンの以下の言葉が、それをよく表している。

「日々の暮らしの中で、人々は未来についての『物語』に思いをめぐらせる。たとえば、やっかいな面接があるとしよう。『もし面接する人がこう言ったら、私はこんな風に答えよう』などという考えが、次々と心の中に湧き出してくる。このように心の準備をすることによって一時的に関連づけの方法論ができ上がり、それを通して何が起こるかを次々と連想することができるようになる。
　未来に思いをめぐらせることにより、それまでなら気づかずにやり過ごしてしまっていたような状況の変化を、感じ取ることができるようになる。たとえ、一度思いをめぐらせたシナリオが現実には起こらないとしても、いま何が起きているのかについて認識し、判断できるような思考回路が生まれてくる。そして、物事を観察し、瞬時に反応することにも長けていく。その意味で、われわれは全員『生まれついてのシナリオ・プランナー』だと言える。」[2]

2-2　事業化推進シナリオとは

　事業化推進シナリオは、シナリオ法を研究開発テーマの事業化推進に適用するものである。研究開発テーマの事業化を進めていく際に直面する状況を予測し、それを踏まえて事業化に向けた推進計画を立案することによって、研究開発テーマの事業化の成功率を高めることがねらいである。

より具体的にいえば、ともすると希望的な予測に基づくお手盛りの計画になりがちな研究開発テーマの推進計画を、より現実的で、実効性のあるものにするための取り組みであるといえる。

事業化推進シナリオにおいては、研究開発の完了をゴールとするのではなく、最終的に市場に導入し事業化を成功に導くことをゴールとすることにより、事業化を成功に導くために、あらかじめ研究開発段階で手を打つことができる課題を浮かび上がらせる。また、事業化推進シナリオは、研究開発部門内はもちろん、それ以外のステークホルダーとの間で認識を共有し、協力関係を築いていく上でも有用なツールである。

事業化推進シナリオを用いることによって期待される効果を整理すると、以下の3点になる。

図表4-3 事業化推進シナリオの期待効果

①事業化に向けて起こり得る問題を極力前倒しでつぶすことができる
②起こり得る状況をあらかじめ予測し、変化に備えることができる
③事業化に向けたストーリーを関係者で共有することができる

2-3 事業化推進シナリオ作成の手順

シナリオ法の方法論や手順は必ずしも明確に定められている訳ではなく、その目的に応じて様々な手法を組み合わせて行うことが一般的である。また、シナリオの描き方にも特にルールがある訳ではない。その意味では、極めて自由度の高い手法であり、実際にやりながら熟練していくことが重要になる。

研究開発テーマの事業化推進シナリオにおいては、ある研究開発テーマを推進していくプロセスで、周囲の様々な要因から直接・間接に影響を受けながら、最終的にゴールにたどり着くまでの状況を文章化して描写する。以下で研究開発テーマの事業化推進シナリオを策定する際の手順について説明しよう。

図表 4-4 事業化推進シナリオ作成の手順

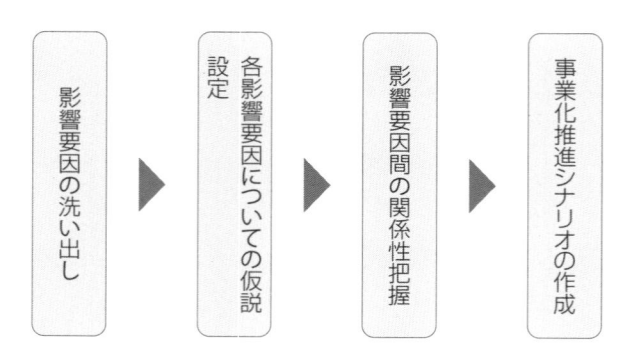

影響要因の洗い出し ▶ 各影響要因についての仮説設定 ▶ 影響要因間の関係性把握 ▶ 事業化推進シナリオの作成

（1） 影響要因の洗い出し

まずは研究開発テーマを事業化していくにあたって、影響を及ぼすことが想定される要因を洗い出す。事業化の道筋において影響を与えそうな要因を思いつく限りすべてあげることが大切である。マクロ環境の影響も考慮する必要があるが、いきなり政治、経済、社会などのマクロな環境要因を検討すると拡散してしまう。まずは3C分析などによって、事業化に影響を与えそうな要因を洗い出し、それらに影響を与えるマクロ環境を検討していくとよい。

（2） 各影響要因についての仮説設定

次にそれらの要因について、どのような状況が想定されるかを検討する。ここでは、最も望ましいケースと、最も望ましくないケースを想定し、最後にその間の中庸的なケースを想定するとよい。例えば、競合企業A社の技術という要因であれば革新的な技術を自社に先んじて開発されてしまうケースと、A社の技術開発が頓挫してしまうケースを想定した上で、ほぼ自社と同時期にA社も同水準の技術開発に成功するというケースを想定することができる。

（3） 影響要因間の関係性把握

各影響要因は独立して存在している場合もあれば、相互に影響を与え合う場合もある。各影響要因がそれぞれどのように関連しているか、構造的に整理して、

影響要因間の関係性を把握する。これによって、ある要因が変化したときに他の要因にどのような影響を与えるかを想定することが可能になる。例えば、他社の技術開発の動向は自社のターゲットコストに影響を与え、それがスケジュールに影響を与えるなどといった具合である。

（4） 事業化推進シナリオの作成

各影響要因の仮説と影響要因間の関係性を踏まえながら、研究開発テーマの事業化推進に影響を与える要因がどのように変化し、どのような影響を与えるか、事業化がどのように進んでいくかを文章として表現していく。いわば事業化の物語を紡ぐのである。あまり多くの影響要因を取り上げると拡散してしまうので、実務的には、洗い出した影響要因から、影響度の高いものを3〜5程度に絞り込み、シナリオを描くことが現実的である。

2-4 逆転発想による影響要因の洗い出し

シナリオを豊かで実効性のあるものにしていくためには、研究開発テーマの事業化を推進する上で影響を与える要因をできるだけ多く洗い出すことが重要になる。今日のように変化が激しく、思いもかけないようなことが生じる状況においては、これまでの前提や常識に捉われずに影響要因を洗い出すことができるかどうかが、シナリオの質を左右するからである。事業化に影響を与える要因について、徹底的に考え抜いておく必要がある。

一般に研究開発においては研究開発テーマの事業化を推進していく上での影響要因は、ともすると技術的なものが中心になりがちである。しかし、事業化を見据えたときには、技術だけではなく、様々な要因を考慮に入れなければならない。

また、研究開発においては、ミドルマネジメントが各テーマについての深い専門性を備えているとは限らない。むしろ、技術的な知識はリーダーやメンバーの方が精通していることも多い。ミドルマネジメントに求められるのは技術課題そのものではなく、技術の大きな流れを把握した上で、プロジェクトの成否を分けるツボとなりそうなポイントを見極めることである。

事業化推進シナリオの影響要因を洗い出すために効果的な方法が「逆転発想」だ。逆転発想とは、「研究開発テーマの事業化成功のために、事業化の失敗要因を発想すること」である。一見、矛盾した説明に聞こえるかもしれないが、「研究開発テーマの事業化が頓挫したり失敗に終わるにはどうすればよいか」という視点から影響要因を発想することで、通常の発想では気づかなかった影響要因を明らかにすることができる。

　逆転発想による障害予測は、「3C」と「CTS」のマトリクスで考えるとよい。自社（Company）、顧客（Customer）、競合（Competitor）の3つの観点から、研究開発テーマの事業化に影響を与える要因を検討する。自社は内部の要因であり、顧客と競合は外部の要因として捉えることができる。一般に内乱は事前に想定することで対処可能なものが多いが、外乱は対処が難しいものが多い。

　また、CTSとは、コスト（C）・テクノロジー（T）・スケジュール（S）の頭文字をとったものであり、これら3つの視点から、研究開発テーマの事業化推進が頓挫したり、失敗に終わるのはどんなときかを発想する。図表4-5は、逆転発想による事業化推進の障害予測のイメージを示したものである。

図表4-5　逆転発想による障害予測の例

	内乱（自社）	外乱（競合・顧客）
C （コスト）	・量産段階の歩留まりが悪く、ターゲットコストが達成できない ・生産量が確保できず、ターゲットコストを上回ってしまう	・A社が価格を下げてくる ・原材料価格が高騰し、ターゲットコストが達成できない
T （テクノロジー）	・自社の保有技術で解決できない問題が生じる ・製造段階になって突然トラブルが生じる ・新市場を開拓する営業力がない	・A社がより優れた部材を開発する ・B社が回避の難しい特許を取得してしまう ・取引実績がないために技術情報を開示してもらえない
S （スケジュール）	・生産計画が乱れ実機試作のスケジュールに遅延が生じる ・組織の意思決定がずれ込む	・顧客のスペック決定が遅れる ・顧客の開発方針が変更される

2-5 事業化推進シナリオの作成と修正

　研究開発テーマの事業化推進に影響を与える要因の仮説と関係性を整理した上で、最後に事業化推進シナリオを作成する。

　まず、影響要因のうち、重要性が高く、また不確実性が高いと思われる要因を見極める。いわばシナリオを分岐させていく要因を見極める作業である。それらの要因が特定されることによって、シナリオの基本ロジックが決まってくる。次に、それ以外にリストアップされている影響要因とその方向性を吟味しながら、シナリオを肉付けしていく。

　最後に、それらの要因を総合し、文章化していく。文章化という作業を通じて、曖昧であったことや、整合性が取れていない部分が浮かび上がることも多い。その場合は、再度影響要因に戻って検討することが必要になる。

　シナリオとして文章化することによって、すべての要因が統合され、一連のストーリーができ上がる。事業化推進シナリオでは、「想定シナリオ」「理想シナリオ」「最悪シナリオ」の３つのシナリオを作成しておくことが望ましい。事業化推進シナリオは、状況の変化を察知し、変化に対応していくためのものであり、異なる３つのシナリオを作成しておくことによって、現実に直面する状況に対する適切な対応が可能になるからである。

　なお、シナリオで想定した要因や変化の方向は、テーマの進捗に合わせて変化していく。したがって、事業化推進シナリオは、各マイルストーンの段階で現状を確認した上で、変化に合わせて適宜修正する必要がある。現実の変化を常に取り込み修正していくプロセスを通じて、変化への対応力を高めていくことがその目的である。事業化推進シナリオは作成して終わりではない。常にシナリオを見直し、修正していくことが重要なのである。

3 難しさの管理

　事業化推進シナリオの作成を通じて、研究開発テーマの事業化を推進していくプロセスに影響を与える要因を洗い出すことにより、先々の変化に対して備えることができる。

　一般に研究開発テーマの進捗管理には、WBS（Work Breakdown Structure）やPERT（Program Evaluation and Review Technique）などの手法が用いられることが多い。しかし、研究開発のように不確実性の高いタスクを遂行する場合、単にスケジュールを管理するだけでは、実効性のあるマネジメントを行うことはできない。計画の修正・変更が頻発し、結果として計画自体が形骸化し、形だけのものになってしまうことが多くなるからである。

　研究開発テーマの事業化を推進していく上で重要なのは、「スケジュールを管理する」ことではなく、「難しさを管理する」ことである。ここでは、難しさを管理するためのプランニングの考え方とポイントについて整理する。

3-1　事業化計画とは

　事業化計画とは、研究開発テーマの事業化を推進するための具体的な行動計画である。「いつまでに」「何を行う」というスケジュール管理を主たる目的とするものではなく、「難しさを管理する」ことを目的とする。スケジュールは結果に過ぎない。

　「難しさを管理する」とは、当該研究開発テーマの事業化という目標の達成に向けて、「どこに難しさがあるのか」をできる限り事前に明らかにして、それに対する対策をあらかじめ検討しておくことによって、「難しさ」を克服することである。

　端的にいえば、事業化推進という目標達成の過程で直面することが想定される難しさを洗い出し、あらかじめその対策を講じておくために策定される。一見当

たり前のように思えるが、実際には自分たちの都合のよいようなバラ色の計画が立てられがちである。

　研究開発のプロセスは不確実性が高く、進行していく過程で様々な課題が生じてくる。だからこそ、それらをできるだけ事前に明らかにして対策を講じておくことが重要なのである。事前にどれだけ難しさを読み込めるかが、事業化計画の品質であり、品質の高い事業化計画を策定することができれば、事業化計画の推進もスムーズになるからである。

3-2　事業化の文脈とシナリオの共有

　品質の高い事業化計画を策定するためには、事前に当該研究開発テーマに関わるメンバーの衆知を結集し、研究開発テーマの事業化推進プロセスにおける難しさを浮かび上がらせることが必要になる。メンバーの衆知を結集するためには、研究開発テーマ推進の文脈を十分に共有しておくことが欠かせない。

　より具体的にいえば、当該研究開発テーマの事業化推進について、何のために（Why：目的・意義）、何を（What：具体的な取り組みテーマ）、どのように行うのか（How：方策）をメンバーがしっかりと理解・納得していることが大切である。加えて、事前に策定した事業化推進シナリオをもとに、研究開発テーマの事業化推進のストーリーを共有しておくことも不可欠である。事業化推進シナリオを共有することによって、事業化推進に向けた道筋を共有し、不確実な未来についての洞察を刺激するとともに、シナリオ策定時に洗い出された影響要因やその構造などをもとに、研究開発テーマを推進していく上での「難しさ」がリストアップしやすくなるからである。

3-3　衆知を結集して難しさを洗い出し、対策を立案する

　文脈を共有し、事業化推進シナリオを共有した上で、当該研究開発テーマに関わるメンバーの衆知を結集し、事業化推進において直面することが想定される課題を洗い出していく。洗い出された「難しさ」はカード化し、親和図法などを用いて整理・構造化して、課題へと展開する。抽出された課題はWBS（Work

Breakdown Structure）の要領で階層化して整理しておく。

　事業化を推進していく上で直面する難しさをもとに課題をリストアップしたら、次に対策を立案する。課題に対処するために、事前にどのような手段を講じることができるか検討するのである。ここでのポイントは、できるだけ前倒しで手を打つことによって、上流段階で難しさを減少させていくことであり、課題解決のフロントローディングを意識することが重要になる。フロントローディングとは、機能部門間や開発部門間で部門横断的に発生する問題解決活動をできるだけプロジェクトの早い段階に前倒しで行うことである。フロントローディングを促進することによって、事後的な問題解決活動に比べて開発期間の短縮や総工数の削減などの効果が得られる。実現には、部門間の協働の質がポイントとなる。

　なお、事業化計画における対策には、「期限」「解決方法」「解決のための具体的な行動計画」の３つの要素が含まれていなければならない。「いつまでに」「どのように解決するのか」を明らかにした上で、そのために「どのような行動をとるのか」、具体的に表現しておくことが大切である。

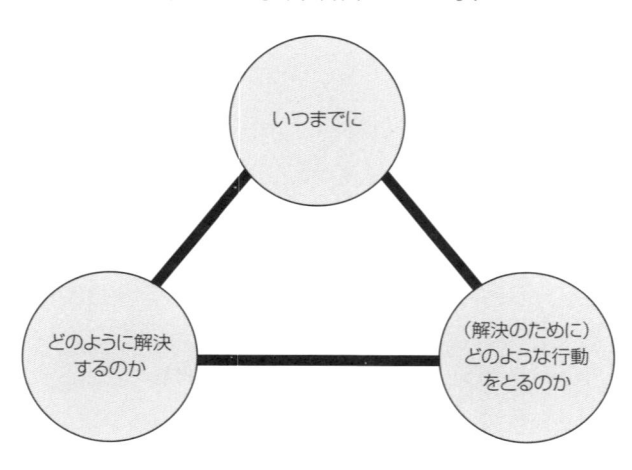

図表４-６　事業化計画における対策

　対策を立案するにあたって注意しておくべきことは、組織の境界や既存のリソースといった前提に捉われてはならないということだ。組織の境界を越えた協

力体制の構築や資源獲得はもちろん、外部資源の獲得も含めて、目的を果たすために必要な対策を講じることが重要になる。ただし、メンバーレベルでは、そうした制約を越えた発想や行動が難しい場合も多い。そのため、対策の立案はミドルマネジメントが主導し、前提に捉われず、目的的で実効性の高い対策の立案を促すための役割を果たさなければならない。

4 事業化計画の修正

4-1 行動結果のフィードバックに基づく計画の修正

　事業化計画では、各課題についての現状を把握することによって、その進捗を管理する。難しさを克服するための重点行動の結果を管理することによって、事業化計画の進み具合が把握できる。重点行動は、計画段階において想定される難しさに対する対策を含むが、それでも予定通りにいかないことが多い。重点行動の結果に基づいて、さらに検討を重ね、新たな対策としての重点行動を明らかにする。

　前述したとおり、研究開発テーマの事業化推進においては、計画を作成したからといって、そのとおりに物事が進む訳ではない。計画は動態的なものであり、修正を繰り返しながら、活動の方向性を見出していくことに意味がある。

　実際に計画を実行に移すことによって、当初得られなかった情報を得て、よりよい対策を立案することができる。よりよい対策を立案するためには、実際に行動を起こし、その活動結果から新たな情報を得ることが重要なのである。

　なお、計画修正の要因は、突き詰めれば技術的な問題と事業性の問題の2点に集約されるが、技術的な進捗度の狂いについては安易な妥協は望ましくない。目標そのものを簡単に修正するのではなく、目標を達成するための方策を徹底的に考え抜くように促さなければならない。考えるべきことは、山の頂に立つためのルートを探し出すことであり、目指すべき頂を変えることではないからである。

図表4-7　計画の修正要因（例）

技術進捗度の狂い	技術の壁 競合の出現 別の方式の出現
採算評価の狂い	マーケット事情の変化 追加投入資源（人・モノ・カネ）の必要性

第4章：研究開発テーマの事業化を推進する

4-2 不確実性を織り込んだ判断の重要性

4-2-1　ディシジョンツリーの考え方

　研究開発テーマの事業化を推進する際には、常に不確実性がつきまとう。例えば事業化によって得られる期待利益を算出しても、必ずしもそのとおりになる訳ではない。先々のことはすべて予測でしかない以上やむを得ないことだが、それならば、そうした不確実性を受け入れた上で研究開発テーマの事業化推進を判断していく必要がある。その際に有効な考え方がディシジョンツリー法である。

　例えば、研究開発テーマの継続を判断するには、単純に考えれば、事業化によってどの程度の期待利益（現在価値）が得られるかを算出するやり方が考えられる。ただし、その際の期待利益は様々な仮定に基づくものであり、実際にそのとおりになるとは限らない。そこで、事業化に至るまでに生じ得る様々な事象とその発生確率を考慮に入れた上で、期待利益を算出し、意思決定に役立てようとするのがディシジョンツリー法である。

　図表4-8はディシジョンツリーの例である。技術的課題を解決できるかどうか、解決した場合に競合製品が出現するかどうかといった不確実な事象を洗い出し、それぞれについて発生確率とリターン（期待利益）を算出する。期待利益に発生確率を掛け合わせ、足し上げた結果が継続した場合の不確実性を織り込んだ期待利益となる。

　ディシジョンツリー法には、期待利益や発生確率の設定が主観によらざるを得ないこと、選択肢が増えると複雑になり実務上は困難さを伴うことなどの欠点がある。ただし、こうした方法を用いる目的は、単に定量的な結果に基づいて自動的に意思決定を行うことにあるのではなく、複数の関係者が集まって先々に生じうる事象を予測し、検討を重ねながら、納得できる判断を下すことにある。図表4-8の例でも結果だけを見れば継続すべきように見えるが、必ずしもそうとはいえない。継続しても4割の確率で期待利益がマイナスになるプロジェクトであることを考えると、中止の決断もあり得る。また、期待利益が組織の設定した水準に達しない場合も当然中止となる。大切なことは、こうした枠組みを共有し、関係者が議論していく過程を通じて、研究開発テーマの継続や中止という「判断」

の質を高めていくことである。

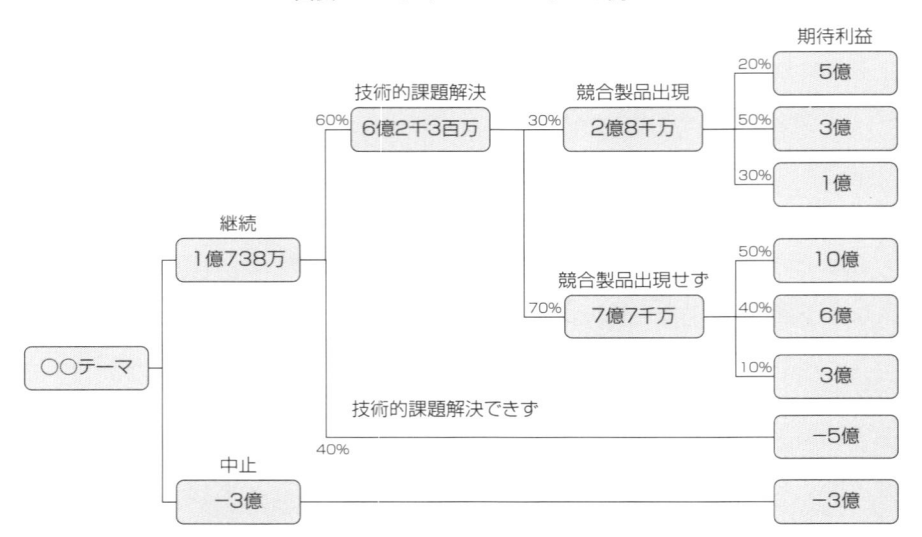

図表4-8 ディシジョンツリーの例

```
                                                            期待利益
                  技術的課題解決    競合製品出現      20%  5億
                   6億2千3百万  30%  2億8千万    50%  3億
             60%                                  30%  1億
       継続
      1億738万                   競合製品出現せず    50%  10億
                           70%  7億7千万       40%  6億
○○テーマ                                        10%  3億

                  技術的課題解決できず
             40%                                      −5億
       中止
       −3億                                            −3億
```

4-2-2　リアルオプションの考え方

　従来、研究開発テーマの投資価値を評価する定量的手法としては、NPV法（Net Present Value Method：正味現在価値法）[3]が広く用いられてきた。NPV法では、研究開発テーマの事業化によって生まれる将来のキャッシュフローを推定した上で、それを現在価値に割り引くことによって、研究開発テーマの現在価値と投資額を比較する。そして現在価値が投資額を上回る場合にはGo、現在価値が投資額を下回る場合意はNo Goの判断を下す。

　しかし、NPV法は割引率を設定するための資本コストの算出や将来のキャッシュフローの推定次第で結果が大きく左右されてしまうため注意が必要であり、実用上は難しさを孕んだ方法論である。また、NPV法では不確実性（リスク）が高いほど、大きい割引率が適用され、現在価値が小さくなってしまうため、意思決定に柔軟性を持つプロジェクトを過小評価してしまう点が問題点として指摘

されている。

　こうした問題点を克服するための方法論として近年用いられるようになってきているのが、リアル・オプション・アプローチである。リアル・オプションとはファイナンシャル（金融）・オプションと区別する意味で用いられている言葉であり、「あらかじめ決められた期間（行使期間）内にあらかじめ決められたコスト（行使価格）で、何らかのアクション（延期、拡大、縮小、中止など）を行う権利」（T. Copeland, V. Antikarov, 2001）[4]である。企業の投資活動における意思決定の柔軟性をオプションとして捉え、それが金融商品のオプションと似た性質を持つことからリアル（現実）・オプションと呼ばれる。

　リアル・オプション・アプローチでは、不確実性が自身にとって有利に働いた場合のみオプションを行使し、不利な場合にはオプションを行使しないため、有利な状況だけを活かし、不利な状況を回避することが可能になる。そのため、NPV法ではNo Goとされていた研究開発テーマでも生き残る可能性がある。

　また、リアル・オプションにおける意思決定はGo／No Goの二者択一ではなく、「継続」「延期」「縮小」「拡大」「中止」などの選択肢がある。不確実性の高い状況下では、ある時点ですべての意思決定を行うことはリスクが大きい。状況の変化を見ながら、不確実性が低減した段階で意思決定を行うことによって、より適切な意思決定を目指すのである。

　こうした意思決定の柔軟性を生かすために図表4-9のオプション空間（Option Space）という考え方が提示されている（T. A. Luehrman, 1999）。オプション空間は「対費用価値」と「ボラティリティ（変動率）」という2軸で構成される。

　横軸の「対費用価値」とは獲得しようとしている原資産の価値を、それを購入するのに必要な費用で割ったものであり、費用に対する価値の比率である。縦軸の「ボラティリティ（変動率）」とは、資産の将来価値についての不確実性やリスク、延期するまでの期間によって規定される意思決定を行うまでの状況の変化の度合いである。

　対費用価値が「1」を上回っていれば、投資以上の価値を回収できる見込みがあるが、ボラティリティが高い場合は必ずしもすぐに意思決定をすることが適切とは限らない。不確実性が低減した段階で収益性を見極めて意思決定を行うことが望ましい。一方、対費用価値が「1」を下回る場合、投資以上の価値を回収で

きる見込みがないことになるが、ボラティリティが高い場合は状況が変化する可能性が高いため、すぐに中止を決めずに意思決定を延期する。リアル・オプションでは、状況の変化を見極めながら、最後に最適な意思決定をすることに価値があると考えるのである。

リアル・オプション・アプローチは厳密な定量分析に基づいて行われるべきものであり、ボラティリティ（変動率）の算定などの点で、ミドルマネジメントが実務で運用するには難しさを伴うことが多い。

ただし、リアル・オプションは思考法として活用することが可能である。「不確実性はできるだけ低い方がよい」という考え方から、「不確実性があることによって有利な状況だけを活かし、不利な状況を回避することが可能になる」と考えることによって、より柔軟な意思決定を行うことができるようになるのである。すなわち、不確実性の高い研究開発テーマについては、その不確実性を評価に織り込むことで、判断を急がず、不確実性が低減して意思決定に最適な瞬間を到来するのを見極めた上で、最適な判断を行うことができるようになるのである。

図表4-9　オプション空間

	対費用価値 低　　　1.0　　　高	
ボラティリティ（変動率）　低	領域6 けっして行動しない	領域1 直ちに行動すべきである
	領域5 おそらく行動することは ないであろう	領域2 直ちに行動するのが 望ましいかもしれない
高	領域4 後に行動することに なるかもしれない	領域3 おそらくは後に行動する 可能性が高い

出所：Timothy A. Luehrman (1998), "Strategy as a Portfolio of Real Options"（田川秀明訳「リアル・オプションを戦略評価に活かす法」DIAMOND ハーバードビジネス　1999年1月号）邦訳　P.124を一部修正

4-3　テーマ中止の決断

　日本企業の研究開発の特徴のひとつとして、研究開発テーマを止めることの少なさが指摘される。研究開発は結果が出るまでにかなりの時間を要するものが少なくない。また、途中段階で最終結果を予測することが難しいことも多い。見込みがないと思われた研究開発テーマが大化けすることも少なからずある。こうした状況を考えると研究開発テーマを止める決断はなかなか難しい。

　特に、現場に軸足を置くミドルマネジメントはメンバーの気持ちを慮り、いかに組織を説得し、テーマを継続させるかという発想に傾きがちな面がある。研究開発活動が続けば続くほど、その傾向は強まり、テーマを止めることの難しさが増していく。

　しかし、研究開発の実効性を高めるには、資源投入と期待成果のバランスの最適化を図る必要があり、そのためには、研究開発テーマの進捗をモニタリングしながら、その可能性を見極め、見込みの薄いテーマについては中止を決断し、テーマの新陳代謝を促すことも欠かせない。見込みの薄いテーマを続けさせてしまうことは資源の浪費であることはもちろん、当事者のためにもならない。マネジメント上の判断が求められる。

　もちろん、最終的な中止の判定はより上位のレベルでなされることが一般的であろう。ただし、現場に近いミドルマネジメントには、テーマの中止を一次的に判断する機能を果たしていかなければならない。

　なお、テーマの中止は、いかに合理的な決定であっても、通常はメンバーのモチベーションに対してマイナスの影響を及ぼす。メンバーのモチベーションの低下を防ぐには、テーマの中止についてメンバーの納得を獲得しなければならない。そのためには2つの点を押さえておくことが重要になる。

　第1に、事前にどのような状況に陥った際にテーマが中止される可能性があるのか、事業化推進シナリオをもとにメンバーと合意を形成しておくことである。事業化推進シナリオに、テーマ中止の判断基準をあらかじめ織り込み、メンバーと共有しておく訳である。事前に申し合わせておくことによって、メンバーの納得と合意を得やすくなる。

　第2に、なぜ中止しなければならないのか、中止の判断を下した理由を根気強

く説明することである。その際は個人や組織が決めたのではなく、事業環境などの周囲の状況がテーマの中止を要請したという伝え方が望ましい。あることを伝達するときに、その背景にある"状況"を伝えることによって、特定の人間がそれを命令したのではなく、状況がそれを要請したのだということを理解させ、納得を得ることができる。これを「状況の法則」といい、「命令の非人格化」と表現することもできる。状況を理解させることによって、たとえそれが「指示」や「命令」であっても抵抗感が減り、納得感が高まるのである。

　テーマ中止の背景にある様々な事情や意図（状況）を伝えることで、誰か特定の人や組織の指示や命令ではなく、現在の状況がそれを要請しているのだ、と感じさせて、テーマ中止に対する納得感を獲得しようとする訳である。

　また、テーマの中止にあたっては、メンバーの納得の獲得だけではなく、中止後の扱いにも留意しなければならない。特にそれまでの技術的な蓄積を他に活かそうとする場合などは、そのプロジェクトのメンバーをバラバラにしてしまうのではなく、一定の「塊」として維持していくことが大切である。いかにドキュメント化したとしても、メンバーが散ってしまっては技術の蓄積を活かすことは難しいからである。また、アングラ研究を容認し、技術をつないでいくことも併せて検討すべきであろう。

5 研究開発プロセスのマネジメント

　前節まで、研究開発テーマの事業化を推進していくためのシナリオ作りと事業化計画の策定について説明した。研究開発の目的は、事業化を通じて企業の収益や成長に貢献することであり、そのためには、研究開発の完了段階に留まらず、事業化までのプロセスを見据えて研究開発プロセスをマネジメントしていくことが重要だからである。本節では、それを踏まえた上で、研究開発プロセスをマネジメントしていくための基本的な考え方とポイントについて検討する。

5-1　製品開発プロセスの捉え方

　かつての製品開発においては、基礎研究で見出された新たな知識が、応用研究、開発研究を経て、製品化され、生産されて、市場で販売されるという線形の捉え方が主流であった。研究は知識の見込み生産であり、研究で得られた知識をもとに開発を行い、それを市場に提供していくという考え方である。こうした捉え方を製品開発の「リニアモデル」という。「リニアモデル」とは、線形方程式のリニアではなく、時間的に順次起こるという意味である（Kline, 1990）。もちろん、リニアモデルとはいっても、各段階ごとにマイルストーンがあり、それを

図表4-10　リニアモデル

研究 ▶ 開発 ▶ 生産 ▶ 販売

通過しなければ前の段階に戻ることになるという意味で、必ずしも一直線に進むことを想定しているわけでない。

しかし、今日のように変化の激しい環境においては、こうしたリニアモデルでは研究開発の実態を捉えることが難しくなっており、近年ではより実態に即したノン・リニアモデルが提案されている。代表的なものが下図の連鎖モデル（Chain-Linked model）である。

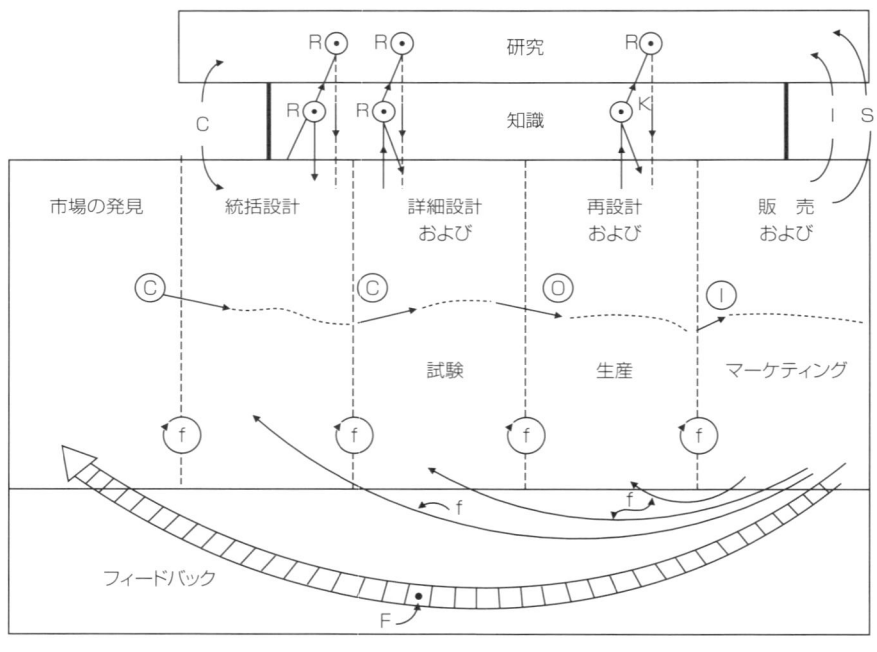

図表4-11　連鎖モデル（チェーン・リンクドモデル）

出所：Stephen. J. Kline (1990), "INNOVATION STYLES IN JAPAN AND THE UNITED STATES-cultural bases ; implications for competitiveness"（鴫原文七訳『イノベーション・スタイル—日米の社会技術システム変革の相違』アグネ承風社，1992）邦訳　P.19より引用

連鎖モデル（Chain-Linked model）の中央のⒸ-Ⓒ-Ⓞ—Ⓘという流れは通常のイノベーションプロセスを示す中央連鎖（Central Chain of Innovation）であ

る。Fとfは情報のフィードバックを示しており、Ｉは販売・マーケティング部門から研究部門への情報の流れを示す。さらに、Ｋは蓄積された知識の接続を示しており、研究プロジェクトであるＲと結びついている。Ｃは企業からの問題提起と研究から生まれた創造的なアイデアとの関係を示しており、研究と発明を結びつけるものである。そしてＳは長期的な研究に対する企業からの援助を示している。この連鎖モデルは、リニアモデルと比較して、以下のような違いがある（S. J. Kline, 1990）。

・唯一のプロセスではなく、複数のプロセスが含まれている
・多くのフィードバックループを想定している
・出発点が研究だけではない
・開始段階だけでなく、途中段階でも研究機能が現れる
・最新の研究成果のみではなく、（すでに発見されて）蓄積されている知識や技術パラダイムを想定している

　連鎖モデルは市場の発掘がイノベーションの起点になっていることが特徴であり、今日の研究開発の実態により即したモデルといえるだろう。
　とはいえ、リニアモデルは直感的なわかりやすさも手伝って、規範的なモデルとして実務上は依然広く受け入れられており、リニアモデルをもとに製品開発のプロセスを各段階（Stage）に分け、研究開発の進捗を管理する方式も多くの企業で採用されている。その代表的なものがNASAのPPP（Phased Project Planning）方式における「フェーズ・レビュー・プロセス」を発展させた「ステージ・ゲート・システム」である。
　いずれの方式も各段階ごとに評価要素を明確にしてGo／No Goの判断を下すという点では共通だが、フェーズ・レビュー・プロセスが開発部門中心の閉じたシステムであったのに対して、ステージ・ゲート・システムは、「関連部門がすべて参画してコンカレントに活動を展開する」「アイデア創出から事業化まですべてのプロセスを対象とする」などの点で違いがある。ステージ・ゲート・システムの標準的なモデルは、5つのステージとゲートから構成されている。

図表4-12　ステージ・ゲート・モデル

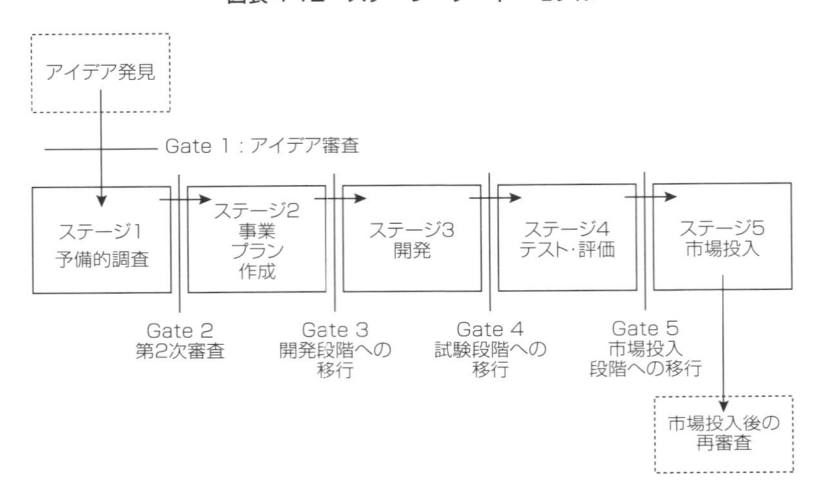

出所：Robert G. Cooper,(2001)"Winning At New Products：Accelerating The Process From Idea To Launch", Basic Books, P.130 をもとに作成

　ただし、ステージ・ゲート・システムは、「斬新なアイデアが通りにくい」「開発スピードが落ちる」「ゲートを通すための資料作成や政治的な交渉のコストが高い」などの問題点が指摘されている。また、多産多死を前提としたモデルであり、日本企業の研究開発のスタイルに馴染まないという意見も聞かれる。実際に、筆者らの調査でも「研究段階には馴染まない」「基準を機械的に適用することは難しい」などといった現場の声が聞かれた。[5]

　ステージ・ゲート・システムはアメリカ発の手法であり、一般的な日本企業にそのまま適用しようとすると無理が生じる。そのためもあってか、欧米企業に比べると日本企業の導入率は低い。ただし、自社に合わせた形にアレンジすることによって、効果を上げることは十分可能である。

5-2　研究と開発

　前項では、製品開発プロセスの捉え方と仕組みについて概観した。本項では、製品開発プロセスに含まれる、研究開発のプロセスに焦点を当てて検討する。た

だし、研究開発と一言で表してはいるものの「研究」と「開発」ではそのプロセスに大きな違いがある。研究開発プロセスのマネジメントを考えるにあたって、ここであらためて「研究」と「開発」の違いについて確認しておく。自明のことに思われるかもしれないが、案外わかっている「つもり」のことも多いからだ。

さて、研究は大きく基礎研究と応用研究に分けることができる。基礎研究の目的は新たな知識を獲得することであり、応用研究はすでに存在する知識を特定の目的に向けて活用可能かどうかの可能性を追求していく活動である。基礎研究はさらに純粋基礎研究と目的基礎研究に分けることができるが、純粋基礎研究に取り組んでいる企業は少数であり、ほとんどが目的基礎研究に位置づけられる。また、企業の研究開発では、形式上は基礎研究といっていても実際には応用研究に近い場合も少なくない。

一方、開発は応用研究で得られた知識や技術を、実際の製品やサービスなどに結実させていく活動である。開発についても、実用化のための技術を確立する段階を「開発前期」または「先行開発」などと呼び、実際に製品やサービスを開発して事業化を進めていく段階を「開発後期」または「製品開発」などと呼ぶことがある。

研究開発の各段階についての一般的な定義は、図表4-13のとおりである。

図表4-13 研究開発の区分

基礎研究（Basic Research）とは
　特別な応用、用途を直接に考慮することなく、仮説や理論を形成するため、もしくは現象や観察可能な事実に関して新しい知識を得るために行われる理論的または実験的研究。

応用研究（Applied Research）とは
　基礎研究によって発見された知識を利用して、特定の目標を定めて実用化の可能性を確かめる研究、およびすでに実用化されている方法に関して新たな応用方法を探索する研究。

開発研究（Development Research）とは
　基礎研究、応用研究および実際の経験から得た知識の利用であり、新しい材料、装置、製品、システム、工程などの導入または既存のこれらのものの改良をねらいとする研究。

出所：総務省　科学技術基本調査

一口に研究開発といっても、実際の活動についてはかなりの幅があり、当然のことながら、それぞれのプロセスにも違いがある。とはいえ、現実においては、応用研究と開発研究の境目は必ずしも明確ではなく、それぞれの段階を明確に区別することは難しい。また、開発を進める過程で技術的な課題に直面し、研究段階に戻るなどということも珍しくない。開発を進める段階で思いもかけない課題に直面し、やむを得ず研究段階に戻るといった経験をした人も多いはずである。研究開発のマネジメントにあたっては、「研究と開発を峻別すべし」という意見も聞かれるが、なかなか難しいのが現実だ。

　研究開発のプロセスをマネジメントしていくにあたっては、こうした研究開発の段階別の特徴と研究と開発のマネジメントの違いを理解した上で、状況に合わせてマネジメントの方法を使い分ける必要がある。

5-3　研究のマネジメント

　基礎研究は新たな知識を発見するために行われる活動であり、未知への挑戦である。研究開発において、最も不確実性が高い領域であり、むやみに「管理」しようとすると逆効果になることが多い。

　応用研究は既存の知識を特定の目的に向けて適用可能かどうかを探索していく研究であり、基礎研究に比べれば目的や時間軸がより明確である。とはいえ、基礎研究も応用研究も開発に比べると不確実性が高く、個々人の能力に依存する部分が相対的に大きい。

　企業において、このような研究をマネジメントしていくにあたって最も重要なことは、研究すべき領域の大枠を定めることである。これは第3章で取り扱った研究開発テーマの設定に関わる部分である。

　また、前述したとおり、研究は開発に比べると研究者の個人的な能力に依存する部分が大きいため、かなりの部分を研究者の主体性や自律性に委ねざるを得ない。したがって、研究者の意欲や能力をどのような領域に方向づけるかによって、成果が大きく左右されることになる。

　ただし、研究といえども、メンバーに任せきりにしていればいいという訳ではない。研究のシナリオを作成・共有し、どのような課題に対してどのような対策

を講じていくのかという計画をもとに、進捗状況を確認したり、必要に応じてシナリオの見直しや修正を行うことは不可欠である。過度な介入は逆効果になることが多いが、メンバーが迷ったり悩んでいたりする際に、その解決のための糸口やきっかけを与えることは必要である。

　もちろん、ミドルマネジメントといえども、その分野に通じているとは限らない。自分自身で直接的なアドバイスを行うことが難しい場合も多いだろう。しかし、必ずしも直接的なアドバイスが求められる訳ではなく、むしろ、内外の研究者や専門家を紹介するといったことの方が有効な場合が多い。そのために、ミドルマネジメントは日頃からそうした内外のネットワークを構築することを意識し、人的ネットワークの拡大に努めなければならない。

5-4　開発のマネジメント

　開発は技術を製品として実用化し、事業化していくことを目指す活動である。市場で勝ち抜くためには、製品の独自性や品質はもちろん、いかに早く市場に届けるかというスピードも重要になる。

　開発段階では、研究段階に比べて多額の投資が必要となり、開発のステージが進行するに従って投資金額は累積的に増加していく。したがって、開発段階では綿密な計画を立て、その進行状況や事業性を各ステージごとに厳しく見極めながら次の段階へ進めるかどうか、すなわち Go／No Go の判断を下していくことになる。ステージ・ゲート・システムのような方法を公式に採用している場合、開発は事業と直結しているために、公式のゲートでは、一般にトップマネジメントや関連部門が一堂に会した場で、あらかじめ定められた基準に沿って、各テーマの評価がなされ、Go／No Go の判断が下される。ステージが事業化段階に近づくほど、事業性を見極めるための定量的な評価を中心とした意思決定となる。

　一方で、こうした公式の中間評価がなされるゲート以外でも、各ステージにおいてその進捗を見極めていく必要があり、そこでは現場に最も近いミドルマネジメントの役割が重要になる。開発状況のレビューを通じて、その進捗状況を適宜把握し、様々な課題の解決のための支援やメンバーのモチベーションの維持に気を配らなければならない。また、進捗状況を見極めつつ、計画の変更や中止の決

断を上申するなどの判断が求められる。

5-5 研究開発プロセスにおけるモニタリング

　研究開発のプロセスでは、様々な困難に直面する。計画どおりに進むことはまずない。だからこそ、テーマを効果的、効率的に推進し、速やかに事業化につなげていくためにミドルマネジメントが果たすべき役割は重要である。
　一般には、日報や週報、月報、デザインレビューなどを通じて、進捗状況を把握、管理していることが多い。しかし、それらの報告が単なる形式主義に陥り、実際の状況を把握できておらず、土壇場になって計画の変更や修正を余儀なくされるケースが多く見られる。報告が単なるスケジュールの確認に終わってしまっていたり、過度な楽観主義に陥ってしまったりすることが一因である。
　進捗管理において重要なのは現実の状況を正確に把握することと、担当者やリーダーがその状況をどのように捉え、どのような方向でそれを解決しようとしているのかを把握することである。
　研究開発においては、必ずしもミドルマネジメントがすべての開発テーマに精通している訳ではなく、内容に関する直接的なアドバイスは難しい場合も多い。しかし、重要なのは、状況の捉え方や課題を乗り越えるための方向性などをしっかりと聴き、その論理的整合性を確認しておくことだ。どのように状況を捉え、どのように解決しようとしているのか、なぜその解決策を選択したのか、といった点を詰めていくことによって、取り組みの妥当性を判断することができるからである。
　たとえ、優秀なメンバーや熟練したメンバーであったりしても、当事者では見えていなかったり気づいていなかったりすることも多い。ミドルマネジメントは第三者的な立場から、現在の状況や活動の方向性について、問いを投げかけ、状況を整理していく役割を果たすことが重要である。
　また、プロジェクトが困難な状況にあるときは、内外の資源を動員し、解決に向けた糸口を見出すための支援を行うことも必要である。ともするとプロジェクトでは、自分たちの中だけで何とか解決策を見出そうとする傾向がある。プロジェクトが「閉じた」状態になってしまうと袋小路に陥ってしまう。ミドルマネ

ジメントはプロジェクトを外に開き、社内の各部署の支援や必要資源の調達はもちろん、必要に応じて社外の研究者などの支援を獲得する必要がある。

　研究開発プロセスにおける現状を正しく把握するためには、報告やレビューの場が「問題を出し合うための場」であることを徹底しておかなければならない。こうした考え方が徹底されていないと、マイナスの情報が本当にまずい状況になるまで出てこないような事態に陥ってしまう。うまくいかない点やまずい情報こそ積極的に開示し、衆知を結集して、解決に向けた方向性を検討することに意味がある。報告やレビューは、「評価の場」ではなく、「知恵を出し合う場」「問題解決の場」として位置づけることが重要である。ミドルマネジメントは、報告やレビューがメンバーたち自身にとって、有用な場であると認識されるよう留意しなければならない。

⑥ 組織の境界に捉われない集団形成

　研究開発部門のミドルマネジメントは研究開発の領域だけではなく、「事業化」という高次の目的に向けて組織の境界に捉われず動かなければならない。しかし、現実に組織の境界に捉われない活動をしていくことは簡単ではない。本節ではそうした活動を行っていくためのポイントについて解説する。

6-1　組織の陥りがちな問題点

　組織の構造は、組織の目的をより効果的、効率的に果たすという意図に基づいて設計されている。その構造には、設計者（多くの場合は経営者）の意図、企業の歴史や文脈、組織風土、業界特性が埋め込まれている。

　基本的に組織は、垂直的、水平的に分業され、調整機能も含めて構造化されている。その構造の中で、マネジャーは自分に与えられた権限と資源（ヒト・モノ・カネなど）を用いて、自部門の目標達成のために全力を尽くす。しかし、当初の目的どおり、組織がうまく機能するとは限らない。

　原因の1つは、設計した時点の前提条件（経済環境、政治動向などのマクロ環境や顧客・競合などのミクロ環境などの外部条件）の変化である。設計時点と条件が異なれば意図どおりには機能しない。その意味では、組織構造には硬直的にならないよう、変化に対応できるような柔軟性を担保する仕掛けが求められる。

　ただし、原因は外部の変化だけではない。問題の本質は、組織が意思と感情を持った人間で構成されており、そもそも設計者の意図どおりに人間が行動するとは限らないということだ。それぞれが組織のために一生懸命に努力していても、必ずしも組織全体の目標が達成できる訳ではないのである。

　経済学に"合成の誤謬"という言葉がある。"合成の誤謬"とは「部分に関して真実であることが、必ずしも全体について真実であるとは限らないこと」である（マクロ・ミクロ経済学事典，1995）。

例えば、不況期において、個人が節約に努め、貯蓄を増やし、豊かになろうとすることが、結果的に社会全体の消費支出の減退や国民所得の減退につながってしまうような現象である。個々の単位で望ましい行為が全体については望ましくない結果をもたらすことになりかねない。個別最適が必ずしも全体最適につながらないことを示している。組織において、自部門の目的を果たそうと懸命に努力することが、組織の全体最適につながらず、結果的に部分最適にとどまってしまうということと同じ現象である。

6-2 全体最適を阻む力学

どうしてこのような問題が起きてしまうのであろうか。伊丹（2008）は構造が図表4-14に示す3つの力学を生み出し、結果として「情報とパワーの歪み」や「意思決定の歪み」が生じると述べている。特に「ケンカと縄張りの力学」と「遠心力の力学」は、研究開発部門の周りで起こりがちなものである。

図表4-14　構造が生み出す力学

3つの力学	概　要
ケンカと縄張りの力学	ケンカとは、自部門の専門領域に関する情報を高く評価することで、部門間で物事の優先順位の見解に相違が生まれること。縄張りとは、境界線上に落ちる仕事、境界線をまたぐ仕事について、自分たちが中心になるべきだという持ち場に関する強い意識が生まれること。
遠心力の力学	複数の仕事を束ねる機能をどこかに置くと、1つの「束ねられた固まり」となり、組織の他の部分から独立的になって勝手に動いたり、組織のコントロールを避けて自由を主張したりするようになること。
驕りと慮りの力学	驕りとはある地位にいる人間が権限に溺れ、権限と自分自身の能力を混同し、結果として他者の意見が耳に入らなくなり間違った判断をしてしまうこと。慮りとは周囲の人間や階層が下の人間が、その地位を慮って、本来ならば必要な助言や介入をしないこと。これらは地位が生む力学である。

出所：伊丹敬之(2008)『経営の力学』東洋経済新報社、PP.37-41をもとに作成

例えば、研究開発部門と事業部門の関係で考えてみよう。研究開発部門は今まで蓄積してきた研究開発成果をベースに考え、技術の新規性や独自性と中長期的

な成果創出を重視する。一方、事業部門は顧客との距離が最も近く、顧客の要望を素早く自社製品に反映させたいと考えており、顧客効用と短期的な成果創出を重視する傾向がある。そのため、共同して仕事を進めるときには、物事の優先順位に対する考え方が異なり衝突が生じやすい（ケンカと縄張りの力学）。

また、先端的な研究に取り組む中央研究所のような独立した組織を作ると、事業部門からの干渉や影響を最小限に抑えることができるが、独立した組織が自律的に行動するあまり、活動内容がブラックボックス化してしまい、中央でコントロールできない事態も生じる（遠心力の力学）。

このような力学がマイナスに作用すると、部門の論理が優先され、いつの間にか全体最適の視点がなくなり、結果として合成の誤謬が生じてしまう。元々は組織の目的を果たすために、効果性や効率性を意図して組織構造が設計されているにも関わらず、次第にその構造自体によって情報とパワーに歪みが生じ、当初の意図とは異なる方へと流されてしまうのである。それが組織の全体最適の追求を阻み、部分最適追求になってしまう原因の1つである。

6-3 全体最適のマネジメントに必要なこと

全体最適を実現するために、研究開発部門のミドルマネジメントはいかに行動すべきなのだろうか。研究開発部門のミドルマネジメントに求められるのは、組織構造によって生み出される負の力学を防ぐことではなく、これらの負の力学を受け入れた上で、既存の構造の中でいかに"この力学を前向きに利用し、影響力を行使していくか"を考えることだ。そのためには、「組織構造の意図を理解」した上で、「組織構造が生み出すデメリットを補う」ことが大切になる。それぞれについて、以下で説明しよう。

6-3-1　組織構造の意図を理解する

まず現在の組織構造がどのような意図で設計されたのかを知る必要がある。言い換えれば、組織構造に込められた経営者のメッセージを理解することだ。なぜ現在の組織構造になっているのか、ミドルマネジメントは組織構造に込められた

意図を自分で考え、解釈しなければならない。

2000年6月に松下電器産業株式会社（現パナソニック株式会社）の社長に就任した中村邦夫氏は、中期経営計画「創世21」で改革路線を前面に打ち出し、それまで70年近く続けてきた開発・製造・販売が一体となった事業部制や過去の成功体験との決別を明確に示した。

中村社長（当時）は「僕が松下で一番変えたい部分は、創業者の理念を基軸にしながら、それでも変化に対応し、変化を先取りする社風にしたいということなんです。」（日経ビジネス，2001）と述べている。

それまでの松下の事業部は1つの独立した会社のように収益管理の責任を負っており、それぞれの事業部でテレビや洗濯機などの各製品の企画から開発・製造・販売まで一貫して指揮していた。そのため、確実に売れると判断できる商品には資源を重点的に投入できるものの、リスクを取り新市場を創出したり、事業部をまたがる革新的な製品を開発することができていなかったのである。

松下は、2001年に国内家電事業の事業部から営業部門を取り出し、マーケティング本部を設置した。生産も事業部から切り離された。マーケティング本部は製品の買い取り責任を持つ反面、各ビジネスユニットへの強い発言権も持たせた。中村社長が抱いた危機感と変革の強いメッセージは、この劇的な組織構造の変化によって増幅され、その真意と本気度が社員一人ひとりに伝わっただろう。

このように組織構造には設計者の意図が反映されている。もちろん、松下のような大きな組織変革、いわば有事の状況は稀であろう。しかし、平素の状況でも、ミドルマネジメントは組織の構造に込められた経営の意図を読み取り、それをメンバーへ伝播していく必要がある。その行為が、組織全体が1つの方向性へとまとまり、全体最適へとつながる1つの契機となる。

6-3-2　組織構造がもたらすデメリットを意識して補う

ミドルマネジメントは組織の構造に込められた意図を読み取った上で、次に自社の組織構造の長所と短所を理解しておく必要がある。どのような構造にも長所があれば、短所もある。長所を活かし、短所を補うことで、組織の構造を最大限に活かしながら、構造的に発生する逆機能を未然に防止したり、最小限に留めた

図表4-15　機能別組織

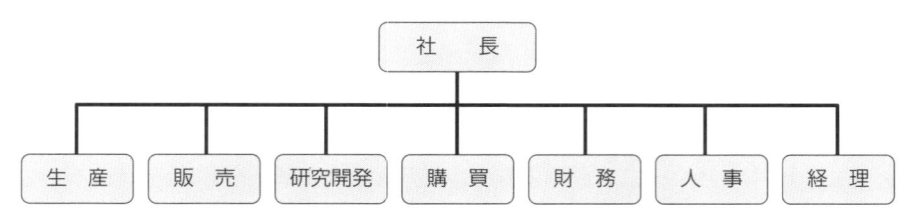

```
                           社　長
    ┌────┬─────┬──────┬──────┬─────┬─────┬─────┐
   生産  販売  研究開発  購買   財務  人事  経理
```

図表4-16　事業部別組織

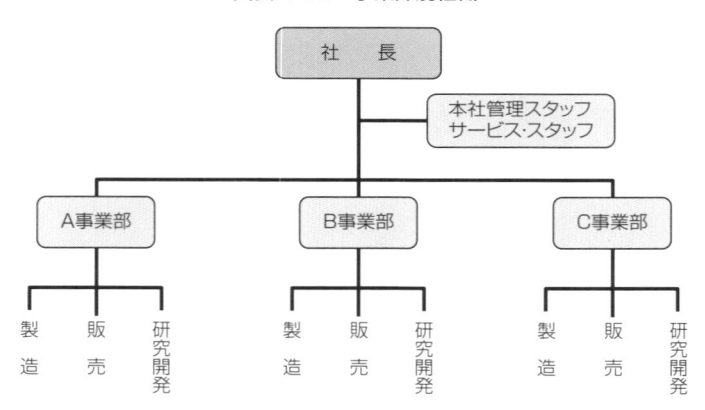

```
                社　長
                 │──── 本社管理スタッフ
                 │     サービス・スタッフ
     ┌───────────┼───────────┐
   A事業部      B事業部      C事業部
   │ │ │        │ │ │        │ │ │
   製 販 研      製 販 研      製 販 研
   造 売 究      造 売 究      造 売 究
       開          開            開
       発          発            発
```

図表4-17　マトリクス組織

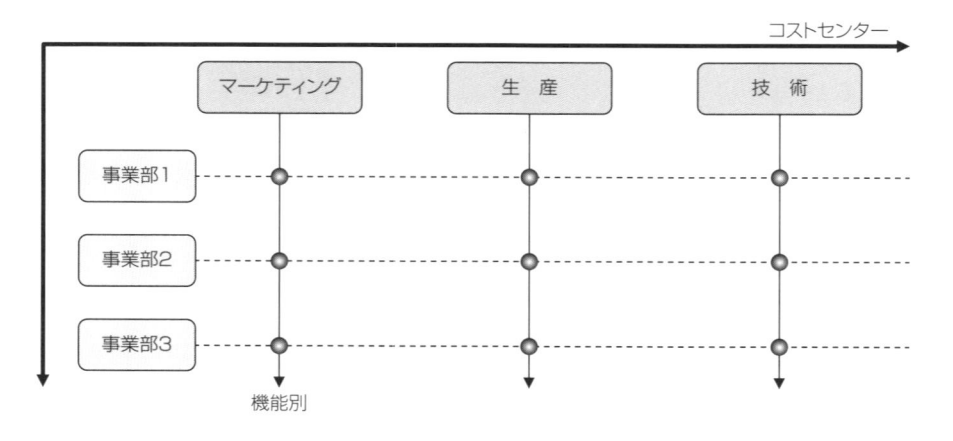

　　　　　　　　　　　　　　　　　　　　　　　　　コストセンター →

	マーケティング	生産	技術
事業部1	●	●	●
事業部2	●	●	●
事業部3	●	●	●

↓機能別

192

第4章：研究開発テーマの事業化を推進する

図表4-18　組織構造の比較

	機能別組織	事業部別組織	マトリックス組織
概要	・機能的な専門化を志向 ・通常、社長の下に複数の機能別部門を持ち、組織全体が1つの自己充足単位となる	・経営者および本社と複数の独立的事業部（製品別、地域別、あるいは顧客別）の2層からなる構造 ・事業部は、原則として、それぞれ自己充足的	・機能別組織と事業部別組織のそれぞれの利点の最適化を目指す ・機能軸と事業軸からなる2元的（地域軸もある場合は3元的）な組織編成 ・常に2方向（または3方向）に命令権限を配置した組織
長所	・専門的な機能ごとに部門化するため、専門化が進み知識、経験が蓄積される ・人や設備などの経営資源を共通利用でき、規模の経済性を実現しやすい ・専門機能別にグループ化された業務が1人の管理者の下に統合されるため、コントロールしやすい	・市場に関する現場情報と、技術や生産に関する現場情報が統合され、的確で迅速な意思決定が可能 ・経営者が全社的・長期的な意思決定に専念できる ・事業部ごとの業績評価が明確で、資源配分とコントロールがしやすい ・権限が現場に近く、メンバーの自立意識や参画意識が高まる	・共通の資源を職能別にまとめ、経済性と専門能力の効率的活用を促進できる ・事業別または製品別に、資源を効率的に調整・管理できる
短所	・個人の職務や職場に関心が向きがちで、部門の目的が全社的目的に取って代わりやすい ・部門が増えると、調整や意思決定に時間がかかる ・部門間の衝突や対立が発生しやすい ・各機能部門間の業務の内容や性質が異なり、業績評価が困難である	・セクショナリズムが発生し、部門利益の部分極大化が生じやすくなる ・全社的・長期的成果より、部門の短期的成果が追求されやすくなる ・各事業部がそれぞれ機能部門を持つため、資源の重複が生じ、効率が悪化する ・複数の事業部の資源を必要とするような新しい技術や、複合的・総合的な製品の開発が行いにくい	・メンバーには常に2人以上の上司がおり、指示が異なる場合に混乱が生じる ・部下の行動に対して、どの上司が責任を負うべきかがあいまいになる ・構造が複雑になり、意思決定の迅速性・的確性が損なわれる可能性がある

出所：学校法人産業能率大学（2005）『ストラテジー＆イノベーション（第2版）』、PP.188-191をもとに作成

りすることができる。

　代表的な組織構造としては、機能別組織、事業部別組織、マトリクス組織の3つがある。例えば、機能別組織であれば、一般に以下のような事態が生じやすい。

> ・組織全体の目的よりも研究開発部門の目的が優先される
> ・調整や意思決定に時間がかかる
> ・研究開発部門と他部門（事業部門、生産部門など）の衝突が起こる

　研究開発部門のミドルマネジメントは、あらかじめこうした機能別組織において生じやすい弊害を考慮に入れて動く必要がある。これらの弊害を克服しながら、事業化を推進していかなければならないのである。

6-4　BAU（Business Activity/Actuality Unit）の形成

6-4-1　新しい組織観"BAU（バウ）"の考え方

　事業を実現し、成功に導くには、自部門の力のみでは難しい。事業に関わる各部門の関係者が、事業目的の実現に向けて連結し、共同体となって事業実現を目指すことが求められる。この共同体の連結の方法、あるいは力を合わせるための手段の1つが、すでに紹介した組織構造である。しかし、組織構造は万能ではなく、組織構造に依存して組織活動を考えると、むしろ活動の効率を低下させてしまうことが少なくない。これは、ミドルマネジメントであれば、誰もが経験しているであろう組織の矛盾である。

　企業の成功物語を聞いていると、全社をあげた鳴り物入りの取り組みや、大掛かりなプロジェクトでの成功はもちろんだが、予算や人員の乏しい陽のあたらないプロジェクトや草の根的に動いたプロジェクトの成功も少なくない。そうしたケースでは、多くの場合、非公式な組織活動が、公式な組織活動を支えている。つまり、公式的な組織活動だけではなく、非公式な活動をも含めた活動の実態としての組織のあり方が事業の成功を大きく左右するのである。

　本書では、このような「実態としての組織活動」、すなわち公式的な組織の活動や構造論などに優先して機能すべき組織活動の考え方やあり方を「BAU（Business Activity/Actuality Unit）」と呼ぶことにする。

　BAUの目的を既存の言葉であらわすと、アドホクラシーの確保ということに

なる。"アドホクラシー（adhocracy）"とは、未来学者であるアルビン・トフラーによって紹介された組織概念であり、"ビューロクラシー（burocracy＝官僚組織）"の対立概念である。トフラーは、アドホクラシーを"組織の構成要素同士が有機的つながりを持ち、変化する環境にあたかも流体のように適応できる組織"と表現している。トフラーは、ビューロクラシーのような一定の構造を持った組織は、それを維持することが優先され、環境や状況に対して硬直的で非効率になりがちであることを見抜き、新しい組織の必要性を主張した。

経営学の中では、H.ミンツバーグがこの概念を発展させ、「複雑な革新が要求される環境において、スムーズに機能する創造的なチームをまとめあげていくプロジェクト構造」[6]と定義し、以下の要件を示している。

（1）高度な専門性を持ったエキスパートが共同して活動を行う小規模、かつ標準化されていないプロジェクトである
（2）活動の調整は、エキスパート同士の相互作用やインフォーマルなコミュニケーションによって行われる
（3）権限は権威や地位に従って決まるのではなく、特定の意思決定のために必要なエキスパートが必要に応じて行う
（4）基本的には組織原則から自由に活動する

H.ミンツバーグは、臨時組織であるプロジェクトを基盤とした組織運営によってアドホクラシーが実現できると考えている。しかし、現実には、プロジェクト組織でさえもその発足の手続きなどの煩わしさがついてまわり、アドホクラシーが十分に実現できるとはいえないのである。

例えば、新規性の高い製品開発では、着想の段階でマーケットの反応を知りたいものである。しかし、一般に、公式に製品開発テーマとして認められていない段階では、事業部や営業組織と協働活動を行うことが難しく、開発部門のマーケット情報へのアクセス手段が不十分なケースが多い。本来であれば、このようなときに臨機応変にプロジェクトを組成できればよいのだが、プロジェクトも公式性が強いために、多くの場合ある一定の手続きを経なければ発足させることができず、結果として、製品開発の行動を鈍らせてしまう。公式の制度や構造だけ

に頼っていては、変化に対応して迅速に動くことが難しいのが現実なのである。
　我々が提案するBAUとは、公式の制度や構造として規定された組織ではない。事業目的実現のために必要な各部門が、目的的かつ主体的に連結した組織、あるいは組織活動である。BAUは、研究開発／事業・営業／生産／管理・企画といった各分野のミドルマネジメントの強い連帯のもと、必要に応じて相互協力し合うことで、もっと迅速かつ自由に擬似的な横串組織を作り出し、市場や顧客の課題に臨機応変に立ち向かえる体制を作り出そうという考え方だ。真に組織に必要な活動を起点に、実質的に活動する組織実体単位（Unit）を作り出すための方策である。
　BAUでは、関係各部門が対峙するのではなく、境界を意識的に壊しながら、顧客のために、あるいは共通目的のために、ともに同じ方向を向きながら役割を調整し、分担し合い、目標達成に到達することを目指す。形式的な組織にとらわれずに、目的的に動くことにこそ意味があるからである。ただし、既存の制度や構造を否定する訳ではない。どのような制度や構造とも共存することが可能で、目的を優先した組織である。

6-4-2　BAUの効用"オルフェウス室内管弦楽団"に学ぶ

　BAUは、ミドルマネジメントの連帯のもと、臨機応変に目的的な活動ができる組織を作り出そうというものである。このBAUの活動の水準を高め、より高い成果を獲得できるような動きを作り出していくこともまた、ミドルマネジメントの役割である。
　ここで、高いパフォーマンスを示すBAUのイメージが凝縮された事例を紹介しておこう。指揮者のいないオーケストラ「オルフェウス室内管弦楽団」の話である。「オルフェウス室内管弦楽団」は、アメリカのカーネギーホールをベースにし、世界的に活躍するオーケストラである。オーケストラとしては珍しく、指揮者を置いていない。
　一般にオーケストラは、様々な楽器・旋律を組み合わせて最高のパフォーマンスを発揮する。そのため、指揮者の役割は非常に重要であり、オーケストラの水準の高さは、指揮者の水準の高さであるといわれる。しかし、「オルフェウス室

内管弦楽団」では、演奏者たちが自ら解釈した音楽の意味やイメージを摺り合わせ、時には異論を戦わせながら、自分たちの演奏を作り出していく。ある特定の個人（指揮者）のイメージに合わせた音楽を奏でるのではなく、そこに参加するもの同志が、演奏する楽曲を解釈し、それぞれが奏でる楽器の特性などを踏まえ、相互に反応し、同調し合いながら最高の音楽を生み出そうとするのである。楽曲は、時にはバイオリンやヴィオラが中心となるパートもあれば、オーボエが中心となるパートもある。つまり、リーダーシップを発揮すべき人が次々に入れ替わる中で、全体としての調和・最高の音楽パフォーマンスを追求しているのだ。

BAU の活動水準が高まると、このオルフェウス室内管弦楽団の組織プロセス同様、顧客に高い製品・技術・サービスのパフォーマンスを提供するために、専門性や異論を摺り合わせ、製品や技術・サービスを作り出すために相互に刺激しながら、同調していく問題解決の場、つまり事業推進のためのアンサンブルの場となってくるのである。

本書でこのような考え方を提案するのは、どのような組織を作ったとしても、それは所詮、構造論、形式論でしかなく、一時の机上の論理だと思われるからだ。市場環境や取り組む課題が常に激しく変化する中で、組織の構造に捉われ過ぎていては対応に遅れをとる。変化に対応していくためには、組織の形式から自由になり、目的中心に、資源を離合集散させる必要がある。このような自由で臨機応変に動ける組織にするには、BAU を生み出し、成果を上げるマネジメントが求められるのである。

6-4-3　BAU におけるミドルマネジメントの役割

研究開発部門のミドルマネジメントは、事業経営者の視座を持ち、事業化を進めるために目的的に行動することが必要である。しかし、既存の組織構造や制度を与件として捉え、その範囲の中で活動をしようと考えると、臨機応変に必要な活動を展開することができなくなる。そのために、新しい組織観として BAU という考え方を提示した。

BAU を作り上げるためには、まず研究開発部門のミドルマネジメント自身が

BAUを想定した建設的な働きかけを行い、各部門のミドルマネジメント同士が同一の目標に向かって進むことのできる安定した関係性を築くとともに、献身的な貢献を提供しなければならないという考え方が共有される必要がある。

BAUは与えられるものではなく、生み出すものだ。BAUを生み出し、BAUで成果を上げていくためには、その前提として研究開発部門のミドルマネジメントが図表4-19に示す7つの行動指針を守る必要がある。

図表4-19　BAU実現のための7つの行動指針

①ミドルマネジメントの使命は「自部門を管理すること」ではなく「事業を実現し、成功に導くこと」であることを認識する
②関係各部署と連携し、開発から事業化までのプロセスに関わり推進していく機能を果たす
③現状の組織構造の意図を把握し、その構造上もたらされる影響を理解しつつ、組織の境界に捉われずに動き、影響力を拡大する
④部門間のコンフリクトを恐れず、前向きなものとして受け止め、積極的な問題解決を図る
⑤自分の熱き想いを込めて大義を掲げ、経営の意図を増幅して"共振"現象を起こし、組織内外のメンバーを巻き込む
⑥資源活用の有効性を高めるために、ミドルマネジメント間の連帯を作り出し、相互に資源を共有している感覚を持つ
⑦自分自身がリーダーシップを発揮するだけではなく、時にフォロワーに徹するなど、その時々で適切な役回りを演じる

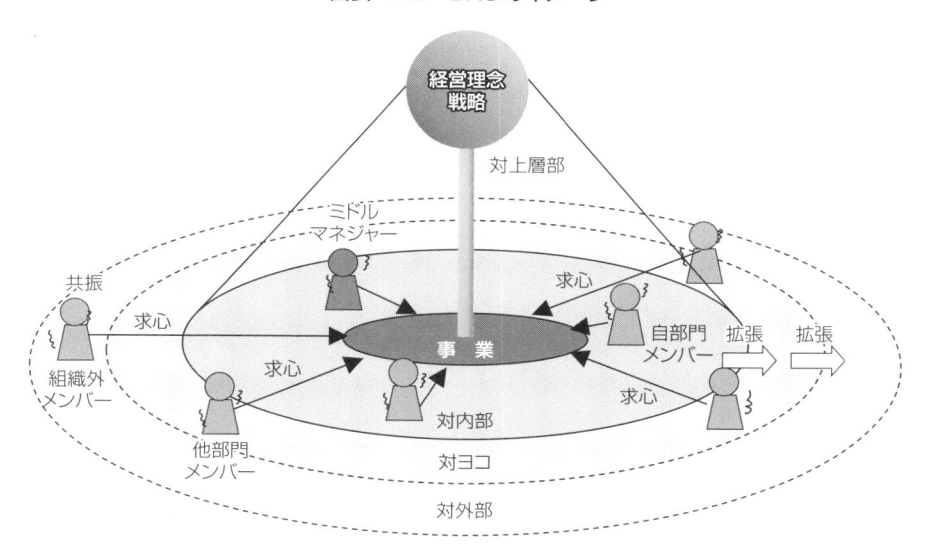

第4章：研究開発テーマの事業化を推進する

図表4-20　BAUのイメージ

6-5　影響力を発揮するために

　事業化の実現に向けて、BAUを形成し、組織の境界に捉われず、目的的に動くためには、周囲に影響力を発揮していかなければならない。周囲に対して影響力を発揮するためには、何らかのパワーが必要となる。

　パワーとは、「ある個人や集団が他のある個人や集団に何かをさせたり、何かをさせない力」（田尾、1991）、「行動に影響し、出来事の流れを変え、抵抗を乗り越え、これがなければ動かない人々に物事を実行させる潜在的能力」（Peffer, 1992）である。

　フレンチとレイブンによれば、パワーは5種類に分けて捉えることができる。この中で、報酬パワー、強制パワー、正当性パワーは、立場や役割に伴って組織から賦与され、公式の権限と密接に結びついており、また専門性パワーと準拠性パワーは、個人的な能力や資質と結びついている（田尾、1991）。ミドルマネジメントにとってみれば、巻き込むべき対象がどのようなパワーを持っているのかを見極めつつ、いかに自分がパワーを発揮し、周囲を巻き込んでいくかが鍵となる。

199

図表4-21 5つのパワーの分類

	職能別組織	概　　要
ポジションパワー	報酬パワー (Reward Power)	AはBに対して報酬を与えることができるというBの認知に基づくパワー
	強制パワー (Coercive Power)	AはBに対して、従わなければ罰を与えることができるというBの認知に基づくパワー
	正当性パワー (Legitimate Power)	AはBの行動に影響を及ぼすべき正当な権利を持ち、これを受け入れるべきであるというBの認知に基づくパワー
属人的パワー	専門性パワー (Expert Power)	Aは特定の知識や技術に関して、自分よりも優れているとBが認知することによって成り立つパワー
	準拠性パワー (Referent Power)	Aに対して魅力を感じ、一体でありたいと願うBにおける同一視に基づくパワー

出所：田尾雅夫(1991)『組織の心理学』有斐閣ブックス，PP.196-197をもとに作成

　では、ミドルマネジメントが自らのパワーを高めるためには何をすべきなのだろうか。

　フェファー（1992）は、個人特性（属人的パワー）よりも適切な場所にいること（ポジションパワー）の方がより重要であると述べている。ポジションパワーは一般的には、組織から与えられた公式の権限などの意味合いの方が強いが、フェファーはそれ以外にもパワー創出の一要因として、コミュニケーションネットワークにおける位置をあげている。

　仕事上のコミュニケーションネットワークにおいて、人との接点が多く、その距離が近く、ネットワークの中心にいる方が、ポジションパワーが大きく、影響力をより発揮しやすいということである。これは、オフィスにおける物理的なレイアウトや、職務の性質と相互依存性（組織の中の他者と頻繁にコミュニケーションをとらないと仕事ができない職務かどうか）にも関係している。

　しかし、研究開発部門のミドルマネジメントは一般的に、組織のコミュニケーションネットワーク上ではあまり恵まれた状況にない。例えば、研究開発部門は物理的に他部門と離れている場所に位置している場合も多く、必然的に他部門とのコミュニケーションの頻度が低くなりがちである。また、専門性が高いために他部門から十分に理解を得られないことも多い。「予算ばかり使って成果がなかなか出ない部門」「実際のところ何をやっているのかよくわからない部門」など

といった印象を持たれていることも少なくない。

　筆者らの調査でも、他部門のマネジャーからは、世の中の変化への対応や顧客・市場を見据えた活動は十分ではなく、他部門への貢献も不十分であるという厳しい見方が示されている（産業能率大学総合研究所，2008）。

　それでは、コミュニケーションネットワークの中心になり、影響力を高めていくためにはどうすればよいのだろうか。

　1つには、組織内における非公式ネットワークを拡充することである。通常、企業の中には公式の組織だけではなく非公式の集団やコミュニティのようなものが存在する。喫煙ルームや喫茶スペースでよく顔を合わせる仲間のようなものもあれば、"同期会"や"同好会"のようなつながりもあるだろう。このような、組織構造とは関係のない集団との関係は大切である。非公式ネットワークに基づく人間関係の形成が、その後の仕事でも効果的に作用することも少なくないからだ。パワーを獲得し、影響力を拡大するためには、積極的に非公式ネットワークの拡充に努めることが効果的である。

　2つ目は、組織外のネットワークの拡充である。研究開発部門は学会などの外部活動に参加しているケースが多い。組織外の人と交わることで、広く最先端の情報を収集でき、自らの視野を広げることができることが最大のメリットだが、パワーを高めていくためには、これらの外部活動で得た情報の発信が重要になる。学会などの組織外のネットワーク活動において得た情報や教訓を組織内に発信するのである。

　自分自身が組織外の活動に参加するのは難しい場合、メンバーに情報収集や成果発表を任せ、自らはその集めた情報を翻訳し、研究開発部門内だけではなく他の部門へと情報を発信する役割を担えばよい。

　原田（1999，2007）は、3段階のコミュニケーション・フローという考え方を示し、主に外部情報を収集する役割であるゲートキーパーは比較的年齢の若いメンバーに委ね、上司や先輩の立場の人間がトランスフォーマーという役割を担うことの重要性を主張している。トランスフォーマーとは、ゲートキーパーからもたらされた情報を、単にその組織の共通言語に翻訳するだけでなく、組織特有の知識へと変換する機能を担う存在である。

　特に他部門に対して影響力を発揮していくためには、ゲートキーパー（若手メ

ンバー）が収集してきた先端の技術動向などの外部情報をそのまま伝えても意味がない。他部門でも活用可能な知識へと転換し、方向づけることが求められる。

自社の事業構造や収益論理を踏まえた上で、外部情報を咀嚼し、自社内部で活用可能な知識に変換する機能を果たすことが、研究開発部門のミドルマネジメント自身の影響力を高めることにつながるのである。

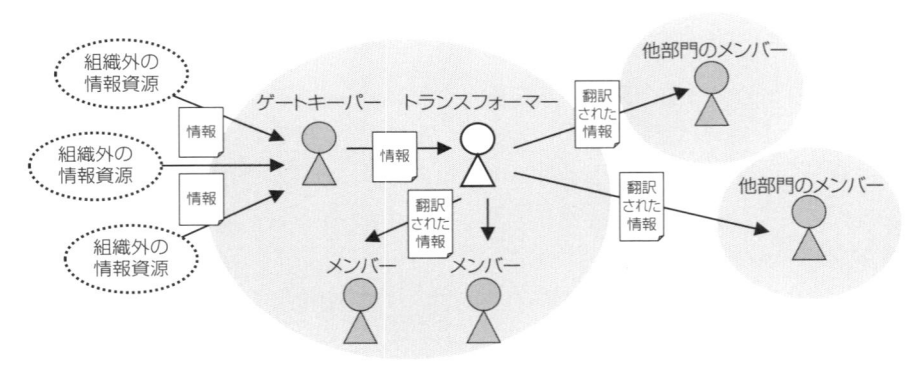

図表4-22　3段階のコミュニケーション・フロー

出所：原田勉（2007）『ケース演習でわかる技術マネジメント』日本経済新聞出版社，P.136をもとに作成

6-6　コンフリクトを乗り越える

研究開発部門のミドルマネジメントは、全体最適の高い志を持ち、大義を掲げ、関連部門を巻き込んで、事業化を推進していくことが求められる。

しかし、事業化を推進していく過程では、多くの障害が発生する。研究開発部門という枠組みに捉われず全体最適を志向して行動したとしても、葛藤が生じることもある。ここでは、技術的な不具合や対外的な問題などの障害以外に主に組織内部で生じるコンフリクト（Conflict）への対処方法について考えていく。

6-6-1　コンフリクトとは

　コンフリクトとは、通常、葛藤・不一致・対立・衝突などと訳される。かつては、コンフリクトが生じると、個人や組織に何らかの混乱が生じるため、できるだけコンフリクトを発生させない方がよいと考えられていた。しかし、最近では、コンフリクトの発生を前向きに捉え、組織を創造的に変革するための契機として、積極的に評価する考え方が主流である。

6-6-2　コンフリクトの種類と原因

　図表 4-23 に示すとおり、コンフリクトには主に、個人内コンフリクト、個人間コンフリクト、集団間コンフリクトの 3 つがあるが、ここでは主として集団間コンフリクトについて検討する。

図表 4-23　コンフリクトの種類

種　類	概　要
個人内コンフリクト	・個人内に、複数の相互排他の要求（欲求）が同時に存在し、行動の選択ができずにいる状態
個人間コンフリクト	・個人間の対立や競合が起きている状態 ・主にパーソナリティ、価値観、態度などの個人差から生じる
集団間コンフリクト	・主に目標が競合する場合に発生する ・以下の2つのコンフリクトに分けられる ◆水平的コンフリクト ・ライン－スタッフの対立など双方が相互依存的な場合やそれぞれの目標にまとまりがなく、お互いが限られた資源を取り合うような場合に発生 ◆垂直的コンフリクト ・上司－部下、労使間の対立など、組織のヒエラルキーが有効に機能せず、権威が正当性を失い、権限の配分にゆがみが生じるなどした場合に発生

　集団間のコンフリクトはなぜ起こるのだろうか。ダフト（2001）は、潜在的コンフリクトの原因として、図表 4-24 に示す 4 つの原因をあげている。
　研究開発部門と他部門の間のコンフリクトは決して少なくない。これは研究開発部門の仕事やメンバーの質が他の部門と異なっていることの影響が大きい。

図表 4-24　コンフリクトの原因

コンフリクトの原因	概　要
①目標の不一致	・組織における集団間コンフリクト最大の原因 ・ある部門の目標達成は他の部門の目標達成を妨げることが多い 例）研究開発部門の目標である「製品Aの機能向上」が、生産部門の目標である「製品Aの効率的な生産」を妨げる　etc.
②分化	・分化とは、異なる職能部門のマネジャー間にある認識および感情での志向の違いである ・組織の部門や事業部は、それぞれ異なる価値観や態度、行動基準を持っており、こうした文化的な相違がコンフリクトを生み出す 例）研究開発部門は「個人でじっくりと腰を据えて1つのことを深く考える」傾向があるが、営業部門は「集団で議論し物事をはやく決定、行動する」傾向がある　etc.
③職務の相互依存性	・職務の相互依存性とは、組織の中のある集団が他の集団に原材料、資源、情報を依存している状態のことである ・相互依存性が高いとメンバー同士で調整や情報共有の時間が必要となり、コミュニケーションの頻度も高くなる。その時に目標や姿勢の違いが表面化するとコンフリクトにつながりやすい 例）「顧客からの度重なる仕様変更」の情報が営業部門からもたらされると後工程である設計部門や生産部門の工程に混乱を生じさせる　etc.
④限られた資源	・限られた資源と認識されているものに対する集団間の競争 ・資源は組織における力と影響力の象徴である ・各集団は目標達成を目指すために自分たちの資源を増やしたがる傾向がある 例）部門間の予算、設備、人的資源の奪い合い　etc.

出所：Richard L. Daft（2001）"ESSENTIALS OF ORGANIZATIONAL THEORY & DESIGN, 2nd Edition". South-Western College Publishing（高木晴夫訳『組織の経営学』ダイヤモンド社, 2002）邦訳　PP.293-296 をもとに作成

　例えば、研究開発部門のメンバーは理系出身者であり、その多くが修士号や博士号を持つ。大学や大学院時代の専攻と非常に近い業務内容に従事しており、組織内だけではなく、学会発表や特許登録など、組織外の場で仕事の成果が評価される機会がある。他の部門とは異なる面が多いため、研究開発部門の仕事は、その他の部門とは違うという認識が生まれやすい。また、研究開発部門では白衣や作業着など特別なユニフォームで身を固める場合もあり、外見上の相違がある場合も珍しくない。

　特に基礎研究に従事する人は、情緒的職務関与（職務への興味や愛着）や行動的職務関与（プライベートな時間も、仕事に役立つことをするなどの自発的な職

務関連行動）が強く（義村，2007）、職務や仕事に対して特別な想いがある。こうした意識の差が研究開発部門の仕事が他の部門とは異なり特別なものであるという認識につながりやすい。

　また、成果を出すまでの時間的な感覚も異なる。研究開発部門は中長期的なスパンで仕事の成果を考えているのに対して、営業部門や生産部門などの部門はより短期的な時間の中で仕事を進めており、こうした仕事に対するスタンスの違いもコンフリクトの原因である"目標の不一致"や"分化"へとつながりやすいと考えられる。

6-6-3　コンフリクトの解決方法

　前述したとおり、コンフリクトにはデメリットだけでなく、メリットもある。コンフリクトに直面することは、ミドルマネジメント本人にとって、新しいアイデアを獲得したり、視野を広げたり、コミュニケーションのスキルを学習するチャンスであり、自部門内だけでは解決できなかった組織的な問題や抜本的な問題を解決できる貴重な機会と見ることもできる。

　したがって、解決にあたっては、コンフリクト自体を前向きに受け止め対処していくことが求められる。そのために有効な枠組みが、トーマスのコンフリクトの対処に関するモデルである。トーマスによれば、コンフリクトは「自己主張性」と「協力性」の2つの次元で捉えることができ、その解決パターンは5つに分類できる（Thomas，1992）。

　コンフリクトの解決にあたっては、「協創」を目指して、当事者同士による話し合いを行うことが基本である。話し合いにおいては、自らが建設的な解決案を創出していくことがポイントであり、図表4-26に示した3つのステップを踏む必要がある。

　一方で、常に「協創」のアプローチが実行できるとは限らないこともまた事実である。どの解決方法がよいかは、コンフリクトの内容や直面している状況、時間的な制約などに依存する。例えば、事態が緊迫しており、時間的な余裕がない場合は、"競争"や"順応"による対処の方が現実的な場合もあるであろう。

　それぞれのコンフリクト対処方法の特徴について、図表4-27にまとめた。

図表 4-25　コンフリクトの解決パターン

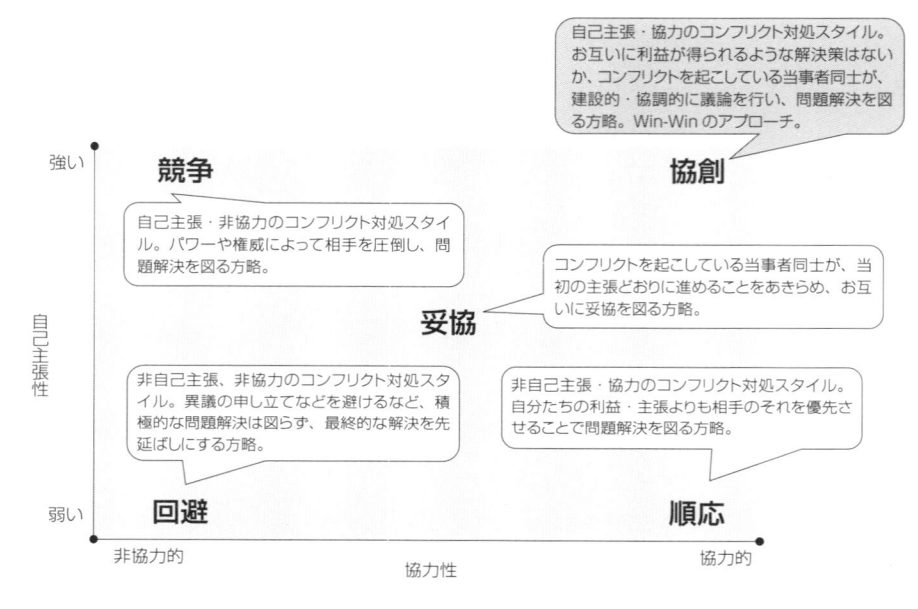

```
         強い
          │   競争                           協創
          │   ┌─────────────┐              ┌──────────────────────────────┐
          │   │自己主張・非協力のコンフリクト│              │自己主張・協力のコンフリクト対処スタイル。│
          │   │対処スタイル。パワーや権威に │              │お互いに利益が得られるような解決策はない│
  自      │   │よって相手を圧倒し、問題解決 │              │か、コンフリクトを起こしている当事者同士が、│
  己      │   │を図る方略。                 │              │建設的・協調的に議論を行い、問題解決を図│
  主      │   └─────────────┘              │る方略。Win-Winのアプローチ。           │
  張                            妥協        └──────────────────────────────┘
  性                     ┌──────────────────────┐
          │              │コンフリクトを起こしている当事者同士が、当│
          │              │初の主張どおりに進めることをあきらめ、お互│
          │              │いに妥協を図る方略。                      │
          │              └──────────────────────┘
          │   ┌─────────────┐              ┌──────────────────────────────┐
          │   │非自己主張、非協力のコンフリ │              │非自己主張・協力のコンフリクト対処スタイル。│
          │   │クト対処スタイル。異議の申し │              │自分たちの利益・主張よりも相手のそれを優先│
          │   │立てなどを避けるなど、積極的 │              │させることで問題解決を図る方略。        │
          │   │な問題解決は図らず、最終的な │              └──────────────────────────────┘
          │   │解決を先延ばしにする方略。   │
          │   └─────────────┘
         弱い  回避                           順応
          └────────────────────────────────────→
             非協力的        協力性         協力的
```

出所：Kenneth Thomas (1992) "Conflict and Negotiation Process" in M. D. Dunnette and L. M. Hough (ed), Handbook of Industrial and Organizational Psychology SECOND EDITION Volume 3. Consulting Psychologists Press, P.668 をもとに一部加筆修正

図表 4-26　コンフリクト解決へのステップ

◆コンフリクトの解消に向けたアプローチ
- ✓ 「協創」を目指し、コンフリクトを起こしている当事者同士による話し合いが基本
- ✓ 話し合いの中では、自らが建設的な解決案を創出していくことがポイント
- ✓ 具体的には以下の3つのステップで実践することが有効

ステップ	各ステップの説明	具体的な対応例
①情報を共有する	コンフリクトを起こしている当事者同士がお互いの主張とその背景（潜在ニーズ）を知り、潜在ニーズを顕在化するステップ	➤状況探索質問（Why・What・How） ➤傾聴（事実と感情の理解） ➤私メッセージ（自分の想いを率直に伝え共感を得る、「私」が主語）
②問題を再焦点化する	共有したお互いの顕在ニーズを満たすために解決すべき問題を設定し、相手に協調的に問題解決を図ることを提案するステップ	➤問題の再焦点化を問いかける ➤お互いが一致できる目的を確認する ➤視点・視野・視座を変える
③解決のアイデア出しをする	問題を解決するために、お互いができることを建設的な提案として出し合い、最もよいアイデアを創出するステップ	➤解決策提案質問 ➤ブレーン・ストーミング

図表4-27　コンフリクトの対処方法の特徴

方法	適切なとき	不適切なとき
回避	・問題が些細なとき ・相手方と対立することで生じる問題がより深刻な問題になるとき ・相手に任せた方が、良い解決になると判断したとき	・問題が自分にとって重要なとき ・自分が意思決定しなければならないとき ・素早い対処が必要なとき
競争	・問題が些細なとき ・緊急事態と判断できるとき ・即断が望まれるとき ・相手側の決定内容が自分たちにとって不本意で負担が大きいものであるとき	・問題が複雑なとき ・問題が自分にとって重要ではないとき ・即座に決定する必要がないとき
順応	・自分より相手側にとって、その問題が重要だと判断できるとき ・相手側からの将来的な見返りを考えて今はあきらめようと考えているとき ・人間関係の維持が重要だと判断したとき	・問題が自分にとって重要なとき ・相手側が間違っていたり、倫理的ではないとき
妥協	・双方のゴールが相容れないとき ・コンセンサスが得られないとき ・これ以上主張し続けることによる労力や混乱が見合うものではないと判断したとき ・"協創"や"競争"による対処が失敗した後に使うとき ・複雑な問題で一時的な解決が必要なとき	・"協創"的な問題解決アプローチが必要なほど、問題が複雑なとき ・一方が他方よりも強力なパワーを持っているとき
協創	・問題が複雑なとき ・学ぶことが目的のとき ・様々な人の見解を取り入れることが目的のとき ・問題解決案の実行に相手側のコミットメントが必要なとき ・問題解決をするために双方が所有するリソースが必要なとき ・時間的なゆとりがあるとき ・人間関係を阻害するような感情を克服することが目的のとき	・問題が単純なとき ・即断が必要なとき ・相手側が問題解決のスキルを持っていないとき

出所：鈴木有香(2008)『コンフリクト・マネジメント入門』自由国民社，P.43をもとに作成

第4章のまとめ

本章では、研究開発部門のミドルマネジメントに求められる第3の機能である「研究開発テーマの事業化推進」機能について、基本的な考え方とポイントを解説してきた。

研究開発のミドルマネジメントは「事業推進者」であることが求められている。そのためには、研究開発という仕事の特性を踏まえてプロセスをマネジメントすることはもちろん、事業化に向けた見通しづけを持たなければならない。

また、「事業化を実現し、成功に導く」ためには、既存の構造や仕組みに捉われず、大義を掲げ、内外に影響力を発揮し、周囲を巻き込みながら、事業化を推進していくことが求められる。研究開発部門のミドルマネジメントは、事業化を推進していくプロデューサーとしての役割を果たさなければならないのである。

次の第5章では、研究開発部門のミドルマネジメントに求められる第4の機能である「研究開発の組織能力の構築」について考えていく。

〔脚注〕

1 P. Schwartz, (1991) "The Art of the Long view : Planning for the Future in an Uncertain world", (垰本一雄、池田啓宏訳『シナリオ・プランニングの技法』東洋経済新報社, 2000) 邦訳 P.2 より引用
2 K. Heijden (1996), "Scenario Planning-Strategic thinking and decision making", (西村行功訳『シナリオ・プランニング―戦略的思考と意思決定』ダイヤモンド社, 1998) 邦訳 P.114 より引用
3 NPV 法は、DCF 法(Discounted Cash Flow : 割引キャッシュフロー法)と呼ばれることもある。
4 T. Copeland, and V. Antikarov (2001), "REAL OPTIONS", (栃本克之監訳『決定版 リアル・オプション―戦略フレキシビリティと経営意思決定』東洋経済新報社, 2002) 邦訳 P.5 より引用
5 「研究開発部門のミドルマネジメントに関する実態調査」(学)産業能率大学総合研究所 (2008)
6 「組織設計、流行を追うか適合性を選ぶか」ダイヤモンド・ハーバード・ビジネス、1981年5－6月号

第5章

研究開発の組織能力を構築する

> ケース　【湘南化学】

～前回までのあらすじ～

　西社長に請われ、湘南化学の経営企画室に着任した松山は、研究開発部門の建て直しを期待され、研究開発部門の現状に関するレポートをまとめるために現場のミドルマネジメント層や事業本部へのヒアリング活動を進めていた。

　松山は次のヒアリング先をすでに決めていた。ディスプレー材開発センターの課長の大久保（38歳）である。大久保は研究開発本部の課長の中で最も若い。しかもディスプレー材開発センターは、湘南化学の次を担う新しい分野の研究開発を行う部門である。「彼からは新鮮な目で見た研究開発部門のマネジメント実態が聞けそうだ。」

●仕事内容

　大久保は長身のやせ型で、見た目は年齢以上に若く見えた。

　「この開発センターができたのは、ちょうど2年前です。センター発足と同時に自分が課長になりました。自分はまだ若いですし、課長になる器ではないと今でも思っているのですが、当時は自分以外にディスプレー材を主に研究してきた人間がいなかったので消去法で選ばれたのでしょう。」

　「仕事は、次世代ディスプレーに搭載できるようなフィルムとか発光材などの研究開発をしています。まだ海のものとも山のものともわからないようなテーマも多いです。なにしろ、未来のことに取り組んでいますので、不確実性が高い仕事だといえます。新しい分野の研究開発ということもあり、自社の過去の成功体験をうまく活かすことが非常に難しいです。」

　「私個人も研究開発テーマを持って活動しています。いわゆるプレーイングマネジャーです。ただ、管理者としての事務仕事が多くて、思ったようには研究開発に時間が割けていません。忙しくて、自分の仕事を振り返る機会も余裕もない状態です。最近は機密情報管理やら内部統制やら間接業務が増えました。本音をいえば、そういった余計な仕事を減らして、好きなテーマに打ち込みたいですね。」

　「課長の一番のミッションは人の育成だと思います。これは断言できます。一

番重要なのですが、これが一番難しい。育成の基本はOJTです。指導方法はリーダーに任せています。やはり、各専門領域で必要な知識は異なりますので。ただ、OJTリーダーの指導のバラツキが大きい気がします。」

● 悩み

　「基本的にメンバーの専門性は高く、まじめで、こつこつ仕事をしているので安心して任せられます。ただ、これからは、1つの専門性だけで食べていける時代ではないと思うのです。少なくても2つ3つぐらい柱を持たないとダメだと思います。うちのメンバーにもあまり1つの専門性にこだわり過ぎない方がよいといってはいますが。」

　「1人ではなくチームで進めていくプロジェクトも多いので、なんていうか、個人の能力開発というより、チーム力アップというか組織力アップというか、それをどうやって高めていくかが課題です。それには、専門知識ではない、研究開発者としての"技能"の伝承も含まれますね。」

　「最近の若い人ですか？　う〜ん、そうですね、指示待ちのメンバーが多いのは気になります。もっと自分の判断で動いてよいのですが。それと、なかなかコミュニケーションをとるのが難しいですね。ちょっと注意するとすぐにやる気を失ってしまうような若い人も少なくないですし。思った以上に気を使いますよ、こっちが。」

　「私が入社した頃は、上司から『研究開発の哲学』を持て、とよくいわれました。自分の仕事の意味を考え、『オレの仕事は〜だ』といえるようにしろといわれました。最近はそういう哲学というか志というか、そういう一本芯が通っているような研究開発者が減った気がします。」

　「うちのメンバーは皆優秀です。知識があるという表現が適切ですかね。特定分野では私より知識が豊富な人も多いです。今は、自分の席にいながらにして、論文でも文献でも様々な情報を集められますし、コンピュータ上で解析や実験が低コストでできる時代ですから。でも、そういう情報や実験結果の意味を深く理解しているかというと、そうでもない気がします。何でも気軽にできる反面、よく考えていないというか、手当たり次第というか。」

　「私の上司の若い頃は、実験計画書をそれこそ何十回と突き返されたそうです。

『お前の計画書では、何のために実験をやるのかわからない』と。どこを書き直せばよいのかなんて教えてくれなかったらしいですよ。『どこを直せばよいでしょうか？』なんて聞こうものなら、"真っ赤な顔"をして怒鳴りつけられたらしい。それはそれは怖かったらしいですよ。まぁ当時は簡単な実験1つやるにしてもコストも時間もかかったので、上司の判断が厳しかったのでしょうが。それにしても、今の若い人には、物事の本質を考える姿勢が欠けている気がします。当時のマネジメントのスタイルが現在通用するとは思いませんが、こういった湘南化学のよい慣習は大事だと思います。現状では、そういうものの伝承とか伝播とかは、あまりできていませんね……。」

「私のセンターが担当しているのは新しい分野なので、本当は社外の資源をどんどん活用することも必要だと思います。ただ、うちの会社は外部の研究機関や大学の研究室との共同研究が下手でしてね……。あまり効果的にできていません。なんとなく、外に頼らないことを良しとするような風土もある気がします。私としては、これからはもっと外に目を向けるべきだと思います。」

「一番、心掛けていることは、皆で自由にディスカッションできるような雰囲気作りです。これは、自分でもうまくできていると思います。メンバーとは非常にフラットな関係を築けています。例えば、ちょっとした休憩時間にコーヒーを飲みながら自由に討議するとか。自分でいうのも何ですが、うちの職場の雰囲気はよいと思いますよ。欲をいえば、経験とか年齢とか関係なく、もっとお互いに教え教わり合う関係がでてくると嬉しいのですけど。さらに私のセンターだけではなく、色々なセンター間で交流というかネットワークが広がると最高ですね。」

「メンバーの話を聞いていると、彼らが誰も管理職になりたがっていないことが少し気がかりです。まぁ、研究開発の人間ですから、専門性を突き詰めていきたいという想いは理解できますし、雑務に追われてヒィヒィいっている私を見ていたら、管理職になりたくないという気持ちもわかりますけどね。事実、昔の私もそうでしたし。でも自分の後釜を育成するのも私に課せられた仕事なので何とかしないといけませんね。」

　松山もADC社時代に、「ADC WAY」なるものをたたき込まれた記憶がある。外資系企業だけの特別なものだと思っていたが、湘南化学も湘南化学らしさの伝

承が必要なのかもしれないと感じた。

「研究開発の哲学とか姿勢などは、昔は上司と部下、先輩と後輩の仕事上のぶつかり合いの中で、自然に継承されたのだろうが……。今はそう簡単にはいかないのかもしれないな。」

三浦、和田、大久保の3人や事業本部の声などを通じて、湘南化学の研究開発本部の実態がようやく見えてきた気がした。「あとはどうやってレポートとしてまとめるかだな。まさか現状の問題の羅列だけでは済まないだろうし、打ち手とセットでレポートをまとめないと……。」

レポート提出まで10日を切ったある日、役員フロアで偶然、西社長とすれ違った。

「どう？ ヒアリングは終わった？ 実態が肌感覚でわかったでしょ？ 是非、松山くん独自の視点でレポートまとめてよ。期待しているよ。」あまり進んでいないレポート執筆作業が頭によぎったが、「順調です。」と松山は笑顔で応えた。

相変わらずのせっかちさで次の会議室に移動する西社長だったが、突然足を止め、振り向きざまに松山へいった。「レポートにまとめる内容なんかも悩んだら、小早川相談役に相談してみるといいよ。ただ、あまり中途半端なモノだと"真っ赤な顔"で怒鳴られるかもしれないけどね。彼の昔のあだ名は"赤鬼"だったそうだから。気をつけた方がいいよ。」

ヒアリングの中で度々登場していた"赤鬼"が、あの温厚な小早川相談役のことだったことに驚きつつ、松山は提出すべきレポートに思いを馳せた。

ケースの解説　【湘南化学に学ぶ】

　このケースでは、プレーイングマネジャーとして二足の草鞋を履く大久保の人材育成に対する想いとともに、その難しさが語られている。大久保は、現状を客観的に把握できてはいるものの、人を活かし、育てることの難しさに直面し、悩んでいる状況だ。現実の研究開発部門においても、ミドルマネジメントの悩みの多くは人材育成の問題であり、経営層からの人材育成に対する期待も強い。しかし、現実には、なかなかうまくいかないために、その悩みは一層深くなる。

　大久保の職場は、雰囲気もよく、メンバーとの関係づくりもできているようだ。しかし、それが組織としての能力向上につながっているとは思えない。大久保も、個人の能力開発の先に、組織能力の向上という目標を設定しているが、それに向けた成果が感じられないことから、強い問題意識を持っているのだろう。消去法で選ばれたと自らいっているにしては問題意識が高い。

　とはいえ、大久保は、人材育成の具体的な取り組みとしてのOJTに問題意識を持っているものの、結果としてリーダー任せになってしまっている。メンバーの価値観や意識が変化する中で、自分の経験則だけではうまくいかないことまでは理解できているが、人を育てるための考え方や方法論などに通じていないために、具体的な方策を講じるまでに至っていない。やはり、ミドルマネジメントであれば、人の能力を伸ばすことや、組織の能力を伸ばすことについて、少し真剣に学ぶ必要があるだろう。

　ただし、人材育成で気をつけておきたいのが、「問題のすり替え」である。研究開発部門の組織成果は個人の力量にある程度依存するために、個人の能力さえ高めれば成果が出ると思いがちである。しかし、いかに個人の能力が高まろうとも、それをうまく活かすことができなければ、組織としての成果を生み出すことは難しい。つまり、ミドルマネジメントが各種の仕組みやルール、運用上の工夫によって解決を図らなければならない問題を個々のメンバーの育成だけの問題にすり替えてはならないのである。ミドルマネジメントは、個々のメンバーの育成のみならず、組織としての力をいかに高めていくかを考える必要がある。

第５章：研究開発の組織能力を構築する

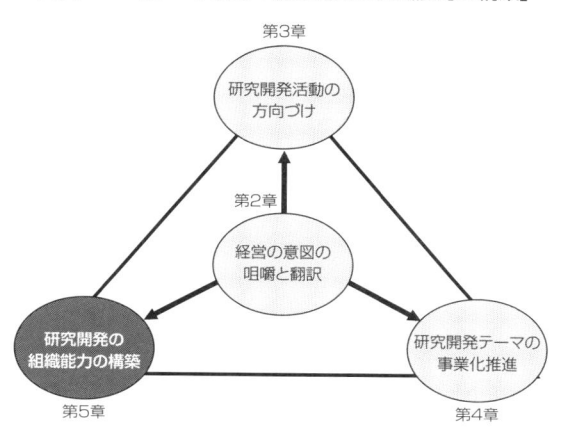

図表5-1　第４の機能「研究開発の組織能力の構築」

- 第3章　研究開発活動の方向づけ
- 第2章　経営の意図の咀嚼と翻訳
- 第5章　研究開発の組織能力の構築
- 第4章　研究開発テーマの事業化推進

第5章の構成

　第5章では、まず組織能力の概念について整理した上で、研究開発の組織能力とは何かを検討する。次いで、研究開発の組織能力を強化するための2つのアプローチ「意図的な組織能力の構築」と「組織の学習力強化」について解説する。最後にそれぞれのアプローチの基本的な考え方と実行のポイントについて述べる。

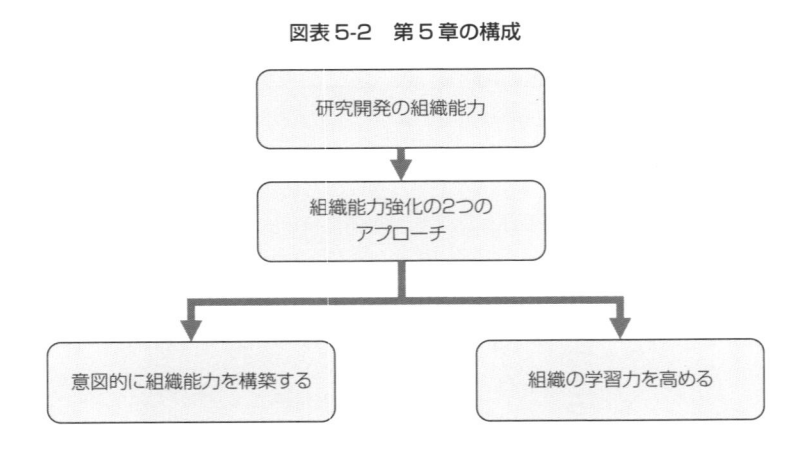

図表5-2　第5章の構成

```
        ┌─────────────────┐
        │  研究開発の組織能力  │
        └─────────┬───────┘
                  ↓
        ┌─────────────────┐
        │ 組織能力強化の2つの │
        │    アプローチ      │
        └─────────┬───────┘
            ┌─────┴─────┐
            ↓           ↓
  ┌─────────────────┐  ┌─────────────────┐
  │意図的に組織能力を構築する│  │ 組織の学習力を高める │
  └─────────────────┘  └─────────────────┘
```

1 研究開発の組織能力

1-1 求められる短期的成果と中長期的成果の同時追求

　すでに見てきたとおり、競争が激化し、市場と技術の不確実性が増加する中で、研究開発部門には、トップマネジメントから「売れる製品」を「できるだけ早く開発する」という強い期待がかけられている。そして、研究開発の現場を預かる多くのミドルマネジメントはこうした期待に応えるべく、メンバーとともに日々懸命な努力を重ねている。ただし、こうした期待に応えようとするあまり、短期的な成果を出すことに注力し、近視眼的な状況に陥ってしまうことがある。皮肉なことに、成果に対する意識や責任感が強い人ほど、そうした傾向が強い。

　しかし、ミドルマネジメントに求められるのは短期的な成果を出すことばかりではない。短期的な成果と中長期的な成果を同時に追求し、達成していくことが求められている。そして中長期的な成果とは、他社に対して優位性を持つ研究開発の組織能力を作り上げることだ。他社に対して優位性を持つ研究開発の組織能力があってこそ、継続的、安定的に優れた商品を生み出すことが可能になる。経営からの期待に継続的に応え、自社の収益に貢献し続けていくためには、中長期的な観点から自社の研究開発の組織能力を高めていくことが不可欠なのである。

1-2 競争力と組織能力

　企業の競争力を支え、企業が持続的な競争優位性を築く上で重要な要因となるのが組織能力である。ただし、組織能力自体は外から見えるものではない。組織能力は競争力を支える要因であり、水面下で組織の競争力の源泉として機能しているものである。藤本（2003）は、ものづくり企業の競争力を「表層の競争力」と「深層の競争力」の2つに分けた上で、「組織能力」を深層の競争力に直結しているものとして位置づけている（図表5-3参照）。

図表 5-3　競争力と組織能力

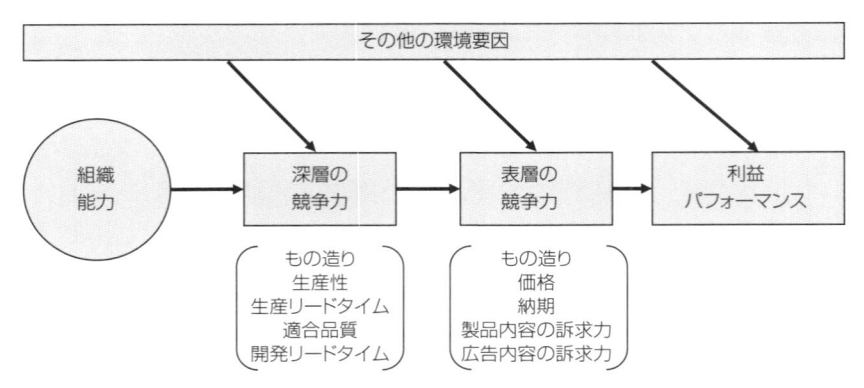

```
                    その他の環境要因
            ↓           ↓           ↓
  組織   →  深層の   →  表層の   →   利益
  能力      競争力      競争力     パフォーマンス
           ┌ もの造り ┐  ┌ もの造り ┐
           │ 生産性   │  │ 価格     │
           │ 生産リードタイム │ 納期 │
           │ 適合品質 │  │ 製品内容の訴求力 │
           └ 開発リードタイム ┘ └ 広告内容の訴求力 ┘
```

出所：藤本隆宏（2003）『能力構築競争―日本の自動車産業はなぜ強いのか』中公新書, P.41 を一部修正

　このように組織の競争力を階層化して捉えることによって、持続的な競争優位性を獲得するためには、最も深層にある組織能力を鍛えることが重要であることがわかる。表層の部分ばかりに着目していては、本当の意味で持続的な競争優位性を築くことは難しい。特に研究開発という領域は試行錯誤の問題解決プロセスを通じた様々なノウハウの蓄積が重要であり、短期的な成果ばかりを追い求めてしまうと弊害を生むことも多い。

　組織能力は短期的な企業収益にすぐに反映するものではなく、中長期的な蓄積を通じて、若干のタイムラグを伴いながら、中長期的に組織の競争力の向上に寄与していく。藤本の議論を参考に、研究開発の視点を加えて企業の競争力の階層構造を示すと図表5-4のように捉えることができるだろう。

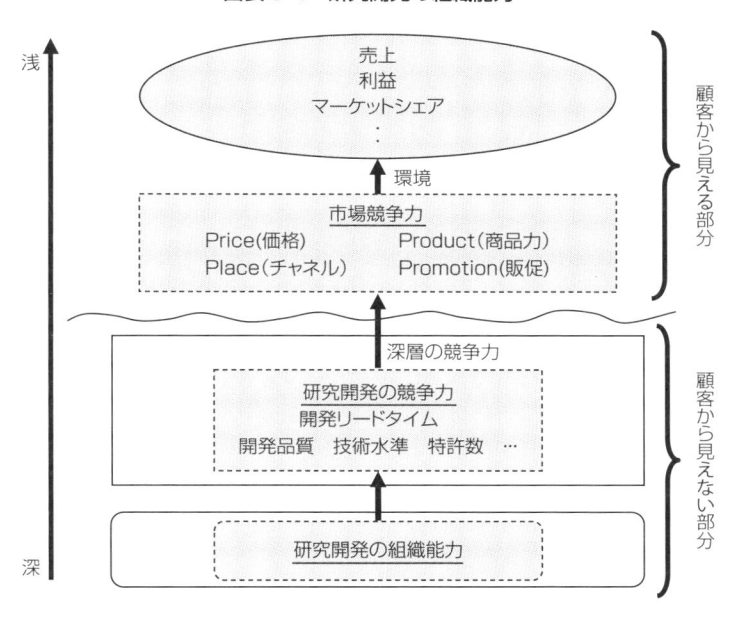

図表5-4　研究開発の組織能力

```
浅 ↑                          ┌─────────────┐
                    ╭──────────╮        │ 顧
                   （  売上      ）       │ 客
                   （  利益      ）       │ か
                   （ マーケットシェア ）   │ ら
                   （    ：      ）       │ 見
                    ╰────↑─────╯        │ え
                         │ 環境            │ る
              ┌─────────┴──────────┐   │ 部
              │     市場競争力        │   │ 分
              │ Price(価格)  Product(商品力)│ │
              │ Place(チャネル) Promotion(販促)│
              └─────────↑──────────┘   │
              ～～～～～～│～～～～～～～～～～
                        │ 深層の競争力     │ 顧
              ┌─────────┴──────────┐   │ 客
              │   研究開発の競争力    │   │ か
              │   開発リードタイム    │   │ ら
              │ 開発品質 技術水準 特許数 … │ │ 見
              └─────────↑──────────┘   │ え
                        │                │ な
              ┌─────────┴──────────┐   │ い
              │   研究開発の組織能力  │    │ 部
              └────────────────────┘   │ 分
深 ↓                                     └
```

1-3　研究開発の組織能力

　一般に、研究開発部門の組織能力として最も注目するのは技術である。しかし、技術は結果として蓄積された資源であり、むしろ、技術を高めていく上で重要なのは、技術を獲得・蓄積していく能力である。コア技術は重要な経営資源だが、組織能力の視点からは、コア技術を生み出してきたコア技術形成能力に着目する必要がある。シャープを例にとれば、コア技術である液晶関連の技術そのものではなく、その液晶技術をコア技術に育て上げてきたコア技術形成能力にも着目するべきなのである。

　また、技術レベルには大きな違いがなくても、現実にはヒット商品や革新的な製品を生み出すことができる組織とそうでない組織が存在する。そうした違いを生み出す要因のひとつは、技術を統合したり、活用したりする能力の違いによる。

　すなわち、結果として蓄積された技術ではなく、その技術を蓄積・向上させて

きた能力、技術と顧客のニーズを適合させる能力、開発プロセスをマネジメントする能力、プロジェクトを評価し、選択していく能力などが重要な組織能力であり、そうした能力の違いが結果として自社の深層の競争力に影響を与えている。そして、そうした能力の違いは、中長期的に技術の蓄積・獲得にも影響を与える。なぜなら、ヒット商品を生み出せなければ技術を活用する機会が減少し、結果として技術力を練磨していくことが難しくなる可能性が高いからだ。

ただし、どのような能力が自社の競争力の向上につながるかについては、一律に規定できるものではない。自社の扱う製品やサービスの特性などによって、競争優位性を高める組織能力、言い換えれば、効率的・効果的な研究開発を実現するために獲得すべき組織能力は異なるからだ。

例えば、桑嶋（1999, 2006）は、製薬業界における医薬品開発の組織能力を実証的に明らかにしている。彼によれば、新薬開発において競争優位の源泉となる組織能力は「Go or NoGoの判断能力」と「プロトコルデザイン能力」であるという。「Go or NoGoの判断能力」とは、開発中の新薬候補品（化合物）を次の段階に進めるかどうかについての判断能力である。医薬品の開発においては、臨床試験段階に入ると実質的に設計の変更がきかなくなることから、臨床試験に入るか、入らないかという意思決定が非常に重要になる。それは後戻りのできない意思決定であり、判断の精度が新薬開発の成果や組織の競争力に大きく影響する。なぜなら、精度が高ければ開発資源をより有効に活用し、より多くのプロジェクトを推進できるからである。医薬品開発における「Go or NoGoの判断能力」は、動物実験と臨床試験結果との間の因果関係知識と組織内の意思決定システムによって構成されているという。

また、「プロトコルデザイン能力」とは、新薬の開発過程で行われる臨床試験の実施計画（プロトコル）の立案能力である。適切な評価に結びつくプロトコルを立案できるかどうかが、医薬品の研究開発の成果を大きく左右するからだ。対象（被験者）や観察期間、効果性測定のための指標などが適切に設定されないと、新薬の効果をきちんと把握できずに間違った判断をしてしまったり、開発期間が延びてしまったりするのである。

一方、自動車のバンパー向け材料の開発やコンパクトディスク向け材料開発の事例をもとに、合成樹脂の製品開発における成功要因を分析した赤瀬（2000）

は、製品開発に成功した共通の要因として、「タスクジャッジ」の重要性を指摘している。合成樹脂の事業では、顧客から提示された要求機能を満たすために、川中・川下の技術で対応できるのか、川上技術まで遡った対応が必要になるのか、といった点について素早く正確に判断できるかどうかが、製品開発の成否を分けるという。[1] 合成樹脂の製品開発では、通常は川中・川下の技術で対応可能なケースがほとんどだが、時に川上レベルまで遡った対応が必要なケースが生じる。そして、そうしたケースを適切に見分けることができるかどうかが、製品開発の成功を左右するというのである。

より具体的にいえば、顧客から提示されたニーズ（要求機能）を満たすために、どの段階まで遡ったか、どの程度大掛かりな対応が必要なのかを見極められるかどうかが、製品の開発期間に大きく影響を及ぼし、結果として顧客企業の製品の採否に決定的な影響を及ぼすということだ。とすれば、合成樹脂の事業においては、タスクジャッジのスピードと正確性を担保する組織能力を強化していけば、他社と比べて競争上優位に立つことができる可能性が高い。[2]

これらの研究からもわかるとおり、自社の扱う製品や事業の特性が異なれば、研究開発の成功を左右する要因は異なり、それを支える組織能力も異なる。したがって、自社の研究開発の組織能力を強化していくためには、自社の研究開発の成功要因を明らかにした上で、それを支える組織能力を鍛えていく必要がある。

また、組織能力を獲得していく上では、様々な経験を通じて組織能力を獲得していく力を高めていくことも不可欠である。組織能力は様々な経験を通じて次第に蓄積されていくが、単に経験すれば自動的に能力が蓄積される訳ではない。経験から効果的に学び、それを組織の中に蓄積していくことができなければ組織能力として蓄積することはできない。例えば、多くのプロジェクトを展開する企業は少数のプロジェクトを展開する企業に比べれば、より多くの経験を積むことができ、より豊かで高度な組織能力を蓄積できる可能性がある。ただし、それはあくまでもそうした経験から学び、経験を自らの血肉として身につけることができる力があっての話である。

では、組織能力の構築は具体的にどのように進めていけばよいのだろうか。次に、研究開発部門のミドルマネジメントが、組織能力を強化していくための2つのアプローチについて考えていこう。

1-4 組織能力強化の2つのアプローチ

　組織能力を構築・強化していくには、2つのアプローチが必要となる。
　第1のアプローチは、意図的に組織能力を鍛えていこうとするアプローチである。自社の研究開発における成功要因、すなわち研究開発の効果性、効率性を高めるためのポイントを見極め、組織能力を継続的に獲得したり、強化したりしていく方策を考え、実行していく。このアプローチにおけるポイントは他社に対して競争優位性を発揮するために、どのような能力を構築する必要があるかを見極めることにある。そのために、まずは自社の研究開発プロセスの成否を分けるポイントをつかむことが必要になる。
　第2のアプローチは、組織の学習能力を高めていくアプローチである。組織能力を構築していくプロセスは創発的であり、事前に合理的に設計できることばかりではない。直面する様々な状況や数々の経験の中から、しぶとく継続的に学習していくことによってこそ、より希少価値があり、模倣困難な組織能力を獲得していくことができる。そのためには、個々のメンバーや職場集団の学習能力を高めていく必要がある。また、学習した内容を仕組みやプロセスなどに埋め込んでいくための仕掛けも重要である。
　これら2つのアプローチはいわばコインの表と裏である。計画的に組織能力を強化するための働きかけや仕掛けを行うことによって、組織の学習は活性化していく。また、組織の学習能力を高めていこうとする働きかけや仕掛けを行うことによって、計画的な能力強化も活性化していくのである。
　次節から、それぞれのアプローチの基本的な考え方と視点について具体的に検討する。

② 意図的に組織能力を構築する

2-1　研究開発プロセスにおける成功要因を見極める

　他社に対して優位性を持つ組織能力を意図的に獲得していくためには、まず自社がどのようなプロセスでどのように研究開発を行っているのかをあらためて可視化してみることが必要である。自職場が直接携わる部分のみではなく、全社レベルで上流から下流まで描き出さなければならない。

　その上で、いくつかの視点から、自社の研究開発プロセスにおける特徴を検討してみる。主な視点としては、テーマ数や製品化の確率、必要期間、研究開発プロセスの可逆性、研究開発ステージの特性やゲートにおける意思決定のポイントなどがあげられる。

　例えば、テーマ数が多く製品化率が低ければ多産多死型のプロセスになり、必然的にパイプラインは漏斗型になる。一方、テーマ数が少なく製品化確率が高ければ少産少死型のプロセスであり、パイプラインはストロー型になる。

　また、研究開発プロセスの可逆性が高ければ意思決定をあらためることができ、その重要性は相対的に低くなるが、可逆性が低ければ（不可逆的であれば）意思決定の相対的な重要性が増すことになる。

　このように自社の研究開発プロセスの特徴を洗い出すとともに、自社の研究開発の成否を決めるポイントがどこかを検討していく。前述したように、新薬開発では、臨床試験に移る前の段階でテーマを見極め絞り込むことがポイントであった。このように、自社（あるいは自事業部）の研究開発の成否を決めるポイントがどこかを明らかにすることによって、重点的に強化すべき組織能力が何かを検討していくことが可能になるのである。

　例えば、生産財の企業を例にとろう。その企業ではこれまで地道な技術開発を行い、有望な技術を見出し、製品化することに力を注いでいた。しかし、実際に成功した製品や競合他社の動きを分析してみると、実は技術的な新規性はあまり

図表5-5 研究開発プロセスと組織能力の強化

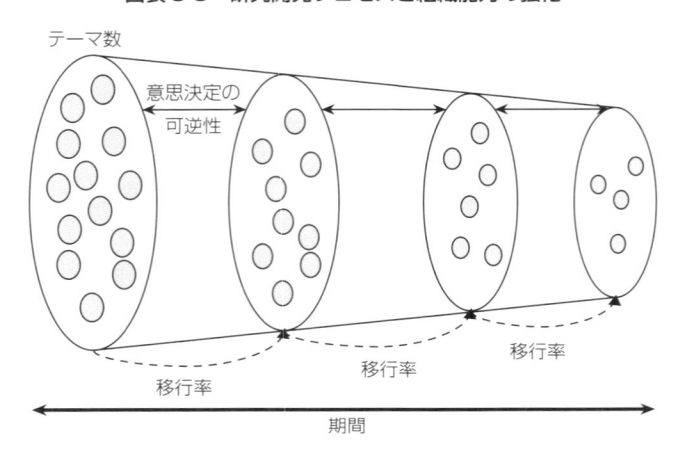

(図：テーマ数、意思決定の可逆性、移行率、期間)

重要ではなく、顧客自身が気づいていないようなニーズをいかに発見できたかが重要であった。最も重要なのは上流部分の開発テーマをいかに見出すかであり、さらにいえば、その源流となる顧客の情報をいかに獲得していくかが重要なポイントになる。顧客の潜在的なニーズを獲得していくには、研究開発部門が直接顧客との接点を持つ必要がある。顧客接点の量と質も担保しなければならない。

したがって、この企業にとっては、研究開発と顧客の接点を生み出す能力と、その顧客接点から顧客の問題を発見する能力が研究開発の組織能力として重要になる。顧客接点を生み出す能力においては、営業部門と技術部門の協働の質がひとつのポイントになり、この部分の強化が求められる。

このように、一見自明のこととして捉えがちな、自社の研究開発のプロセスの特徴をあらためて明らかにすることによって、自社の競争力を高めるために強化すべき研究開発の組織能力を明らかにすることができるのである。

ただし、自社の研究開発プロセスの分析を進めていくにあたっては、2つの点に留意しなければならない。

第1は競合企業との比較を行うことである。成功要因を分析するにあたっては、自社の研究開発プロセスのみを検討するのではなく、競合企業との比較において検討を進めることが望ましい。もちろん、競合企業の研究開発プロセスの実

態に関するデータや情報は入手しにくいことが多く、簡単なことではない。しかし、自社の視点のみで考えていても、必ずしも他社に対する優位性を確保できるとは限らない。業界データの活用や人的交流などを通じて、自社よりも研究開発力に優れていると思われる企業をベンチマークするための情報を収集する努力が必要になる。競合他社に対して優位性を築くために、組織能力はどのような点を強化するべきかを検討する視点が不可欠である。

　第2は、成功プロジェクトと失敗プロジェクトの比較を行うことである。成功したプロジェクトと失敗に終わったプロジェクトを比較・検討することによって、成功確率を高めるためのヒントを得ることが期待できる。ただし、何をもって成功とするか失敗とするかという基準の設定を誤ってしまうと、間違った結論を導きかねないので注意が必要である。また、失敗に終わったプロジェクトについては当事者や関係者の心情的な問題もあり、なかなか状況を把握することが難しい場合も多い。しかし、失敗からこそ学ぶことは多い。失敗を無駄にしないためにも、その要因を明らかにしておくことが重要である。そうしたしぶとさがあってこそ、組織能力は鍛えられるのである。

2-2　組織能力を強化するための手の打ちどころを見極める

　自社の研究開発の組織能力を強化していくためには、自社の研究開発プロセスにおける成功要因を明らかにした上で、その成功要因を支える組織能力を強化するための手の打ちどころを見極める必要がある。その際は、「人」「仕組み」「風土」の3つの視点から検討するとよい。

　「人」の側面からは、その組織能力を構築するために必要となる知識やスキルをどう強化するか、を考える必要がある。前項の例でいえば、これまであまり顧客と接してこなかった研究開発のスタッフが顧客の現場に赴き、深いコミュニケーションを通じて、顧客の情報を獲得していくことができなければならない。そのためのコミュニケーションスキルを身につけるとともに、顧客の現場に関する知識を獲得することが求められる。

　「仕組み」の面からは、その組織能力を支える仕組みや構造をどう作り込むかを考えなければならない。前項の例でいえば、顧客の状況に関する詳細なデータ

ベースを構築し、顧客の情報を蓄積していくことが求められる。また、顧客と密接なコミュニケーションをとりやすいよう、組織の構造を変えることが必要になる場合もある。

　「風土」の面からは、組織のメンバーが共有している価値観や規範などを見直していく必要がある。前項の例でいえば、技術志向が強い研究開発メンバーに顧客志向を植えつけ、浸透させていかなければならない。仕組みだけ変えても、こうした風土が伴わないと、実質的な動きが伴わず、結果として組織能力の強化が進まないことが多い。組織のハードの面（仕組み面）だけでなく、ソフトの面に対しても手を打つことが必要なのである。

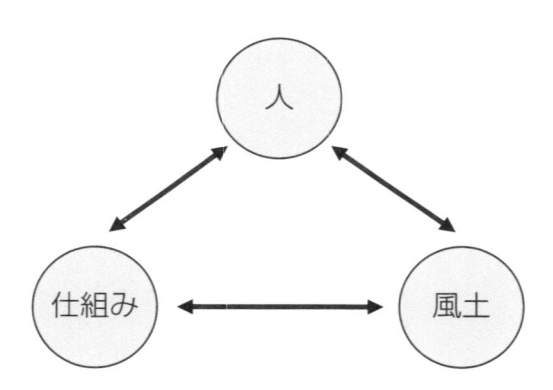

図表5-6　組織能力強化の手の打ちどころ

3 組織の学習力を高める

　前節では、意図を持って、目的的に組織能力を強化していくためのアプローチについて解説した。本節では、メタレベルの組織能力である「組織の学習力」を高めていくための考え方と視点について検討していく。

3-1　組織が学ぶとは

　「組織の学習力」は、どのようにすれば高めていくことができるのだろうか。
　そもそも、それを考えるにあたっては、「組織が学習する」という考え方について理解しておくことが必要だろう。
　組織が学習するという考え方は、「組織は行動し、学習する主体である」（Hedberg, 1981）と捉えるところから始まる。組織学習についての研究にはいくつかの異なるアプローチがあるが、組織学習を捉える際には、単なる個人の学習の集積と捉えてしまっては意味がない。組織的に知識や経験が共有され、蓄積されていくと考えることが重要である。
　クロッサンとホワイト（1997）は、個人・集団・組織の3つのレベルを統合した組織学習の統合的なフレームワークを開発した。
　このフレームワークでは、組織学習のプロセスを「直観（Intuiting）」「解釈（Interpreting）」「統合化（Integrating）」「制度化（Institutionalizing）」の4段階で示している。さらに、学習のレベルを個人・集団・組織の3つのレベルで捉え、組織学習の4段階のプロセスが3つのレベルを接着する。すなわち、「直観」と「解釈」は個人レベルで生じ、「解釈」と「統合化」は集団レベルで生じる。さらに「統合化」と「制度化」は組織レベルで起こる。
　「直観」は、組織学習の出発点であり、無意識的なものも含む、個人のレベルで生じる個人的な学習である。「解釈」では、「直観」で、個人に生じた認識をさらに個人レベルで精緻化したり、発展させたりするとともに、他者との対話など

図表5-7　組織学習の統合的フレームワーク

レベル	プロセス	インプット／アウトプット
個人	直観(Intuiting)	経験 イメージ メタファ
↓ 集団	解釈(Interpreting)	言語 認知マップ 会話／対話
	統合化(Integrating)	理解の共有化 相互調整 相互作用システム
↓ 組織	制度化(Institutionalizing)	プラン／ルーティン／規範 診断型システム ルールと手順

出所：Crossan, M., Lane, H., &White, R.(1998) "Organizational Learning：Toward a Theory." Working Paper No. 98-05(London, Ontario：Richard Ivey School of Business, The University of Western Ontario), P.12

を通じて集団で共有する。「統合化」では、集団レベルでの理解や認知を変えて、組織的に共有された知につなげる。そして、最後の「制度化」では、集団で共有された知をシステムや構造、ルーティンといった形で形式化し、組織の中に固定化していくのである。

　このフレームワークが示唆するところは3つある。第1に組織が学習するといっても、その端緒を開くのは個人であるということである。個々のメンバーに学習が生じない限り、組織が学習することはできない。その意味で、組織の学習力を高めるためには、個人の学習力を高めることが不可欠になる。

　第2に個人が学習しただけでは、組織が学習したことにならないということである。個人が学習した内容を他者に伝播・共有し、さらに集団としての共通認識にまで高めていくことが必要である。例えば、技術的な知識にしても特定の個人が保有しているだけでは組織が学習したことにはならない。それが他者に移転され一定の塊（集団）となってはじめて組織が学習したといえる。したがって、組織の学習力を高めるためには、個人が学習した内容を組織内に伝播し、共有する仕組みや働きかけが必要になる。

　第3に学習した内容を「人」の中に留めているだけでは十分とはいえないとい

うことである。メンバーが学習した内容を組織的な仕組みや制度、仕事の進め方や規範のように目に見える形に形式化し、組織の中に蓄積し、固定化していくことによって、組織知となり、組織に「記憶」されるのである。

これは必ずしも文書化することだけを意味するのではない。組織の動きの中に埋め込まれるようなことも含まれる。いずれにしろ、重要なことは、知を人の中だけに留めずに組織知にまで高めていくことである。例えば、ある種の技術を評価するための新たな方法論を生み出した場合を考えてみよう。それが実際の評価プロセスや実験機器などに具現化し、固定化していくことによって組織知となる。個人や集団が学習した内容を組織のルーティンへと昇華させていく仕掛けや働きかけを忘れてはならない。

組織が学ぶということは、単に個人が学ぶということだけを意味するのではない。ミドルマネジメントは個人の学習をいかに組織全体の学習につなげていくかを考えなければならないのである。個人レベルの育成や能力開発のみに着目するのではなく、いかに組織の学習力を高め、組織能力を構築していくかという視点を持つことが大切だ。個人の学習力を高めることはもちろん、個人が学習した内容を他者に移転し、共有するとともに、組織としての仕組みやルーティンに具体化していくための仕掛けや働きかけを行っていくことが求められる。

次項から、組織の学習力を高めるための考え方と方法論について、「個人の学習力を高める」「個人知を組織知にする」の2つの視点から、より具体的に検討していく。

3-2　個人の学習力を高める

3-2-1　研究開発における人材育成

先に述べたように、組織が学習するとは単に個人が学習するということだけを意味するのではない。しかし、個人が学習しなければ組織が学習することもない。その意味で、個人は、組織が学ぶための起点である。研究開発のミドルマネジメントが組織の学習力を高めていくためには、いかに個人が学ぶことを支援し、個人の成長を促していくか、が重要な課題となる。

研究開発に関わらずメンバーの育成は、ミドルマネジメントに最も大きな期待がかかる部分であり、組織の期待も強い。我々が実施した調査においても、課長クラスに求める役割の1位には「部下の育成」があげられている。[3]その一方で、近年、メンバーの多様化や価値観の変化などが影響してか、メンバーの育成について、難しさを感じるミドルマネジメントが増えている。

　一般に、研究開発における育成はOJT（On the Job Training）が中心である。Off-JT（Off the Job Training）や勉強会などが行われることも多いが、実際の育成の中心はOJTだ。OJTは本来的には、「仕事の経験を通じて、意図的・計画的・重点的に行われる人材育成活動」であり、仕事を行いながら、「教え育てる」ことを意味する。しかし、研究開発の場合には、「経験を通じて自ら育つ」という意味合いが強い。

　なぜなら、研究開発は新たな知識を創造したり、次々に生じてくる非定型的な問題を解決していく仕事であり、そこで求められる能力を形式化して教えることが難しいからだ。また、専門領域についての知識も日々創造されるため、技術動向を自らウォッチしていくことが欠かせない。つまり、上司や先輩といえども、直接的に教えることができる部分が限られるのである。

　したがって、基礎的なレベルはともかく、一定のレベルを超えると、仕事における様々な経験を通じて、自分自身で学び、育つことが求められるようになる。その意味では、研究開発にとっては、OJTというよりはOJL（On the Job Learning）と呼ぶ方がより適切であろう。OJLとは、仕事における経験を通じて、自ら学び、自ら育つという意味であり、ミドルマネジメントの役割はメンバーを「教える」というよりも「培養する」と表現した方が適切かもしれない。メンバーを教え、育てられる受動的な存在として捉えるのではなく、自ら学び育つ主体的かつ自律的な学習者として捉え、その学習を支援していくことが大切である。

　より具体的にいえば、メンバーが育ちやすいような環境を整え、適切な経験（栄養）を与えていくことによって、メンバーの学習を促進し、メンバー一人ひとりがより成長するように支援していくのである。

3-2-2　人が学ぶとは

　メンバーの学習を支援し、促進していくためには、「人が学ぶとはどういうことか」を理解しておく必要がある。

　ここでは心理学における学習の捉え方の変遷を見ながら、人が学ぶということについて、基本的な考え方を整理していくことにしよう。図表5-8に表されているとおり、心理学領域における学習の考え方は、「行動主義」「認知主義」「状況論」といった形で変化してきている。

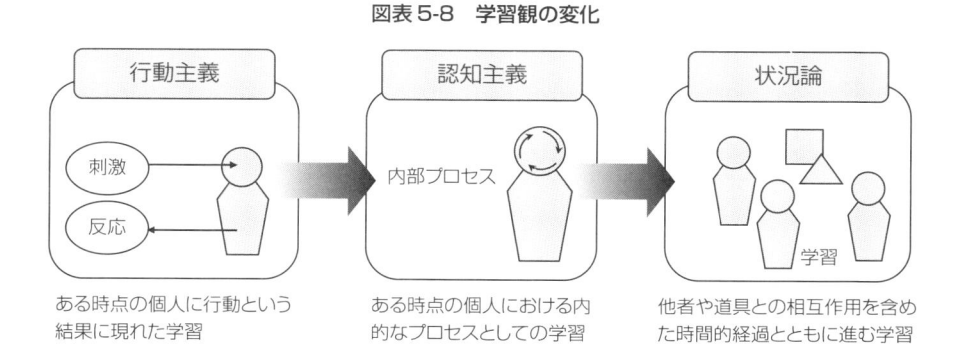

図表5-8　学習観の変化

行動主義	認知主義	状況論
刺激→反応	内部プロセス	学習
ある時点の個人に行動という結果に現れた学習	ある時点の個人における内的なプロセスとしての学習	他者や道具との相互作用を含めた時間的経過とともに進む学習

（1）　行動主義の学習観

　学習についての最も古典的な捉え方は、「行動主義（Behaviorism）」と呼ばれるものだ。人間と動物の学習の原理を同じものとして捉え、動物実験を通じて学習を促進する条件などについての研究が行われた。[4] 行動が変化するという事象が生じてはじめてその主体が学習したと捉える考え方である。

　行動主義の考え方では、人に学習させるため、すなわち人の行動を変化させるためには、何らかの「刺激」を与え、その刺激によって生じた「反応」が、正しい場合には正のフィードバックを与え、間違っていた場合には負のフィードバックを与える。このフィードバックは「強化」と呼ばれ、こうした学習は「刺激―反応型」の学習とも呼ばれる。学習を生じさせるためには、フィードバックは反応が生じた後、すぐに与えられなければならず、これを「即時フィードバックの原理」という。

ミドルマネジメントがメンバーを育成する場面に当てはめて考えてみよう。例えば、新人と一緒に実験を行うとする。あなたが、実験器具の準備について説明し、指示を与える（刺激）。その指示を受けて、新人はいくつかの実験器具を取り出し、準備を始める（反応）。正しく準備できていれば「そうそう」「そのとおり」「ありがとう」などと肯定的なフィードバックを与える（正の強化）。一方、準備にヌケ・モレなどがあればマイナスのフィードバックを与える。「違う」「ここじゃない」「何やってんだ」などと叱るのである（負の強化）。負のフィードバックを受けた新人は、次回からはヌケ・モレがないように自分の行動を修正する。これが行動主義に基づく学習の捉え方である。

(2)　認知主義の学習観

　行動主義においては、人の頭の中はブラックボックスであり、行動に現れてはじめて学習が成立したと捉える。これに対して、人の頭をコンピュータの情報処理のプロセスになぞらえて理解しようとしたのが、認知主義の考え方である。すなわち、五感という感覚器から入力された情報が、短期記憶として一時的なメモリに溜められ、頭で処理されて、長期記憶として保存されるというように、人の頭の中を情報処理のプロセスとして捉え、人間の頭の中の動きの詳細を明らかにしようとする。

　したがって、認知主義では、学習を「人の認知の変化」として捉えることになる。たとえ、すぐに行動に現れていなくても、人のものの見方や考え方が変化していたら、人が学習したと捉えるのである。そこでは、人は刺激に反応して行動を変えるという受動的な存在ではなく、自ら情報を取り込み、既存の知識と照らし合わせて、解釈し、再構成していく、自律的かつ能動的な主体として捉えられる。行動主義と認知主義の学習観には、人に対する見方の違いが存在する。

　例えば、新技術の開発に取り組んでいるメンバーを思い浮かべてほしい。プロジェクトが直面する技術的な課題を解決するために、まったく畑違いの化学の領域について自ら調べ、その新たな知識を取り込むことによって、これまでの自分自身が持っていた知識の幅を広げていく。行動自体に直接的な変化はないが、新たな知識が取り込まれることによって、頭の中にある知識の関連づけに変化が生じ、新たなものの見方や考え方ができるようになる。これが認知主義による学習

の捉え方である。

(3) 状況論的学習観

行動主義と認知主義は、学習をある時点の一人の人間の中で完結する閉ざされた行為として捉えていた。それらの考え方に対して、人が、自らが置かれている状況とどのように相互作用を行いながら学習していくのかを明らかにしていこうとする考え方が状況論的学習観である。

人は単独で学習するのではなく、様々な人や道具と相互作用しながら、学習していく。状況論的な学習観では、学習は個人で完結する行為ではなく、状況との関わりの中で生じるのものとして捉える。と、同時に行動主義や認知主義が実験的な方法論を主体として、比較的短期間の学習に焦点を当てているのに対して、より長い時間軸の中で人が状況の中でどのように学習していくのかに焦点を当てる。人が様々な状況や文化的な背景のもとで、どのような影響を受け、どのように学んでいくのかを明らかにしていこうとするのが状況論的な考え方である。

例えば、研究開発部門に配属された新人を思い浮かべてほしい。上司や先輩の指示どおりに資料を集めたり、会議の議事録を作ったり、実験の準備をしたりするような初歩的な仕事から始め、次第にある領域を任され、その分野のエキスパートになっていく。そこでは上司のサポートや先輩の指導はもちろん、彼らを観察したり、事業部門や顧客などの様々な人々と様々な状況でやり取りする中で、多くのことを学び、成長していく。これが状況論的な学習の捉え方である。

(4) 学習観の意味

ここまで心理学における3つの学習観を紹介しながら、学習について考えてきた。歴史を振り返れば、単純なものから複雑なものへと学習の見方が変わってきていることがわかるだろう。ただし、いずれも学習のある側面を表しており、どれが優れていて、どれが間違っているというものではない。学習という行為をどのような角度から見るか、あるいはどの範囲まで広げてみるか、という学習に対する見方（学習観）の違いに過ぎない。

大切なことは、個人の学習を支援し、促進する立場にあるミドルマネジメントが学習に対するこうした見方を理解し、それぞれの状況の中で適切な働きかけを

行っていくことにある。

例えば、行動主義的な学習観は、比較的経験の浅い新人から若手に対しては有効な考え方である。様々な刺激を意図的に与え、その反応に対して適切なフィードバックを行うことで、彼らの行動を方向づけることができる。また、認知主義的な学習観は、個々のメンバーの自律的な学習を促進していく上で参考になる。さらに、状況論的な学習観は、より長期的な視点からメンバーの熟達や成長を促すという意味で有益な視点を提供するだろう。

以下では、これら3つの学習観を踏まえながら、人の学習を支援・促進するための考え方とポイントについて考えていくことにしよう。

3-2-3　学習と動機づけ

人に、ある行動を起こさせることを一般に「動機づけ」と呼ぶ。動機づけの要因が個人の外、つまり給与や賞罰などの外発的要因にあることを「外発的動機づけ（Extrinsic Motivation）」と呼び、一方、動機づけの要因が個人の内部、すなわち自分自身の行為そのものという内発的な要因にあるものを「内発的動機づけ（Intrinsic Motivation）」と呼ぶ。

一般に、自分自身の仕事や学習する内容に対して内発的に動機づいているほど、学習は促進される。したがって、個人の学習を促進するためには、メンバーを内発的に動機づけていくことが効果的である。

内発的動機づけは、「自律性」「有能さ」「関係性」という3つの欲求が満たされているときに促進される（Deci and Ryan, 2000）。「自律性」とは、自分で自由に行動したり、自分自身で決定したりできる状態にあることであり、「有能さ」とは、自分の置かれた環境や自己の仕事に対して効力感を抱いている状態にあることである。また、「関係性」とは、支援したり、支援されたりする信頼関係を保有している状態にあることをいう。したがって、周囲との建設的な関係が構築されている中で、自分自身で何をどうすればよいのかを決めることができ、自分の有能さを示すことができるときに内発的な動機づけは促進される。

一方、内発的な動機づけを阻害する要因もある。内発的に動機づいているときに外発的な要因が示されたり、内発的な動機づけられている心情に対してマイナ

スに作用するような否定的な情報や報酬がもたらされたりした場合には、内発的な動機づけが減退してしまう。これを「アンダーマイニング（undermining）効果」という。例えば、誰にいわれたわけでもなく、開発プロジェクトに没頭しているメンバーに対して、「この開発プロジェクトが失敗したら賞与はないものと思え」などというフィードバックを与えてしまうと、自分自身が賞与という外発的な要因のために仕事をしているという意識が芽生えてしまい、内発的な動機づけは低下してしまう可能性がある。

　ただし、外発的動機づけから内発的動機づけに移行していくことも多い。人は必ずしも最初から内発的に動機づく訳ではない。最初はあまり興味がなく、強制されてやっていたが、次第に面白くなり、それに没頭してしまうような経験は誰にでもあるだろう。このような外発的動機づけから内発的動機づけへの移行は、「外的制御」「注入」「同一化」「統合化」の4つの段階を経る（Deci, 2000）。「外的制御」とは賞罰によって外的に制御された段階であり、「注入」とはやること自体は受け入れているものの、仕方なくやっている状態である。「同一化」とはその必要性を感じてやる状態、「統合化」とは大切なことだと感じてやる状態である。これら4つの段階を経て、学習すること自体を楽しむ内発的に動機づけられた状態へと移行するのである。

　メンバーを内発的に動機づけるためには、メンバーの自律性を高めつつ、メンバーが有能感を感じられるようなフィードバックを行うことが大切である。また、職場における関係性も重要な役割を果たすため、ミドルマネジメントは自分自身はもちろん、メンバー同士のよりよいつながりを保ち、お互いに意見交換やアドバイスをし合えるような雰囲気を作り上げる必要がある。

　さらに、状況によっては、はじめは外発的な動機づけで学習に取り組ませ、次第に内発的な動機づけに移行していくように支援することが効果的である。

3-2-4　経験からの学びの促進

　先に培養という言葉を用いたが、研究開発では、専門領域についてはメンバーの方がミドルマネジメントよりも豊かな知識や経験を持つ場合も多い。そのため、専門的な内容については、ミドルマネジメントがメンバーに対して直接的に

指導することが難しい状況が往々にしてある。

しかし、メンバーの学習を促すのは、必ずしも直接的な指導に限られたことではない。特に研究開発のような高度な知的熟練を必要とする仕事においては、暗黙知が重要であり、それは経験を通じてしか学ぶことができない。ミドルマネジメントには、メンバーが研究開発のプロセスで生じる様々な問題を解決していく過程を通じて、新たな知識や能力を獲得していけるよう支援していくことが求められる。研究開発は問題解決の連続であり、組織能力を構築していくには、メンバー一人ひとりが様々な経験を通じて、問題解決の勘所や判断・意思決定のポイントなどを習得していくことが重要なのである。

先述したとおり、心理学においては行動主義から認知主義、状況論へと学習観が変遷し、理論が発展してきているが、教育学では成人学習をアンドラゴジー（Andragogy）[5]と呼び、経験からの重要性を重視してきた。

例えば、コルブは、「学習は経験の変換を通じて創造されるプロセスである」と定義した上で、図表5-9のように経験学習についてのプロセスモデルを提示している。「具体的経験」とは先入観に捉われずに個人が新たな経験を得ることであり、「内省的観察」とは自らの経験を様々な観点から観察し、振り返ることである。また、「抽象的概念化」とは内省的観察を通して得られたものを理論化する概念を創造することであり、「能動的実験」とはその理論を実際の活動に適用することである。

図表5-9のモデルからもわかるとおり、経験学習では内省が重要である。経験から学ぶためには、意識的に振り返りを行い、経験の意味を明らかにすることが欠かせない。しかし、内省は、口でいうほどに簡単なことではない。

ガービンは、企業において経験から学ぶための反省を実行する上での障害として、「時間的制約」「責任回避の姿勢」などをあげている（Garvin, 2000）。業務が立て込んでおり、次から次へと仕事に追われる中では、昨日の仕事を振り返る余裕がなく、反省など行われるべくもない。また、失敗の責任を追及したり、責任を擦り付け合うような風土では反省など生じない。したがって、経験からの学びを促進するためには、内省のプロセスを仕事と別に行う贅沢なものではなく、通常の業務プロセスの中に組み込まれた不可欠の活動として位置づけるとともに、失敗を許容し、失敗からこそ多くの学びがあるという風土を醸成することが

図表 5-9　経験学習モデル

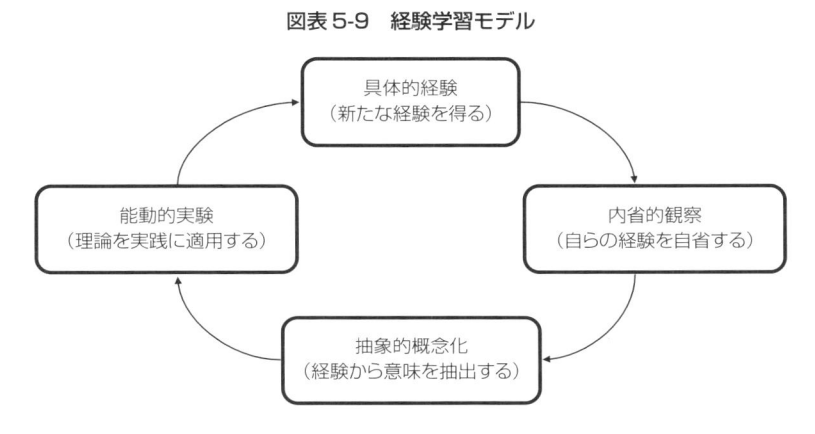

```
        具体的経験
      （新たな経験を得る）
       ↗           ↘
  能動的実験          内省的観察
（理論を実践に適用する）   （自らの経験を自省する）
       ↖           ↙
        抽象的概念化
     （経験から意味を抽出する）
```

出所：D. A. Kolb (1984) "Experiential Learnig", P.21 をもとに作成

重要になる。

　例えば、トヨタ自動車では、「個人的反省」「リアルタイムの反省」「事後反省」の3つの種類の反省があるという。「個人的反省」とは管理者がメンバーに対して、自らの業務を反省し、改善計画を作成させることである。「リアルタイムの反省」は製品開発プロセスの計画に織り込まれており、プロジェクトの主要なマイルストーンで行われ、情報が失われないように、マイルストーンを達成した直後に開催される。そして、「事後反省」とはうまくいったことと、失敗したことを明らかにして、教訓を学ぶための機会である。プロジェクトマネジャーが、年に数回行われるプロジェクトマネジャー会議でプロジェクトにおける様々な反省を教訓としてまとめ、発表し、意見を求めた上で、その内容を文書化し、プロジェクトメンバーや他のプロジェクトに配付するのである（J. M. Morgan, J. K. Liker，2006）。

　このように、自らの経験を振り返り、内省し、教訓を引き出すプロセスを特別な行為としてではなく、定常的に行う活動、すなわち組織的なルーティンとして組織の中に埋め込むことが、経験学習を促進する上では非常に効果的である。

3-2-5　熟達化の支援

　研究開発のプロセスは問題解決の連続である。あらかじめ予測できない様々な問題を解決することによって、はじめて製品化や事業化にたどり着くことができる。こうした様々な問題を乗り越えていく能力の中核となるのが「知的熟練」であり、知的熟練とは、「問題と変化をこなす腕」である[6]（小池, 2005）。

　問題と変化に対処していくためには、問題が生じた原因を推理し、それに対処する技能が必要であり、自分自身が関わる仕事の領域やプロセスに対する統合的な知識と現実に生じている出来事から、問題の真の原因を絞り込んでいく論理的推理能力が求められる。

　では、どのようにすれば知的熟練を深めていくことができるのだろうか。メンバーの知的熟練度を高めるためには、どのような取り組みが効果的なのだろう。

　波多野は、様々な変化や課題に効果的に対処できる人を「適応的熟達者（Adaptive Expert）」と呼び、一定の手続きに習熟し、手際よくこなす「手続き的熟達者（Routine Expert）」と分けて捉えている。

　人は他者から知識を学ぶとともに、それを深めていくことができる存在である。最初は誰かを真似たりマニュアルを見るなど、一定の手続きに従って実行するが、経験を積む中でその手続きの意味を考えたり新たな試みをしたりする行為を通じて、次第に様々な変化に対応できる能力を身につけていく。

　もちろん、既存の手続きを当然のこととして取り組んでいたのでは、そうした能力が身につくことはない。より深い理解に動機づけられ、その手続きの意味を問い直したり、新たなやり方を試してみたりする必要がある。

　そのためには他者の存在が鍵になる。他者との対話を通じて知的好奇心が刺激されたり、新たな視点に気づいたりすることによって学びが深まるからだ。他者の質問や批判を通じて、「わかっている状態」と「わからない状態」を行き来することによって、次第に深い理解に到達していくことができるのである（稲垣・波多野, 1989）。

　したがって、メンバーの学びを促進し、知的熟練を深めていくためには、ミドルマネジメントがメンバーの取り組みやアウトプットに対して、疑問点や異なる視点からの問いかけを投げかけることによって、メンバーの知的好奇心を刺激

し、深い理解を導き出すような働きかけを行っていくことが重要になる。

「なぜそう考えたのか」「別の見方はできないのか」「他の方法は試したのか」などとメンバーに対して様々な問いかけを行うことは、直接的な仕事の成果だけでなく、メンバーの学びを促進し、熟練度を深めていく上でも大変重要である。例えば、メンバーが実施した実験結果が予想どおりの結果であり、なんら問題がなかったとしても、あえて問いかけを行い、メンバーに刺激を与えていくことが、メンバーの知的な熟練を深めていくためには非常に大切なのである。メンバーの知的熟練を深めるための鍵は日常の仕事の中に埋め込まれており、中でもミドルマネジメントの関わりが非常に重要な意味を持つ。

研究開発の場合は、ミドルマネジメントよりもメンバーの方が専門領域についての知識や経験が豊富である場合も多いが、問いかけを行うに際して、必ずしもミドルマネジメントが同等以上の知識を持っていなければいけないという訳ではない。重要なのは新たな視点や疑問を提示することであり、むしろ知識のない方が知識のある人が気づかなかった点に気づくことも多い。

メンバーの知的好奇心を刺激したり、新たな気づきや問題の深掘りを行ったりするために、ミドルマネジメントはメンバーへの問いかけを意識的に行う必要がある。

3-3 個人知を組織知にする

3-3-1　ミドルマネジメントの３つの役割

個人の学習力がいかに高まろうとも、それが個人の中だけに留まっていたのでは組織能力ということはできない。個人がいなくなれば失われてしまうのでは組織能力とはいえないからだ。組織能力を高めていくためには、個人が学習した内容を個人レベルに留めずに、集団で共有したり、組織的な仕組みやプロセスにまで発展させていく必要がある。いわば個人知を組織知に高めていくプロセスであり、そのために、ミドルマネジメントは３つの役割を果たさなければならない。

第１は、個人知を集団知に高めていくための集団の形成や集団内の相互作用の促進役である。メンバー同士の相互作用を促進することによって、個人知を集団

図表5-10　個人知を組織知に高めるための3つの役割

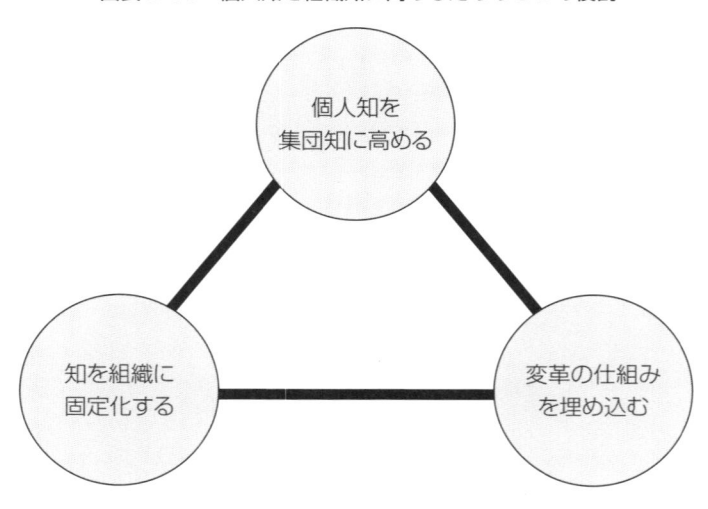

- 個人知を集団知に高める
- 知を組織に固定化する
- 変革の仕組みを埋め込む

知に高めていくことができる。

　第2は、知を組織に固定化することだ。個人が得た知識を集団として共有した上で、必要に応じて、それを具体的な仕組みやプロセス（組織的なルーティン）にまで発展させていく。内面的な理解や認知だけに留めずに、仕組みとして顕在化させていくことによって、組織にその知識を固定化し、将来のメンバーの動きに活かすことができるのである。

　第3は、変革の仕組みを埋め込むことだ。蓄積されてきた組織知に捉われずにそれを変えていくことを厭わない風土や仕組みを構築し、それを維持するのである。成功体験の強い企業であればあるほど、自らの成功体験に捉われて新たな学習が生じにくくなる傾向がある。環境に適合した結果としての、いわば逆機能である。環境の変化が少ないうちはそれでもよいが、環境の変化が激しくなると、変化への対応に遅れをとる。そうした事態に陥らないようにするためには、アンラーニング（学習棄却）を促し、従来の前提や規範に捉われない学習を生じさせる必要がある。以下では、上記3つの役割についてより詳しく考えていく。

3-3-2　個人知を集団知に高める

　組織能力を高めていくためには、個人が学習した内容を集団レベルで共有していく必要がある。そのためにまず重要なのは、ミドルマネジメントが組織内における様々な集団（チーム）形成と相互作用に関心を持つことだ。

　組織内における集団には、大きく分けて「公式の集団」と「非公式の集団」がある。「公式の集団」とは、部・課などに代表されるような恒常的な組織や、プロジェクトチームのようなタスクオリエンテッドな時限的集団など、組織において公式に設置され、組織目的に沿って活動している集団のことである。

　一方、「非公式の集団」は、個人同士の人間関係に基づいた非公式なネットワークや、共通の対象や関心によってつながった集団である「実践コミュニティ」など、組織が公式に定めたものではないが、実態として存在するつながりや集団のことである。個人知を集団知に高めていくためには、公式の集団と非公式の集団をともに活性化し、学習を促進していくことが欠かせない。それぞれについて働きかけのポイントを見ていこう。

(1)　公式集団の形成と働きかけのポイント：人の組み合わせと相互採用の促進

　公式の集団とは、公式に設置されたプロジェクトチームやあるタスクを遂行する集団などを意味する。公式な集団において、個人知を組織知に高めていくためのポイントは2つある。

　第1のポイントは、意図的な人の組み合わせだ。個人知を集団知に高め、集団知を維持していくためには、「伝承」と「伝播」という2つの観点が大切になる。「伝承」はいわば個人知をタテに展開していくことであり、「伝播」は個人知をヨコに展開していくことである。組織能力を構築していくためには、個人知をタテ・ヨコに展開し、集団知に高めていくことができるよう、メンバーをうまく組み合わせることが重要になる。

　まず、「伝承」について考えてみよう。「伝承」とは、ある個人が持つ優れた知識や技能、姿勢などを、まだそれらが低いレベルにある人に伝えていくことである。すなわち熟達者から初級者へ、その知識を伝え、受け継いでいくことを意味

図表5-11　伝承と伝播

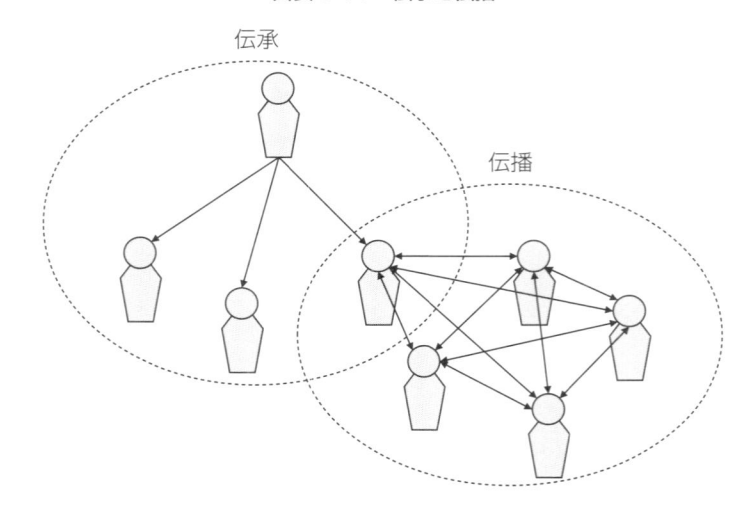

する。そのためには、熟達者と初級者の間に一種の徒弟的な関係を構築することが必要である。どちらかが一方的に教えようとしたり教わろうとしたりしてもうまくいかない。熟達者と初級者の間に徒弟的な関係が成立するよう、ミドルマネジメントが支援していく必要がある。

　次に「伝播」とは、ある個人が持つ知識や技能などを、領域や分野をまたいで他者に広げ、他者の持つ知識と融合させることによって、組織としての知をより豊かにしていくことである。特に近年では、研究開発において、異なる領域の知識や技術を融合していくことの重要性が増しつつある。その意味でも、組織内で知識を伝播し、知と知の出会いを促進していく必要があり、そのためには、公式の職場やチームを設置する際のメンバーの組み合わせが重要になる。

　第2のポイントは、集団内の相互作用である。個人知を集団知に高めていくには、集団内において前向きで率直なコミュニケーションが行われている必要がある。ミドルマネジメントは、職場内の相互作用がうまく機能しているかどうかに十分な関心を払わなければならない。特に近年は若手メンバーを中心とするコミュニケーション能力の低下や世代間のギャップの拡大などによって、職場のコミュニケーションが機能しにくくなっている。しかし、個人がタコツボ化してし

まい、他のメンバーの活動に関心を払わないような状況では、知が生まれ、広がることは期待できない。

個人知から集団知への移行は、個人の知がそのまま共有されることだけを意味するのではない。個人の知が出会うことにより、創発的に新たな知が生まれることが重要であり、そのためには、メンバー同士が率直かつ前向きなやり取りを行い、切磋琢磨していくことが不可欠である。

ミドルマネジメントは職場における相互作用に注意を払いながら、必要に応じて、刺激を与え、相互作用を活性化するための働きかけを行っていかなければならないが、実際には、ミドルマネジメント自身もその状況の中に埋め込まれているために、職場の相互作用の現状について、必ずしも状況を客観的に把握できない場合が多い。立場の異なるミドルマネジメントとメンバーの間には認識のギャップも大きく、ともすると誤った状況認識のまま、問題を見過ごしたり、不適切な対応をしがちであることに注意しなければならない。

(2) 非公式集団の形成と働きかけ：実践コミュニティを活用する

実践コミュニティ（Communities of Practice）とは、「人がともに学ぶべき単位」であり、「あるテーマに関する関心や問題、熱意などを共有し、その分野の知識や技能を持続的な相互交流を通じて深めていく人々の集団」[7]である。探究の対象となる何らかの領域を持ち、それについてともに学習し、新たな知識を生み出していくことに価値を感じている非公式な集団である。

プロジェクトチームなどの公式の集団とは異なり、自然発生的に集団が形成され、メンバーが自発的に活動に参加し、集団の境界は曖昧で常に変化する。メンバー自身が、自発的に取り組み、探究し、自らの経験や知識・ノウハウを提供し合う。

こうした実践コミュニティは、決して新しい存在ではない。従来から我々の身の回りに自然に存在している。例えば、アングラで特定のテーマに取り組む集団や、特定の技術領域について学習する非公式な勉強会などは、こうした実践コミュニティのひとつである。大切なことは、こうした実践コミュニティの重要性を再認識し、それを意図的に育てていくことだ。なぜなら、こうした集団はメンバー同士のコミュニケーションを活性化し、関係性を深め、学習を活発化する。

個人知を集団知に高めていくためには、こうした実践コミュニティを多く生み出し、活性化していくことが効果的なのである。
　とはいえ、こうした集団を強制的に作ることはできない。できることは、種をまき、育てることである。メンバーが関心を持ちそうな領域やテーマなどについて相互交流するよう促したり、集団が活動しやすいよう、参加を奨励し、物理的な環境を整えるなど、実践コミュニティの活動をミドルマネジメントが全面的に支援する姿勢を具体的な行動として示すことが大切である。
　実践コミュニティへの参加を強制したり、過剰な管理をしたりしてはならない。それは集団の活力を低下させ、実践コミュニティを衰退させるだけである。組織の中に多くの実践コミュニティを生み出し、活性化していくことが個人知を集団知に高めていくための重要な取り組みとなる。

3-3-3　知を組織に固定化する

　組織能力を構築していくためには、個人の学習を組織全体の知へと昇華させていく必要がある。個人知を集団で共有し、必要に応じてそれを仕組みや組織としてのルーティン、すなわち形式知化された仕事の進め方や手続きなどへと変換していくのである。
　具体的な例で考えてみよう。例えば、様々な設備や機器の中に埋め込むことが考えられる。より効果的な研究開発が遂行できるよう工夫を重ね、研究開発の設備や様々な実験機器などを作り込んでいく。こうした設備や機器類に埋め込まれた組織能力は、容易に模倣することが難しい。
　また、研究開発の手順や実験方法などに埋め込むこともある。ある領域の研究開発をどのような手順で行うか、といった点について、各種マニュアルやフォーマット、組織的な手続きなどに埋め込むことによって、進め方や段取りが組織的に共有されるようになる。さらには、プロジェクトの運営方法やルール、研究開発テーマの評価や進捗管理などにも様々なノウハウが埋め込まれている。
　自動車の製品開発と生産管理の専門家で現在はフォードに在籍するジェームズM. モーガンとミシガン大学教授のジェフリーK. ライカーは、トヨタ自動車の製品開発システム、すなわちリーン製品開発システムの実態を詳細に明らかにして

いる。トヨタ自動車では、過去40年にわたって蓄積してきた経験を、技術チェックリスト、品質マトリクス、線図、標準工程シートなどの標準化ツールや、「へたくそ設計」なる小冊子などのノウハウ集、トレードオフ曲線や意思決定マトリクスなどのセットベース・コンカレントエンジニアリング用のツールなどに埋め込んでいるという。

これらは現在でこそITを活用してデータベース化され、より一層の深みを増したツールとなっているが、紙の時代から効果的に活用されていた。もちろん、こうしたツールに埋め込むことができるのは、Know-Whatであり、より深い知識は「そびえたつ技術能力」を持つ技術者の頭の中に、生きたデータベースとして存在しているが、規模が拡大し、グローバル化が進む中ではそればかりに頼るわけにはいかない。IT化を進める中で、Know-WhoやKnow-Whyの部分を補いながら、さらに組織知を進化させているのだという。

一見、それぞれのツールは決して驚くようなものではないかもしれない。しかし、常に自分たちの経験から学んだ内容をチームで共有し、それを形式化して組織知として可視化し、横展開しているところに凄みがある。まさに、「組織的学習は皆がそれにきちんと準拠し、定期的に更新される『生きた標準』なしには不可能」[8]なことなのである。突出した技術能力を持つ技術者が最も優れたやり方を標準化し、横展開するとともに、それが別の活動に適用され、さらにそこで更新されていく。こうした学習と標準が進化するプロセスこそ、トヨタ自動車の組織能力であるといえるだろう。

個人が得た知を集団で共有し、さらにそれを様々な仕組みの中に埋め込んでいくことによって、組織知として広く活用することが可能になる。もちろん、研究開発はすべてが決められた手続きに沿って行われる仕事ではない。むしろ、初めて直面する様々な問題をいかに乗り越え、解決していくかが問われる仕事である。しかし、そのような仕事であっても、問題を解決していく上で標準とすべき仕事のやり方や進め方は存在する。そうしたベストプラクティスを組織知として蓄積し、常にそれを更新し続けることができるかどうかが重要なのである。

ミドルマネジメントに求められるのは、個人が得た知を属人的な知に留めるのではなく、組織知へと変換するために、可能な限り仕組みやプロセスの中に埋め込み、組織的に共有できるノウハウとして結晶化させることである。成功事例や

優れた個人などからノウハウやコツを抽出し、それを仕組みや手続きに取り込んでいかなければならない。また、そうした動きそのものをルーティンとして組織の中に作り込んでいくことが大切である。

　自らの活動を振り返り、教訓を明らかにして形式化し、共有していくプロセスを組織の中に作り込んでいくことこそが、組織能力の構築にとって最も重要な取り組みなのである。そして、そうした組織能力の進化の鍵を握るのがミドルマネジメントである。

3-3-4　変革の仕組みを埋め込む

　組織のルーティンは、いわば組織が持つ「型」である。「型」とは、「理想的な行動プログラムの本質を凝縮したもの」[9]であり、「状況の文脈を読み、統合し、判断し、行為につなげるために、個人や組織が持っている思考・行動様式のエッセンス」[10]である。しかし、過度な標準化やマニュアル化を進め、メンバーを型にはめようとすると、新たな知の創造やそれに伴うルーティンの進化を阻害してしまう。

　組織の中に作り込まれたルーティンは組織の動きを規定し、活動の効率性を高めるというプラスの側面を持つ一方で、環境が大きく変化したときに革新を阻害する。ある時点までは効果的に機能していた組織のルーティンが、環境が変化することによってその機能を果たさなくなるだけでなく、むしろ足かせとなってしまうのである。作り込まれたルーティン、すなわち「型」が強固であればあるほど、この逆機能は強くなる。

　研究開発の組織能力を構築・進化させていくにあたって求められるのは、そのような厳格な統制をもたらすルーティンではなく、高いレベルでの自由を担保しながら、本来の機能を磨き上げていく「クリエイティブなルーティン（実行力を磨き上げる型）」[11]でなければならない。「クリエイティブ・ルーティン」とは、知識の創造と活用の「型」を共有することによって、状況に応じた即時行動をとることを可能にするものだ。

　より具体的にいえば、ルーティン的な活動、すなわち恒常的に行われる活動の中に、常に自分たち自身の活動を振り返り、活動やその根底に流れる規範の妥当

第5章：研究開発の組織能力を構築する

性を問い直す仕組みやプロセス、規範を埋め込んでおくことである。いわば、型の中に、型そのものを常に革新していくプログラムを埋め込んでおくといってもよいであろう。

　しかし、自分たち自身の活動や規範の妥当性を問い直すといっても、外部と断絶した閉鎖的な環境ではなかなか難しい。研究開発部門を外に向けて開き、外部とのつながりを強めていくことが大切になる。外部とのコミュニケーションを通じて、様々な情報が流入し、それが新たな刺激となって、自分たちの活動の見直しにつながるからである。

　昨今、オープンイノベーションの重要性が叫ばれている。オープンイノベーションとは、「企業内部と外部のアイデアを有機的に結合させ、価値を創造すること」[12]であり、自社単独の開発を前提とした内向きの論理である「クローズドイノベーション」からのパラダイム・シフトを促すものである。

　オープンイノベーション自体は主として、イノベーションをより効果的に、より素早く実現するために、組織の境界にこだわらずに社外の知識と社内の研究開発を統合することの必要性を主張するものだ。NIH（Not Invented Here）[13] という言葉に象徴されるように、ともすると研究開発部門は自前主義にこだわりがちであり、特に成功体験の強い企業ほど、その傾向が顕著に現れる。しかし、そのスタンスの妥当性を常に問い直し続けなければならない。自前主義は結果として研究開発の効率性や有効性の低下を招く可能性もあるからである。自前主義という自社の型に縛られて環境に適応できなくなってしまう危険性を孕んでいることを十分に認識しておく必要がある。

　そうした事態を避けるためには、広く外部にネットワークを築いて、外部の情報やアイデアを社内に取り込み、自らの活動や規範の妥当性、すなわち自社の研究開発のルーティンの妥当性を問い直すことが不可欠になる。

　規範・慣行は、効率的で一貫した学習や活動を可能にするが、組織を取り巻く環境が大きく変動するときは、既存の規範や慣行が足かせとなり、新たな学習の障害となる。組織は環境から得られた情報を既存の規範・慣行に照らし合わせて解釈し、それが既存の規範・慣行から逸脱していればそれを修正する。こうした学習を、シングルループ学習と呼ぶ。一方で環境が大きく変動する場合には、既存の規範・慣行の妥当性を吟味し、それを新たな規範・慣行に置き換えていく学

247

習が必要であり、そうした学習をダブルループ学習という（C. Argyris&D. Schon, 1978)。ダブルループ学習を生起させるためには、外部からの情報の取り込みが重要である。

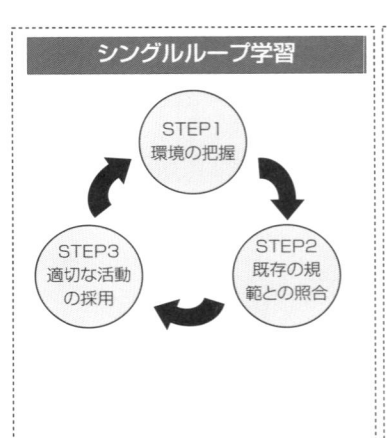

図表5-12　シングルループ学習とダブルループ学習

組織のルーティンが組織の革新の障害とならないようにするために、研究開発部門のミドルマネジメントは外部ネットワークの構築に力を注がなければならない。組織対組織の公式の関係性はもちろん、ミドルマネジメント自身やメンバーの個人レベルのネットワーク構築や交流も重要である。

研究開発組織において、外部情報を収集し、内部に向けて翻訳して提供する「ゲートキーパー」の役割の重要性が示されている（Allen他，1980)。こうした人材を意図的に育て、支援することは短期的な成果ばかりではなく、研究開発の組織に革新を生み出していく上でも重要である。

第5章のまとめ

　本章では、研究開発のミドルマネジメントに求められる第4の機能である「組織能力の構築」について、「意図的に組織能力を構築する」「組織の学習力を高める」という2つの視点から、ミドルマネジメントが押さえておくべき考え方やポイントについて解説してきた。

　研究開発の組織能力は自社の競争優位性の源泉であり、その強化は重要な課題である。しかし、組織能力を鍛え上げていくための近道はない。研究開発の組織能力は日々の現場の努力の積み重ねによってしか、鍛え上げることはできないのである。

　メンバー一人ひとりが自分自身の活動や経験を振り返り、学んだ内容を共有し合い、仕組みや制度に埋め込んでいく。そうした活動をおろそかにせず、日々積み上げていけるかどうか、研究開発の現場における地道な積み重ねこそが組織能力を規定する。そして、メンバーのそうした日々の学びを促進し、支援していくのはミドルマネジメントである。組織能力の構築は、ミドルマネジメントが果たすべき最も重要な機能のひとつなのである。

〔脚注〕

1　合成樹脂は樹脂原料をもとに、ポリマー(重合)化、コンパウンディング、成型加工という3つの工程を経て作られる。それぞれについて対応する技術を赤瀬は、川上・川中・川下と表現している。すなわち、川上技術とは、新たな分子構造を創り出す技術であり、基礎研究とほぼ同義である。顧客のニーズに対応するために、分子構造のレベルまで遡って基礎研究レベルまで含めた対応が必要なのか、そうではないのか、を判断するのがタスクジャッジである。
2　ただし、赤瀬では共通する成功要因として「タスクジャッジ」があげられているものの、それを支える仕組みや能力などについては論じられていない。
3　「企業の人材開発に関する実態調査　人材開発部門の役割および次世代リーダー育成・ミドルマネジャー教育の実態」(学)産業能率大学総合研究所、企業の人材開発に関する実態調査プロジェクト(2008)
4　行動主義において行われた動物実験では、スキナーが考案したネズミやハトなどを用いたスキナー箱やソーンダイクの考案したネコの問題解決箱などが有名である。
5　Andragogyとは、ギリシャ語で成人を表す言葉である。

6 「問題発見・解決型熟練」(中馬，2001，2002)もほぼ同義である。
7 E. Wenger, R. Mcdermott, W. M. Snyder "Cultivating Communities of Practice" 2002(野村恭彦監修、桜井祐子訳:『コミュニティ・オブ・プラクティス―ナレッジ社会の新たな知識形態の実践』翔泳社，2002)邦訳　P.33 より引用
8 J. M. Morgan, J. K. Liker, "The TOYOTA Product Development System", 2006(稲垣公夫訳:『トヨタ製品開発システム』日経BP社，2007)邦訳　P.332
9 野中郁次郎・勝見明『イノベーションの本質』日経BP社，2004，P.19 より引用
10 伊丹敬之・藤本隆宏・岡崎哲二・伊藤秀史・沼上幹編「リーデングス　日本の企業システム第Ⅱ期第4巻」『組織能力・知識・人材』有斐閣，P.175 より引用
11 野中郁次郎・勝見明『イノベーションの本質』日経BP社，2004，P.19
12 H. Chesbrough, "The New Imperative for Creating and Profiting From Technology" (大前 恵一朗訳:『OPEN INNOVATION―ハーバード流イノベーション戦略のすべて』産業能率大学出版部，2004)邦訳　P.8 より引用
13 「NIH(Not Invented Here)シンドローム」とは、長期にわたって専門性の高い人が特定の集団に属すると、外部の情報やアイデアを考慮しない傾向が生まれてくることをいう。

終章

マネジメントの技を磨き自社の「明日を創る」

１　マネジメントの目的が見失われていないか

　「あなたはマネジメントの機能を果たせていますか」と聞かれたら何と答えるだろう。自信を持ってYesと答えられる人もいるだろうが、曖昧な返事になってしまう人も少なくないのではないだろうか。なぜだろう。ミドルマネジメント自身が、明確な目的や意図を持って、マネジメントできていないことが大きな理由ではないだろうか。

　マネジメントを端的に表現すれば、「組織の資源を効果的・効率的に活用し、組織の目的を達成するための働き」である。現場を預かるミドルマネジメントの立場からすると少しきれい過ぎる表現に聞こえるかもしれない。マネジメント（Management）の動詞形である「Manage」を辞書で引くと、「どうにかする」という意味がある。「日々直面する様々な状況を何とか切り抜ける」、日々の活動を振り返ってみると、むしろこちらの表現の方が実感に近く、しっくりくる人も多いだろう。

　様々な場面で研究開発部門のミドルマネジメントの方々と接する中で、マネジメント上の悩みや問題を耳にすることが多い。それらの話からは現場を預かるミドルマネジメントの方々が真摯に現実と向き合いながら現場で格闘している様子がうかがわれる。しかし、その一方で、まじめさゆえか、自分たちの立場や現実に捉われ過ぎてしまい、時に組織全体の視点から見ると的を射ていなかったり、マイナスに作用してしまうのでないかと思えたりすることもしばしばある。忙しさが増し、プレッシャーが増大する中、明確な意図を持たないままに、日々の現実に流されてしまっている状況も散見される。

　毎日の活動を「どうにかする」ことに没頭する中で、マネジメントの目的が見失われ、意図のない場当たり的なマネジメントになってしまうことが少なくないのである。もちろん、マネジメントは「どうにかする」ことであることは間違いない。使えるものは何でも使い、現実の中で格闘していくものである。しかし、だからこそ、その目的が見失われてしまっては、単なる場当たり的なマネジメントになってしまう。日々現場で格闘するミドルマネジメントだからこその難しさともいえるが、そうした状況を看過することはできない。

② 組織の目的を実現するために戦略の論理と現場の活動をつなぐ

　組織は、一人ではできないことを成し遂げるための集団である。組織の目的を実現するために、一人ひとりの力を束ね、組織の資源を最大限に活用していくことがマネジメントの役割だ。そして、現場の第一線でそれを担うのがミドルマネジメントである。

　戦略を構築するのはトップマネジメントだが、いかに優れた戦略であれ、実行が伴わなくては絵に描いた餅に過ぎない。ミドルマネジメントが十分に機能していなくては、いかにトップマネジメントが懸命に旗を振ってもそれが十分な成果につながることはない。戦略の実行を担うミドルマネジメントが、より目的的、意図的に現場をマネジメントしてこそ、戦略を具現化し、組織の収益を最大化していくことができる。

　これまで繰り返し述べてきたとおり、企業が持続的な成果をあげていくためには、現場を預かるミドルマネジメントが、その機能を果たすことが不可欠であり、戦略実現のための活動を作り込むのがミドルマネジメントである。

　そのためには、すべての活動において、自社の戦略の論理とのつながりを担保していかなければならない。ミドルマネジメントが経営的な視点を持ち、自社の収益の論理を理解した上で、現場の活動を展開していく必要がある。そして、常に自分たちの活動が組織全体の目的とズレが生じていないかどうか、自らの活動を問い直していかなければならない。戦略を実現するためには、戦略の論理と現場の活動をつなぎ合わせていかなければならないのである。

　研究開発部門は、一般にメンバーが仕事そのものに動機づけられており、仕事の進め方も自律性が高い。それゆえ、マネジメントが十分に機能していなくても、実際の仕事は一見滞りなく進んでいく。その一方で、成果を求められるプレッシャーの中で統制を強め、現場の活力を削いでしまっていることもある。すべてを統制しようとし、マネジメントの名のもとに現場の力を奪ってしまうのだ。いずれも問題である。

　研究開発部門はマネジメントが難しい領域であるがゆえか、ともすると成り行き任せになりやすい。かといって統制を強めればよいという訳ではない。成り行

き任せの結果管理に陥っている企業もあれば、行き過ぎた統制のために実質的に現場の力を削いでしまっていることもある。現場のマネジメントが機能していないケースが現実に多いのだが、当事者は意外にそれに気づかない。

　大切なことは、組織全体の目的や仕組みを理解した上で、それらとの論理的なつながりを意識して、研究開発の現場のマネジメントを機能させていくことだ。組織としての力を最大限に発揮させていくためには、ミドルマネジメントがその役割を自覚し、その機能を真に果たしていくことが不可欠なのである。

③　今一度マネジメント活動を振り返る

　ものづくりが産業の根幹である日本という国において、そして今日のように新たなイノベーションが、企業の、そして国の浮沈を左右する時代において、研究開発部門に対する期待は高まりこそすれ低くなることはない。そして、組織が持続的に社会に貢献し成長・発展を遂げていくためには、研究開発部門のミドルマネジメントの機能を高めていくことが不可欠だ。こうした問題意識から、本書では研究開発部門に焦点を当て、ミドルマネジメントが果たすべき4つの機能について論じてきた。

　初めて知った点や気づいた点もあれば、当たり前のこととしてすでに知っているものもあっただろう。ただし、知っていることと、できていることの間には「死の谷」がある。それぞれの現状に照らしてみたとき、当たり前のことがきちんとできているかを含めて今一度振り返ってみてほしい。我々が接する中でも、マネジメントを「しているつもり」でいても、実際には「マネジメント不全」に陥ってしまっている企業も少なくないからである。

　マネジメントは難しい仕事である。一筋縄ではいかない。現実の状況は曖昧さに満ちており、はっきりと先行きを見通せることなどない。不確実性を前提として判断を重ねていかなければならない。また、矛盾した問題を解きほぐしていかなければならない。どちらか一方を優先すればよいのなら、話は簡単だ。しかし、矛盾した問題の同時解決を図らなければならないのがマネジメントである。

　進む道筋にもリスクが満ちている。リスクが当たり前に存在する中で、覚悟を決めて、リスクをとらなければならない。リスクを前提として織り込み、対処し

ていくのがマネジメントである。そして、マネジメントには唯一絶対の正解などない。

　世界的な経営学者であるH.ミンツバーグの言葉を借りれば、「かなりの量のクラフトに、しかるべき量のアート、それにいくらかのサイエンスが必要とされる仕事」[1]がマネジメントである。常に変化する状況の中で、すべてケースバイケースで判断しなければならない。

　とはいえ、マネジメントを学ぶことができない訳ではない。マネジメントの実践経験を積んでいく中で、その技を磨いていくことはできる。原理原則を押さえた上で、一人ひとりのミドルマネジメントが経営の視点を持ち、複雑な現実に対処していく中でこそ、マネジメントを学び、マネジメントの技を深めていくことができる。そのために、本書では、研究開発部門におけるマネジメントの原理原則と現状を振り返る視点を提供してきた。

　研究開発の現場のマネジメントの質が、研究開発の成果を大きく左右する。研究開発部門が真に経営に貢献し、企業の「明日を創る」役割を果たせるかどうかは、ミドルマネジメントにかかっている。研究開発部門のミドルマネジメントの方々が、その役割の重要性をあらためて意識し、自らのマネジメント活動の質的な向上に取り組むことが、企業の持続的な成長・発展と貢献につながる。本書が、あらためて自らのマネジメントの現状を振り返る機会となり、原理原則の獲得やマネジメント活動の強化に少しでも役立ったとしたら、執筆者一同望外の喜びである。

> ケース 【湘南化学】 ──────────────────────── エピローグ

　役員会議室から出てきた松山は、ほっと胸をなで下ろした。西社長をはじめとする取締役陣に対する報告が終了したのだ。報告会では、研究開発活動への不満や要望など様々な意見が出されたものの、報告内容そのものに対する大きな異論はなかった。

　経営企画室の自席に戻り、同僚からのねぎらいの言葉に御礼を述べつつ、松山は、好きなコーヒーの豆を挽き、ネクタイを緩めた。
　何よりも自分を湘南化学へ引っ張ってくれた西社長のメンツをつぶさずに済んでよかったというのが正直な感想だった。プレゼンテーションや取締役との質疑の間、終始黙って聞いていた西社長だったが、最後の最後で「松山くんの報告は期待以上の内容でした。限られた時間の中、よくがんばってくれました。ありがとうございました。」というねぎらいの言葉を掛けてくれた。その瞬間、松山はこの1ヶ月間に背負っていた言いようのないプレッシャーからようやく解放された気がした。
　「節目節目でお世話になった小早川相談役にも改めて御礼をいわなければいけないな」、そう思った瞬間、呼び出しの電話が鳴った。「松山さん、社長がお呼びです。」

　慌てて、ジャケットを羽織り、社長室に向かうと、ソファには西社長と小早川相談役が並んで座っていた。
　小早川相談役が居ることに驚きつつ、あらためて2人に御礼を述べた。「今日はありがとうございました。お陰様で、報告会も無事に……」松山の挨拶を途中で遮り、西社長が話し始めた。「松山くん、明日からは小早川相談役と一緒に"研究開発マネジメント革新委員会"を担当してもらうよ。小早川さんが委員長で、松山くんは事務局長だ。1ヶ月で委員会を立ち上げて3ヶ月で結論を出してください。今後の研究開発のミドルマネジメントの未来像を描いてほしい。期待しているよ。」

松山は相変わらずの西社長の迅速な行動に舌を巻いた。「はい、わかりました」ととっさに返事はしたものの 「さすがにのんびりはさせてくれないな……」と心の中でつぶやいた。

２人のやりとりを笑みを浮かべながら聞いていた小早川相談役がおもむろに口を開いた。「松山さんの報告書を拝見して、私も刺激を受けましたよ。実は、委員会の件は、西社長に無理をいってお願いをしたのです。私も、湘南化学の未来のためにもう一働きさせていただきます。まぁ"赤鬼"の復活ですな。松山さん、よろしくお願いします。……私は真剣ですよ。」最後の言葉のときに、小早川相談役の顔が一瞬紅潮したのを松山は見逃さなかった。その表情に往年の凄みを垣間見た気がした。「こちらこそ、よろしくお願いします。」と頭を下げたものの、内心では「これは、えらいことになった……」と感じていた。

「松山くん、"赤鬼"と一緒に仕事をする君が青い顔をしていたらダメじゃないか。」

西社長に冷やかされた松山は、笑いながらも、緩めたままにしてあったネクタイを締め直した。

〔脚注〕

1　H. Mintzberg,"MANAGERS NOT MBA'S",2004（池村千秋訳『MBAが会社を滅ぼす』日経BP社，2006）P.21

参考文献

- 赤瀬英昭(2000)「合成樹脂の製品開発」(藤本隆宏,安本雅典編著『成功する製品開発』第6章)有斐閣
- 赤塔政基(1996)『誰にも書けなかった最強の研究開発戦略システム』ダイヤモンド社
- Amabile, Teresa M. (1998) "How to kill Creativity." Harvard Business Review 1998 Sep-Oct(須田敏子訳「あなたは組織の創造性を殺していないか」Diamond Harvard Business Review1999/5)
- 青木昌彦,安藤晴彦編著(2002)『モジュール化 新しい産業アーキテクチャの本質』東洋経済新報社
- 青木雅生(2002)「企業経営における研究開発に関する議論」立命館経営学 第41巻第1号
- 青島矢一(2003)「技術変化と競争優位―既存研究の論理と日本企業への適用―」研究 技術 計画 Vol.18 No.3/4
- 青島矢一,延岡健太郎(1997)「プロジェクト知識のマネジメント」組織科学 Vol.31
- 青島矢一,加藤俊彦(2003)『競争戦略論』東洋経済新報社
- Argyris, Chris., and Donald A. Sch"on. (1978) "Organizational learning : a theory of action perspective." Addison-Wesley
- アーサー・D・リトル ジャパン(2002)『「技術評価の手法」棚卸し』経済産業省MOTプログラム最終報告資料
- Boden, M. A. (1990) "The creative mind: Myths and mechanisms." London: Weidenfeld.
- Boden, M. A. (1994) "What is creativity." In M. A. Boden (Ed.), "Dimensions of creativity" pp.75-117,Cambridge, MA : MIT Press.
- Boer, F. Peter. (1999) "THE VALUATION OF TECHNOLOGY BUSINESS AND FINANCIAL ISSUES IN R&D." John Wiley & Sons, Inc.(宮正義監訳『技術価値評価R&Dが生み出す経済的価値を予測する』日本経済新聞社, 2004)
- Branscomb, Lewis M., and Fumio Kodama.(1993) "Japanese Innovation Strategy -Technical Support for Business Visions-"(平野和子訳『日本のハイテク技術戦略 トリクルアップによる成長』NTT出版, 1995)
- Brown, Adrian. (2006) "Creativity&Innovation." Mind Edge Press.(池上孝一, 鈴木敏彰監訳 立木勝訳『なぜ組織はイノベーションをつぶすのか』ファーストプレス, 2007)
- Barney, Jay B. (2002) "Gaining and Sustaining Competitive Advantage."(岡田正大訳『企業戦略論 競争優位の構築と持続』ダイヤモンド社, 2003)
- Chesbrough, Henry W. (2003) "OPEN INNOVATION." Harvard Business School Press in Boston, MA. (大前恵一朗訳『OPEN INNOVATION ―ハーバード流イノベーション戦略のすべて』産業能率大学出版部, 2004)
- Christensen, Clayton M. (1997) "THE INNOVATOR'S DILEMMA." Harvard Business School. (伊豆原弓訳『イノベーションのジレンマ 技術革新が巨大企業を滅ぼすとき』翔泳社, 2000)
- 中馬宏之(2002)「もの造り現場における問題発見・解決型熟練」日本労働研究雑誌 510号
- 中馬宏之(2006)「イノベーションと熟練」(伊丹敬之, 藤本隆宏, 岡崎哲二, 伊藤秀史, 沼上幹編「リーディングス 日本の企業システム 第II期 第4巻」『組織能力・知識・人材』第5章)有斐閣
- Cooper, Robert G. (2001) "Winning at New Products THIRD EDITON" BASIC BOOKS
- Copeland, Tom, and Vladimir Antikarov. (2001) "REAL OPTIONS." TEXERE LLC, New York (栃本克之監訳『決定版 リアル・オプション戦略 フレキシビリティと経営意思決定』東洋経済新報社, 2002)
- Crossan, Mary M., Henry W. Lane, and Roderick E.White. (1998) "Organizational Learning : Toward a Theory" Richard Ivey School of Business The University of Western Ontario WORKING PAPER No.98-05
- Daft, Richard L., (2001) "ESSENTIALS OF ORGANIZATIONAL THEORY & DESIGN, 2nd

Edition". South-Western College Publishing(高木晴夫訳『組織の経営学』ダイヤモンド社, 2002)
- Deci, E. L. and Flast, R. (1975) "Intrinsic motivation." New York: Plenum Press. (安藤延男・石田梅男訳『内発的動機付け:実験社会心理学アプローチ』誠信書房, 1980)
- Deci, E. L. and Flast, R. (1995)"Why we do what we do: The Dynamics of personal autonomy." New York:G.P.Putnam's Sons.(桜井茂男訳『人を伸ばす力:内発と自律のすすめ』新曜社, 1999)
- Deci, E. L. and Ryan, R. M. (2000) "Self-determination theory and the facilitation of intrinsic motivation,social development and well-being." American Psychologist, 55(1), 68-78
- Deci, E. L., and Ryan, R. M. (2000). "The 'what' and 'why' of goal pursuits: Human needs and the self-determination of behavior." Psychological Inquiry, 11, 227-268.
- Drucker, Peter F. (1973, 1974) "MANAGEMENT:TASKS, RESPONSIBILITIES, PRACTICES"(上田惇生編訳『マネジメント 基本と原則【エッセンシャル版】』ダイヤモンド社, 2001)
- Duncker, K. (1935) "Zur Psychologie des produktivenDenkens. Berlin: Verlag von Julius Springer." (小見山栄一訳『問題解決の心理:思考の実験的研究』金子書房, 1952)
- Foster, Richard. (1986)"INNOVATION THE ATTACKER'S ADVANTAGE.." Deborah Rogers LTD (大前研一訳『イノベーション 限界突破の経営戦略』TBSブリタニカ, 1987)
- 藤本隆宏, 延岡健太郎(2003)「日本の得意産業とは何か:アーキテクチャと組織能力の相性」, RIETI Discussion Paper Series 04-J-040
- 藤本隆宏(2000)「効果的製品開発の論理」(藤本隆宏,安本雅典編著『成功する製品開発』第1章)有斐閣
- 藤本隆宏・武石彰・青島矢一編著(2001)『ビジネス・アーキテクチャ』有斐閣
- 藤本隆宏, 延岡健太郎(2006)「競争力分析における継続の力:製品開発と組織能力の進化」組織科学 Vol.39 No.4:43-55
- 藤本隆宏(2006)「自動車の設計思想と製品開発能力」東京大学COEものづくり経営研究センター Discussion Paper No.74
- 藤本隆宏,安本雅典(2000)「効果的な製品開発の産業・製品分野間比較」(藤本隆宏,安本雅典編著『成功する製品開発』終章)有斐閣
- 藤末健三(2005)『技術経営論』生産性出版
- 藤末健三(1999)『技術経営入門』生産性出版
- 福井忠興(2001)「研究開発テーマの推進マネジメントと中間評価」研究開発マネジメント2001年3月号 アーバンプロデュース
- 福谷正信(2007)『研究開発技術者の人事管理』中央経済社
- 「複雑系の事典」編集委員会(2001)『複雑系の事典―適応複雑系のキーワード150―』(株)朝倉書店
- 古川久敬(1990)『構造こわし―組織変革の心理学』誠信書房
- Garvin, David A. (2001) "LEARNING IN ACTION." Harvard Business School Press in Boston, MA.(沢崎冬日訳『アクションラーニング』ダイヤモンド社, 2002)
- 玄場公規(2004)『理系のための企業戦略論』日経BP社
- Goerzen, Anthony. (1998)"MABUCHI MOTORS CO., LTD."Richard Ivey School of Business
- グロービス・マネジメント・インスティテュート編著 嶋田毅監修(2003)『MBA定量分析と意思決定』ダイヤモンド社
- Hamel, Gary, and C. K. Prahalad. (1994) "COMPETING FOR THE FUTURE" Harvard Business School Press in Boston (一條和生訳『コア・コンピタンス経営 大競争時代を勝ち抜く戦略』日本経済新聞社, 1995)
- 原陽一郎(2006)「費用対効果、研究開発ポートフォリオ分析による研究開発費の管理と効果的な配分の決め方 第1回「トータルR&D」の研究開発マネジメント」研究開発リーダー Vol.3, No.3
- 原陽一郎(2007)「費用対効果、研究開発ポートフォリオ分析による研究開発費の管理と効果的な配分の決め方 第2回 研究開発テーマ設定の戦略」研究開発リーダー Vol.3, No.4

参考文献

- 藤本隆宏・延岡健太郎(2006)「競争力分析における継続の力：製品開発と組織能力の進化」組織科学 Vol.39 No.4 43-55
- 原陽一郎, 安部忠彦責任編集(2005)『イノベーションと技術経営』丸善株式会社
- 原田勉(1998)「研究開発組織における3段階のコミュニケーション・フロー——ゲートキーパーからトランスフォーマーへ——」組織科学 Vol.32 No.2
- 原田雅顕, 岩井善弘, 澤口学, 松尾尚(2008)『MOTの新展開—技術革新からビジネスモデル革新へ』産業能率大学出版部
- 原田勉(1999)『知識転換の経営学』東洋経済新報社
- 原田勉(2007)『ケース演習でわかる技術マネジメント』日本経済新聞出版社
- Harvard Business School Press(2000・2002・2003・2004) Harvard Business Review Anthology "Innovating for New Products". Harvard Business School Press in Boston (DIAMOND ハーバード・ビジネス・レビュー編集部 編・訳『製品開発力と事業構想力』ダイヤモンド社, 2006)
- 波多野誼余夫編(1996)『認知心理学5 学習と発達』東京大学出版会
- Heiden, Kees van der. (1996) "SCENARIOS" John Wiley & Sons, Limited, Chichester (株式会社グロービス監訳 西村行功訳『シナリオ・プランニング 戦略的思考と意思決定』ダイヤモンド社, 1998)
- Hippel, Eric von,. (1994) "Sticky Information" and the Locus of Problem Solving: Implications for Innovation. Management Science, 40(4), 429-439
- Hippel, Eric von. (2005) "DEMOCRATIZING INNOVATION." The MIT Press(サイコム・インターナショナル監訳『民主化するイノベーションの時代 メーカー主導からの脱皮』ファーストプレス, 2006)
- 開本浩矢(2006)『研究開発の組織行動 研究開発技術者の業績をいかに向上させるか』中央経済社
- 一橋大学イノベーション研究センター編(2001)『イノベーション・マネジメント入門』日本経済新聞社
- Hofer, Charles W. and Dan Schendel. (1978) "STRATEGY FORMULATION：ANALYTICAL CONCEPTS." WEST PUBLISHING CO.(奥村昭博, 榊原清則, 野中郁次郎共訳『ホッファー／シェンデル 戦略策定—その理論と手法—』千倉書房, 1981)
- 堀江常稔・犬塚篤・井川康夫(2007)「研究開発組織における知識提供と内発的モチベーション」経営行動科学 第20巻 第1号, 1-12
- 飯沼光夫(1982)『シナリオ・ライティング入門』日本能率協会
- 今井潤一(2004)『リアル・オプション 投資プロジェクト評価の工学的アプローチ』中央経済社
- 今井むつみ, 野島久雄(2003)『人が学ぶということ 認知学習論からの視点』北樹出版
- 稲垣佳世子, 波多野誼余夫(1989)『人はいかに学ぶか—日常的認知の世界』中公新書
- 井上達彦編著(2006)『収益エンジンの論理』白桃書房
- 石井淳蔵, 奥村昭博, 加護野忠男, 野中郁次郎(1985)『経営戦略論』有斐閣
- 石井正道(2005)『独創の条件』NTT出版
- 石田英夫編(2002)『研究開発人材のマネジメント』慶應義塾大学出版会
- 石井正道(2008)「非連続イノベーションに関する戦略策定プロセスの研究—意図的に創発をコントロールするプロセスの提案—」イノベーション・マネジメント No.5
- 石崎悦史, 橋本仁蔵(2002)『商品学と技術』関東学院大学出版会
- 石崎悦史, 橋本仁蔵(2004)『商品進化と技術』関東学院大学出版会
- 伊丹敬之(2003)『経営戦略の論理 第3版』日本経済新聞出版社
- 伊丹敬之, 加護野忠男, 宮本又郎, 米倉誠一郎編(1998)『ケースブック 日本企業の経営行動 3 イノベーションと技術蓄積』有斐閣
- 伊丹敬之(2007)『経営を見る眼』東洋経済新報社
- 伊丹敬之(2008)『経営の力学』東洋経済新報社
- 株式会社東レ経営研究所(2006)「企業における研究開発ガバナンスの在り方に関する調査報告書」平成18年度経済産業省委託事業

- 加護野忠男, 井上達彦(2004)『事業システム戦略 事業の仕組みと競争優位』有斐閣アルマ
- 亀岡秋男, 古川公成編著(2005)『改訂版 イノベーション経営』日本放送出版協会
- 加藤俊彦(2003)「日本企業の製品・技術戦略—80年代の理論的展開と90年代の変容—」研究 技術 計画 Vol.18 No.3/4
- 川上智子(2005)『顧客志向の新製品開発 マーケティングと技術のインタフェイス』有斐閣
- 川上智子(2005)『顧客志向の製品開発』有斐閣
- 茅野健, 只野文哉, 大原秀晴, 唐津一, 寺崎実, 西川実, 柳下和夫(1981, 1992)「経営工学シリーズ 17 研究・開発」
- Kelley, Tom, with Jonathan Littman. (2001) "The Art of Innovation -Lessons inCreativity from IDEO, America's Leading Design Firm" International Creative Management Inc.(鈴木主税, 秀岡尚子訳『発想する会社！世界最高のデザインファーム IDEO に学ぶイノベーションの技法』早川書房, 2002)
- Kim, W. Chan, and Renee Mauborgne.(2005) "Blue Ocean Strategy" Harvard Business School Press in Boston, MA.(有賀裕子訳『ブルー・オーシャン戦略』ランダムハウス講談社, 2005)
- Kline, Stephen Jay. (1990)"INNOVATION STYLES IN JAPAN AND THE UNITED STATES." Stanford University. (鴨原文七訳『イノベーション・スタイル 日米の社会技術システムの変革の相違』アグネ承風社, 1992)
- Kline, Stephen Jay.(1985) "Innovation Is Not A Linear Process." Research Management, 24(4), 36-45
- 児玉文雄(1991)『ハイテク技術のパラダイム マクロ技術学の体系』中央公論社
- 児玉文雄(2007)『技術経営戦略』オーム社
- 児玉文雄(2007)「序説 何をマネージするのか？」オペレーションズ・リサーチ 1996年1月号
- 児玉文雄編(2008)『技術潮流の変化を読む』日経BP社
- 小池和男(1997)『日本企業の人材形成』中公新書
- 小池和男(2006)「もの造りの技能 自動車生産職場」(伊丹敬之, 藤本隆宏, 岡崎哲二, 伊藤秀史, 沼上幹編『リーディングス 日本の企業システム 第Ⅱ期第4巻』『組織能力・知識・人材』第4章)有斐閣
- Kolb, D.A. (1984) "Experiential Learning." Prentice-Hall
- 近藤次郎(1988)『企画の図法』日科技連
- 今野浩一郎(1993)『研究開発マネジメント入門』日本経済新聞社
- 河野豊弘(2009)『研究開発における創造性』白桃書房
- 河野豊弘編著(2003)『新製品開発マネジメント 会社を変革する戦略と実行』ダイヤモンド社
- Kotler, Philip, and Gary Armstrong. (1989, 1986, 1983) "PRINCIPLES OF MARKETING, FOURTH EDITION." Prentice Hall, Inc.(和田充夫, 青井倫一訳『新版 マーケティング原理 戦略的行動の基本と実践』ダイヤモンド社, 1995)
- Kotler, Philip, and Fernando Trias De Bes. (2003) "LATERAL MARKETING -NEW TECHNIQUES FOR FINDING BREAKTHROUGH IDEAS"(恩蔵直人監訳 大川修二訳『コトラーのマーケティング思考法』東洋経済新報社, 2004)
- Kotler, Philip.(2000) "Maketing Management Millennium Edition, Tenth Edition" Prentice Hall, Inc.(恩蔵直人監修 月谷真紀訳『コトラーのマーケティング・マネジメント—ミレニアム版』フィリップ・コトラー ピアソンエデュケーション, 2001)
- 楠木建(2001)「マブチモーター(標準化戦略と持続的な競争優位)」一橋ビジネスレビュー 49(2)号 東洋経済新報社
- 楠木建(2003)「見えない次元—イノベーションの新しいパラダイム」研究 技術 計画 Vol.18, No3/4
- 楠木建, 野中郁次郎, 永田晃也(1995)「日本企業の製品開発における組織能力」組織科学 Vol.29 No.1
- 楠木建(2001)「価値分化:製品コンセプトのイノベーションを組織化する」組織科学 Vol.35 No.2：16-37
- 桑嶋健一(2000)「医薬品の製品開発 プロセス・組織と効果的な製品開発パターン」(藤本隆宏, 安本雅典編著『成功する製品開発』第5章)有斐閣

参考文献

- 桑嶋健一(2006)「医薬品の研究開発と組織能力 経験に基づく競争優位構築」(伊丹敬之,藤本隆宏,岡崎哲二,伊藤秀史,沼上幹編『リーディングス 日本の企業システム 第Ⅱ期第4巻』『組織能力・知識・人材』第3章)有斐閣
- 桑嶋健一(2006)『不確実性のマネジメント 新薬創出R&Dの「解」』日経BP社
- マブチモーター ホームページ http://www.mabuchi-motor.co.jp/
- Lave, J. and Wenger, E. (1991) "Situated Learning Legitimate Peripheral Participation." Cambridge University Press.(佐伯胖訳『状況に埋め込まれた学習―正統的周辺参加―』産業図書,1993)
- Leonard, Dorothy, and Walter Swap. (1999) "WHEN SPARKS FLY" Harvard Business School Press.Massachusetts(吉田孟史監訳『創造の火花が飛ぶとき グループパワーの活用法』文眞堂,2009)
- Luehrman, Timothy A.(1998) "Strategy as a Portfolio of Real Options" Harvard Business Review 1998 Sep-Oct(田川秀明訳『リアル・オプションを戦略評価に活かす法』Daiamond Harvard Business Review, Dec-Jan, 1999)
- 松本雄一(2003)『組織と技能』白桃書房
- McGrath, Ruth Gunther, and Ian MacMillan. (2000)"THE ENTREPRENEURIAL MINDSET" Harvard Business School Press in Boston(大江建監訳 社内起業研究会訳『アントプレナーの戦略思考技術 不確実性をビジネスチャンスに変える』ダイヤモンド社, 2002)
- Mintzberg, Henry. (1973) "THE NATURE OF MANAGERIAL WORK". Harper Collins Publishers Inc., New York(奥村哲史,須貝栄訳『マネジャーの仕事』白桃書房, 1993)
- Mintzberg, Henry. (2004) "MANAGERS NOT MBA's"(池村千秋訳『MBAが会社を滅ぼす マネジャーの正しい育て方』日経BP社, 2006)
- Mintzberg, Henry., Bruce Ahlstrand, and Joseph Lampel. (1998) "STRATEGY SAFARI：A GUIDED TOUR THROUGH THE WILDS OF STRATEGIC MANAGEMENT." The Free Press (斉藤嘉則監訳『戦略サファリ 戦略マネジメント・ガイドブック』東洋経済新報社, 1999)
- Mintzberg, Henry. (1981) "ORGANIZATION DESIGN：FASSHON OR FIT?"Harvard Business Review 1981 July-Sep(「組織設計、流行を追うか適合性を選ぶか」Diamond Harvard Business Review 1981年 May-June)"
- 三品和広(2004)『戦略不全の論理』東洋経済新報社
- 宮正義(2004)「ステージ―ゲート・プロセス 成功の勘所」日経ビズテック, 2004/10/15号, 24-30
- Morgan, James M, and Jeffrey K. Liker.(2006), "The TOYOTA Product Development System：Integrating People, process, and Technology." Productivity Pess, (稲垣公夫訳 『TOYOTA製品開発システム』日経BP社, 2007)
- 森健一,鶴島克明,伊丹敬之(2007)『MOTの達人 現場から技術経営を語る』日本経済新聞出版社
- 森俊治(1991)『研究開発管理論 改訂増補版』同文館
- 守島基博(1999)「新しい競争環境と企業のR&D人材獲得戦略：試論」慶應義塾大学産業研究所 組織行動研究 No.29(1999.3), pp.87-93
- 村上路一(1989)「企業におけるシナリオ・ライティング手法の活用」研究 技術 計画 Vol.4 No.2
- 丹羽清・山田肇(1999)『技術経営戦略』生産性出版
- 村上路一(1999)「危機意識から生まれたイノベーション・マネージメント」Works No.37 リクルート
- 永野護,亀井信一,近藤隆(2008)「日本企業の研究開発と設備投資～研究開発の経営戦略化の実証分析～」三菱総合研究所所報(49), pp.4-22 2008
- 中原淳編著 荒木淳子,北村士朗,長岡健,橋本諭(2006)『企業内人材育成入門』ダイヤモンド社
- 中島剛志,丹羽清(2004)「研究開発における「アイデア発展の場」活性化方策の研究」研究 技術 計画 Vol.17 No.3/4 231-242
- 日本能率協会「研究開発の評価と意思決定」企画・編集委員会編(1983)『戦略的研究開発の評価と意思決定』日本能率協会
- 新原浩朗(2003)『日本の優秀企業研究』日本経済新聞社
- 日経ベンチャー「『社長大学』馬渕隆一 マブチ

モーター社長」第1・2・3回 2000年9・10・11月号 日経BP社
- 日経BP社「沈むぞ！松下 中村改革のすべてを語ろう」日経ビジネス 2001年5月28日号, pp.26-41
- 日経BP社「編集長インタビュー 中村邦夫氏 完全復活, 感触つかんだ」日経ビジネス 2003年5月26日号, pp.94-97
- 日経ものづくり編(2006)『ものづくりの教科書 強い工場のしくみ』日経BP社
- 日経ものづくり編(2008)『日本、ものづくりの神髄―経営者12人の原点』日経BP社
- 西田耕三, 三井東圧化学MTD研究会(1984)『R＆Dテーマ発掘のマネジメント』文眞堂
- 西原理(2008)「R＆D投資のリアルオプションモデル」オペレーションズ・リサーチ 2008年5月号, 38-43
- 西堀榮三郎(2004)『ものづくり道』WAC出版
- 丹羽清(2006)『技術経営論』東京大学出版会
- 延岡健太郎(2006)『MOT[技術経営]入門』日本経済新聞社
- 延岡健太郎(2007)「組織能力の積み重ね：模倣されない技術とは」組織科学 Vol.40 No.4：4-14
- 延岡健太郎(2008)「ものづくりにおける深層の付加価値創造：組織能力の積み重ねと意味的価値のマネジメント」, RIETI Discussion Paper Series 08-J-006
- 延岡健太郎(2008)「価値づくりの技術経営：意味的価値の創造とマネジメント」, IIR・Working Paper WP#08-05
- Nonaka, Ikujiro, and Hirotaka Takeuchi. (1995) "The Knowledge-Creating Company：How Japanese Companies Create the Dynamics of Innovation." Oxford University Press.(梅本勝博訳『知識創造企業』東洋経済新報社, 1996)
- 野中郁次郎(2006)「日本企業の綜合力 知識ベース企業のコア・ケイパビリティ」(伊丹敬之, 藤本隆宏, 岡崎哲二, 伊藤秀史, 沼上幹編「リーディングス 日本の企業システム 第Ⅱ期第4巻」『組織能力・知識・人材』第6章)有斐閣
- 野中郁次郎, 勝見明(2004)『イノベーションの本質』日経BP社
- 沼上幹(1989)「市場と技術と構想―イノベーションの構想ドリブン・モデルに向かって―」組織科学 Vol.23 No.1：59-69
- 沼上幹(2004)「ビジネススクール流知的武装講座[96] 戦略策定における「不確実性」の読み方」プレジデント 2004年3.15号
- 小川進(1997)「イノベーションと情報の粘着性―イノベーションにおけるニーズ・プッシュとテクノロジー・プル」組織科学 Vol.30 No.4：61-71
- 小川進(2000)『イノベーションの発生論理―メーカー主導の開発体制を越えて』千倉書房
- 大橋岩雄(1991)『研究開発管理の行動科学』同文館
- 大江健(2008)『なぜ新規事業は成功しないのか「仮説のマネジメント」の理論と実践 第3版』日本経済新聞出版社
- Porter, Michael E. (1998) "ON COMPETITION" Harvard Business School Press in Boston, MA. (竹内弘高訳『競争戦略論Ⅰ』ダイヤモンド社, 1999)
- Pfeffer, Jeffrey. (1992) "MANAGING WITH POWER" Harvard Business School Press (奥村哲史訳『影響力のマネジメント』東洋経済新報社, 2008)
- Roberts, Royston M. (1989) "SERENDIPITY Accidental Discoveries in Science" John Wiley & Sons, Inc.(安藤喬志訳『セレンディピティ―思いがけない発見・発明のドラマ―』化学同人, 1993)
- Rosenbloom, Richard S., and William J. Spencer. (1996) "ENGINES OF INNOVATION." Harvard Business School Press in Boston.(西村吉雄訳『中央研究所時代の終焉 研究開発の未来』日経BP社, 1998)
- Roussel, Philip A., Kamal N. Saad, and Tamara J. Erickson. (1991) "THIRD GENERATION R&D." Harvard Business School Press.(田中靖男訳『第三世代のR＆D研究開発と企業・事業戦略の統合』ダイヤモンド社, 1992)
- 齋藤富士郎(2004)「組織能力としてのコア技術形成能力」研究・技術計画学会 年次学術大会講演要旨集 2004年＜第19回＞
- 齋藤富士郎(2004)「ヒット商品を生み出した開発プロジェクトの特質―研究開発フロー＆ス

トック・ダイヤグラムと製品特化技術概念の提唱―」多摩大学紀要 経営・情報研究 No.8
- 齋藤冨士郎(2005)「組織能力としてのコア技術形成能力」多摩大学紀要 経営・情報研究 No.9
- 榊原清則(1992)『企業ドメインの戦略論』中公新書
- 榊原清則(1995)『日本企業の研究開発マネジメント』千倉書房
- 榊原清則(2002)『経営学入門』日経文庫
- 榊原清則(2005)『イノベーションの収益化 技術経営の課題と分析』有斐閣
- 榊原清則,香山晋編著(2006)『イノベーションと競争優位 コモディティ化するデジタル機器』NTT出版
- 坂元昂編(1983)『現代基礎心理学 7 思考・知能・言語』東京大学出版会
- 企業の人材開発に関する実態調査プロジェクト(2008)「企業の人材開発に関する実態調査 人材開発部門の役割および次世代リーダー育成・ミドルマネジャー教育の実態」(学)産業能率大学 総合研究所 経営管理研究所
- (学)産業能率大学 総合研究所(2008)「「研究開発部門のミドルマネジメント」に関する実態調査報告書」(学)産業能率大学
- (学)産業能率大学(2002)『ストラテジー エッセンス』(学)産業能率大学
- (学)産業能率大学(2005)『ストラテジー&イノベーション(第2版)』(学)産業能率大学
- (学)産業能率大学 テクノロジー・マーケティング研究プロジェクト編著 原田雅顕,田中秀春監修(2004)『テクノロジー・マーケティング―技術が市場を創出する』産業能率大学出版部
- 佐藤順一,嶋村紘輝,長谷川啓之編集(1995)『マクロミクロ経済学事典』富士書房
- Schwartz, Peter. (1991) "THE ART OF THE LONG VIEW：Planning for the Future in an Uncertain World." Doubleday Business(垰本一雄・池田啓宏訳『シナリオ・プランニングの技法』東洋経済新報社, 2000)
- Seifter, Harvey. and Peter Economy. (2001) "LEADERSHIP ENSEMBLE — Lessons in Collaborative Management from the World's Only Conductorless Orchestra." Times Books(鈴木主税訳『オルフェウスプロセス―指揮者のいないオーケストラに学ぶマルチ・リーダーシップ・マネジメント』角川書店, 2002)
- シャープ ホームページ　http://www.sharp.co.jp/
- Schumpeter, Joseph A. (1926) "THEORIE DER WIRTSCHAFTLICHEN ENTWICKLUNG"(塩野谷祐一,中山伊知郎,東畑精一訳『経済発展の理論』岩波文庫, 1977)
- Stevens, Greg A. and James Burley (1997) "3,000 Raw Ideas = 1 Commercial Success." Washington, DC: The Industrial Research Institute, Research・Technology Management May-June, 1997, 16-27
- 住友3M社 ホームページ　http://solutions.3m.com/ja_JP/WW2/Country/
- 鈴木有香(2008)『コンフリクトマネジメント入門』自由国民社
- 高橋冨男(2001)「R&D計画段階の充実とスピードアップに有効なPDPC法」研究開発マネジメント2001年3月号 アーバンプロデュース
- 竹村正明(2001)「現代的な製品開発論の展開」組織科学 Vol.35 No.2：4-15
- 田尾雅夫(1991)『組織の心理学』有斐閣ブックス
- Thomas, Kenneth. (1992) "Conflict and Negotiation Process" in M.D.Dunnette and L. M. Hough (ed), Handbook of Industrial and Organizational Psychology SECOND EDITION Volume 3. Consulting Psychologists Press
- Tidd, Joe., Keith Pavitt, and John Bessant. (2001) "Managing Innovation：Integrating Technological, Market and Organizational Change." John Wiley & Sons.(後藤晃,鈴木潤訳『イノベーションの経営学―技術・市場・組織の統合的マネジメント』NTT出版, 2004)
- Toffler, Alvin. (1980) "The Third Wave." Bantam Books(徳岡孝夫訳『第三の波』中央公論新社, 1982)
- 富田純一,桑嶋健一(2002)「評点法による新製品開発プロジェクトの評価：実証分析に基づくセレクション・モデルの構築」研究 技術 計画 Vol.17 No.3/4, 202-211
- 辻本将晴(2004)「研究開発プロジェクトの評価と選択における組織能力―日本の電気機器産業

におけるライン参加による評価と全社的研究所のマネジメントの重要性―」イノベーション・マネジメント No.2
・辻本正晴・藤村修三 (2007)「ベル研 (AT&T Bell Laboratory) における基礎科学知識の創造―研究強度のポテンシャルの内部強化と外部強化―」技術革新型企業創生プロジェクト (ルネッサンスプロジェクト) Discussion Paper Series #07-07
・植之原道行, 篠田大三郎 (1995)『研究・技術マネジメント 基礎から実践まで』コロナ社
・浦川卓也 (1996)『市場創造の研究開発マネジメント―R&D生産性をどう高めるか―』ダイヤモンド社
・浦川卓也 (2001)「研究開発推進のマネジメント―いかに迅速かつ効率的に目標を達成するか―」研究開発マネジメント 2001年3月号 アーバンプロデュース
・Utterback, James M. (1994) "MASTERING THE DYNAMICS OF INNOVATION." Harvard Business School Press in Boston. (大津正和, 小川進監訳『イノベーション・ダイナミクス事例から学ぶ技術戦略』有斐閣, 1998)
・Weick, Karl E. (1969) "Social Psychology of Organizing" Addison-Wesley Educational Publishers Inc (遠田雄志訳『組織化の社会心理学』文眞堂, 1997)
・Weick, Karl E. (1995) "Sensemaking in Organizations -Foundations for Organizational Science." Sage Publications, Inc (遠田雄志訳『センスメーキング イン オーガニゼーション』文眞堂, 2002)
・Wenger, Etienne., Richard McDermott, and William M. Snyder. (2002) "Cultivating Communities of Practice." Harvard Business School Press in Boston, MA. (野村恭彦監修 櫻井祐子訳『コミュニティ・オブ・プラクティス』翔泳社, 2002)
・山之内昭夫 (1992)『新・技術経営論』日本経済新聞社
・山下裕子 (1991)「場と秩序―ホンダの開発プロジェクトのグローバリゼーションからの考察」マーケティングジャーナル 第40号 35-43
・矢野正晴, 柴山盛生, 孫媛, 西澤正己, 福田光宏 (2002)「創造性の概念と理論」NII Technical Report 2002-001J
・米盛裕二 (2007)『アブダクション仮説と発見の論理』勁草書房
・義村敦子 (2007)『基礎研究者の職務関与と人的資源管理』慶應義塾大学出版会

索　引

【ア行】

アイデアの漏斗　113
青色発光ダイオード　87
アドホクラシー（adhocracy）　195
アブダクション（abduction）　118
ありたい姿　51
ありたい論　55
あるべき姿　55
あるべき論　55
アングラ研究　131
アンダーマイニング　235
アンドラゴジー　236
アンラーニング（学習棄却）　240
移行期　8
5つの競争要因　78
IDEO社　134
インセンティブ　129
インテグラル型　9
エスノグラフィ　133
NIH（Not Invented Here）　247
NPV法　174
MOT　3
演繹（deduction）　118
遠心力の力学　190
応用研究　183
OJT　230
オープンイノベーション　247
Off－JT　230
オペレーションズ・リサーチ的評価法　139
オペレーション戦略　70
オルフェウス室内管弦楽団　196
オンリーワン製品　47

【カ行】

解釈　227
買い手のニーズ　114
開発　183
開発後期　183
開発前期　183
外発的動機づけ　234
化学反応　135
学習アプローチ　73
学習観　231
型　246
関連多角化　68
キーエンス　51
企業戦略　21
技術　100
技術革新　12
技術効用分析　52
技術人材　4
技術戦略　21、100
技術的なシーズ　115
技術の視点　143
技術偏重　15
基礎研究　183
期待利益　173
帰納（induction）　118
機能学習（functional learning）　104
機能別戦略　69
機能別組織　193
逆転発想　165
強化　231
競合（Competitor）　74
強制パワー　199
競争　73
競争戦略　64
競争地位　81
競争優位　50
協調　73
クリエイティブ・ルーティン　246
クリエイティブなルーティン　246
経営戦略　64、70
経営的視点　33
経営の意図　20
経営の視点　143
経営の代行者　33
経験学習　236

267

経済論的評価法	139		

経済論的評価法　139
継続改善型評点法(CISM法)　144
経路依存性　16
ゲートキーパー　201
ゲームアプローチ　73
決定論的評価法　139
ケンカと縄張りの力学　190
研究　183
研究開発テーマの決定　111
研究開発効率　7
研究開発戦略　21、105
研究開発テーマ　21
研究開発テーマの創出　111
現在価値　173
顕在ニーズ　133
減衰　18
コア技術戦略　103
効果機能　85
公式の集団　241
構想立案型人材　130
行動主義　231
効率性　107
Go/No Go　185
Go or NoGo の判断能力　220
顧客(Customer)　74
顧客効用　50
顧客効用インデックス　83
顧客効用の6つの梃子　82
顧客効用分析　52
顧客ニーズ　45
顧客の声(Voice of Customer)　117
国際化　68
個人間コンフリクト　203
個人内コンフリクト　203
コスト・リーダーシップ　79
固定期　8
コトづくり　16
個別最適　17
コミュニケーションネットワーク　200
コモディティ(commondity)　10
コモディティ・ヘル　10
コモディティ化　10
コンフリクト　202

【サ行】

差別化　79
差別化戦略　80
3C分析　52
3段階のコミュニケーション・フロー　201
CTS　166
事業化　21
事業化計画　168
事業化シナリオ　160
事業構造　46
事業システム　50
事業戦略　21
事業部別組織　193
事業連関　47
仕組み　225
刺激　231
刺激−反応型　231
資源アプローチ　73
自己中心的戦略　37
事後評価　138
自社(Company)　74
自社の技術　45
事前評価　138
実践コミュニティ　243
実体機能　85
シナリオ　160
死の谷(Valley of Death)　104
資本コスト(WACC)　44
シャープ　47
収益論理　50
収益論理図　62
15％ルール　131
集団間コンフリクト　203
集中　79
集中戦略　81
手段の目的化　12
準拠性パワー　199
純粋基礎研究　183
シュンペーター　12
情　41
障害予測　166
状況論　231
漏斗型　223

268

索引

情報の粘着性　132
シングルループ学習　247
新結合　12
深層の競争力　217
衰退期　76
ステージ・ゲート・システム　181
ストロー型　223
スパイラル戦略　48
生産戦略　67
成熟期　76
成人学習　236
成長期　76
成長戦略　64
正当性パワー　199
制度化　227
正の強化　232
製品アーキテクチャ　9
製品イノベーション　7
製品開発　183
セレンディピティ　128
先行開発　183
潜在ニーズ　52、133
全体最適　17
専門性パワー　199
専門知識　126
戦略的フィット　43
戦略と技術との適合関係　101
戦略の階層性　69
戦略は技術に従う　102
相乗効果（シナジー）　43
創造　120
創造空間　124
創造性　120
創造的思考力　126
創発　131
即時フィードバックの原理　231
組織戦略　67
組織能力　21
組織のルーティン　246

【タ行】

ダーウィンの海　103
対象市場　45
対費用価値　175
多角化　68
タスクジャッジ　221
WBS（Work Breakdown Structure）　168
ダブルループ学習　248
多用途化　56
短期記憶　232
単品経営　56、57
知的熟練　238
チャレンジャー　81
中間評価　138
長期記憶　232
直観　227
つながりの論理　18
ディシジョンツリー　173
定性的評価　139
定量的評価　139
テーマ構成　137
テーマ中止　177
適応的熟達者　238
デザインレビュー　186
デジタル化　10
手続き的熟達者　238
伝承　241
伝播　241
動機づけ　234
統合化　227
導入期　76
特許　53
トップダウン　111
ドミナントデザイン（dominant design）　8
ドメイン　44
トランスフォーマー　201
トリクルアップ（trickle up）戦略　103

【ナ行】

内発的動機づけ　234
日亜化学　87
ニッチャー　82
認知主義　231
ノン・リニアモデル　180

269

【ハ行】

BAU（Business Activity/Actuality Unit） 194
PERT（Program Evaluation and Review Technique） 168
パイプライン 223
培養 230
バリューチェーン（価値連鎖） 101
PPP（Phased project Planning） 181
比較優位 37
非関連多角化 68
非公式ネットワーク 201
非公式の集団 241
ビジネスエスノグラフィ 133
人 225
ビューロクラシー（burocracy） 195
評価結果評価 144
評価者 145
表現機能 85
標準化 58
表層の競争力 217
ひらめき 117
風土 225
フェーズ・レビュー・プロセス 181
フォロワー 81
複合的評価法 139
負の強化 232
部門貢献マトリクス 89
プラットフォーム 104
プラットフォーム戦略 104
ブルーオーシャン戦略 82
フルコンタクトコミュニケーション 41
フレームワーク 50
プロセス 71
プロセスイノベーション 7
プロトコルデザイン能力 220
フロントローディング 170
報酬パワー 199
ポジショニングアプローチ 72
ボトムアップ 111
ボラティリティ（変動率） 175

【マ行】

マキャベリズム的 39
マトリクス組織 193
見えざる資産 73
自らの想い 40
密造酒づくり（bootleging） 131
3つの力学 189
難しさを管理する 168
Make or Buy 105
目利き 110
目的基礎研究 183
目標売上高利益率 44
モジュラー型 9
モチベーション 126

【ヤ行】

闇研究 131
融合 135
有効性 107
ゆるやかな方向づけ 125
要因 71

【ラ行】

理 41
リアル・オプション 175
リアル・オプション・アプローチ 175
リーダー 81
リニアモデル 179
流動期 8
類型化 71
連鎖モデル 180
論理としてのわかりやすさ 40

執筆者略歴（五十音順）

● **浅羽 亮**（あさば りょう）

学校法人産業能率大学 総合研究所 経営管理研究所 チェンジマネジメント支援センター プロジェクトマネジャー。慶應義塾大学 理工学部 管理工学科卒業、同大学大学院 理工学研究科博士前期課程修了（理工学修士）。

現在、人材マネジメント領域全般、なかでも経営人材育成、ミドルマネジメント育成、技術経営（MOT）の領域を中心に、教育プログラムや診断ツールの研究・開発およびコンサルティング活動に携る。

著書に『組織変革実践ガイド』（産業能率大学出版部刊 共著）がある。

● **杉原 徹哉**（すぎはら てつや）

学校法人産業能率大学 総合研究所 経営管理研究所 マネジメントリサーチセンター長。中央大学 商学部卒業。

現在、人材マネジメント領域全般、なかでも経営人材育成、ミドルマネジメント育成、技術経営（MOT）の領域を中心に、教育プログラムや診断ツールの研究・開発およびコンサルティング活動に携る。

著書に『組織変革実践ガイド』（産業能率大学出版部刊 共著）がある。

● **竹村 政哉**（たけむら まさや）

学校法人産業能率大学 総合研究所 経営管理研究所チェンジマネジメント支援センター主席研究員、産業能率大学 情報マネジメント学部 現代マネジメント学科（通信教育課程）准教授。明治大学 農学部卒業、芝浦工業大学大学院 工学マネジメント研究科修了（技術経営修士）。

現在、技術経営（MOT）およびTRIZ（トゥリーズ）の領域を中心にコンサルタントおよび企業内研修講師として活動。

著書に『テクノロジー・マーケティング』（産業能率大学出版部刊 共著）『クラシカルTRIZの技法』（日経BP社，翻訳・解説）がある。

〜お問い合わせ先〜

(学)産業能率大学総合研究所　http://www.hj.sanno.ac.jp

＊本書の内容全般についてのご質問等は、下記のメールアドレス宛にお問い合わせ下さい。

E-Mail：webm@hj.sanno.ac.jp

＊具体的なコンサルティングについて、より詳細な内容等をご希望される場合は、下記宛にご連絡いただければ幸いです。

・普及事業本部　マーケティングセンター
TEL 03-5758-5117

〔(学)　産業能率大学総合研究所　普及事業本部〕
第1普及事業部(東京)	03-5758-5111
第2普及事業部(東京)	03-5758-5114
第3普及事業部(東京)	03-5758-5103
東日本事業部(東京)	03-3282-1112
東北事業センター(仙台)	022-265-5651
中部事業部(名古屋)	052-561-4550
西日本事業部(大阪)	06-6347-0321
中国事業センター(広島)	082-261-2411
九州事業センター(福岡)	092-716-1151

SANNOメールマガジンのご案内

SANNOメールマガジンでは定期的に無料フォーラムのご案内や
人材育成に関する情報を配信させていただいております。

お申込はこちらから　　　　http://www2.hj.sanno.ac.jp/mm/

> ## 「SANNOマネジメントコンセプトシリーズ」について
>
> "SANNOマネジメントコンセプトシリーズ"とは、マネジメントの総合教育・研究機関である（学）産業能率大学が、これまで研究活動とその実践で培ってきた（マネジメントの）諸テーマに関する理論（考え方）とその方法論について、実務に生かせる実践的ビジネス書としてまとめ、シリーズ化して刊行されたものです。

研究開発マネジメントの"強化書"
―経営戦略と研究開発活動をつなぐミドルマネジメント機能の強化―　〈検印廃止〉

編著者	（学）産業能率大学総合研究所 研究開発マネジメント革新プロジェクト
発行者	飯島　聡也
発行所	産業能率大学出版部 東京都世田谷区等々力6-39-15　〒158-8630 （電話）03（6432）2536 （FAX）03（6432）2537 （振替口座）00100-2-112912

2009年11月 7日　初版1刷発行
2015年 4月30日　　 4刷発行

印刷所／渡辺印刷　製本所／協栄製本

（落丁・乱丁本はお取り替えいたします）　　ISBN 978-4-382-05613-8
無断転載禁止